新媒体环境下新闻传播及其创新发展研究

余显仲　著

中国原子能出版社

图书在版编目（CIP）数据

新媒体环境下新闻传播及其创新发展研究 / 余显仲

著. --北京：中国原子能出版社，2024.4

ISBN 978-7-5221-3403-1

Ⅰ. ①新⋯　Ⅱ. ①余⋯　Ⅲ. ①新闻学–传播学–研究

Ⅳ. ①G210

中国国家版本馆 CIP 数据核字（2024）第 094330 号

新媒体环境下新闻传播及其创新发展研究

出版发行	中国原子能出版社（北京市海淀区阜成路 43 号　100048）
责任编辑	王　蕾
责任印制	赵　明
印　　刷	河北宝昌佳彩印刷有限公司
经　　销	全国新华书店
开　　本	787 mm×1092 mm　1/16
印　　张	15.875
字　　数	229 千字
版　　次	2024 年 4 月第 1 版　2024 年 4 月第 1 次印刷
书　　号	ISBN 978-7-5221-3403-1　　　定　价　**82.00 元**

前　言

在 21 世纪的数字浪潮中，我们见证了新媒体技术的迅猛发展与全球信息交流的无界扩张，观察到了新闻传播方式的革命性变革和媒体生态的深刻重塑。在这个过程中，新媒体作为承载时代变迁和技术进步的先锋力量，凭借其独特的传播效率和广泛的社会影响，在全球范围内引发了前所未有的关注和讨论。其中，新媒体环境下的新闻传播，以其即时性、互动性和多样性的特点，不仅深刻改变了人们获取信息和知识的方式，更在促进社会公开透明、文化多元互鉴中发挥了不可替代的作用。

新媒体的声音，如同潮水般波动，描绘着一个又一个关于时代、社会和文化的全新图景，它的每一个像素，每一条信息，都仿佛蕴含着时代的脉搏和社会的思考，折射出新媒体时代的复杂性与多元性。这种独一无二的传播力量，使得新媒体不仅是技术的集合，更是新时代文化自信和社会进步的象征。然而，在这个信息爆炸的时代，面对新媒体技术的快速演进和信息真实性的日益挑战，如何在继承传统媒体精髓的同时进行技术与内容的创新，如何将新媒体新闻传播更加有效地融入现代社会生活，以及如何让这门快速发展的艺术在新的社会文化背景下焕发出新的光彩，成为摆在我们面前的一大挑战。面对这一挑战，需要深入探索和思考新媒体新闻传播的发展路径，不仅要重视保护和挖掘新闻传播的职业道德和深层社会责任，更要积极探索与现代技术、现代社会相结合的新方法和新途径。应该借助现代科技力量，创新新闻传播的模式和形式，让新媒体新闻在全球化的大背景下展现出更加丰富多彩的面貌,同时也让世界各地的人们能够更加直观地感受到新媒体时代下新闻传播的独特魅力和社会价值。因此,关于新媒体新闻传播如何在传承与创新中寻求平衡、如何在全球文化交流中发挥其独特作用的探讨,不仅对于新媒体新闻传播自身的发展具有重要意义,也对于推动社会信息化进程和促进世界文化多样性的保护与发展具有深远的影响。在新的历史时期,这无疑是每一个热爱新媒体、关注社会发展的人所应担当的使命与责任。本书正是在这样的时代背景和社会需求下应运而生。

本书共分为七章,通过结构化的章节安排,旨在全面探索新媒体下新闻传播的深度与广度,同时聚焦于其在现代社会中的创新与发展。第一章新媒体概述,旨在为读者提供新媒体领域的基础理解和背景知识。通过探讨新媒体的内涵、发展历程,以及新媒体与社会发展的相互影响,为读者搭建了一个坚实的理论基础,使其能够更好地理解新媒体环境下新闻传播的复杂性和重要性。第二章新媒体环境下新闻传播业的发展,深入分析了新媒体对传媒业的冲击、新媒体对新闻传播理论的影响、我国新媒体产业的发展,以及"三网融合"环境下的新媒体业态。通过对这些方面的综合讨论,旨在揭示新媒体环境下新闻传播业发展的趋势和特点,为行业人士和学者提供洞察力。第三章新媒体环境下新闻传播的方式与主体,探讨了新媒体环境下新闻传播的方式和主体构成。通过对新媒体环境下新闻传播方式的分析,以及对新闻传播主体的特点研究,旨在理解新媒体技术如何改变新闻的生产和消费过程,及其对新闻传播格局的影响。第四章新媒体环境下新闻传播工作者,着眼于新闻传播工作者在新媒体环境下的角色定位、教育、职业素养和职业道德。通过对这些方面的深度分析,意在揭示新媒体技术对新闻传播工作者角色和职责的影响,以及如何适应这种新环境。第五章新媒体环境下新闻传播受众,聚焦于新媒体环境下的受众概述、受众理论分析,以及受众的心理和定位分析。通过对新媒体受众的深入研究,旨在理解新媒体技术对受众行为和接收偏好的影响,为新闻传播策略的制定提供指导。第六章新媒体环境下新闻传播的舆论引导，探索了新媒体舆论引导的必要性和复杂性、网络舆情的发生机制与传播渠道，以及加强新媒体舆论引导的措施。旨在分析新媒体环境下舆论形成和引导的新特点和挑战，为有效的舆论管理提供策略和方法。第七章新媒体环境下新闻传播的创新发展，聚焦于网络新闻的价值取向、新媒体环境下新闻事业的发展新趋向，以及新闻深度报道的创新发展。通过探索新媒体环境下新闻传播的创新路径，旨在为新闻传播的未来发展提供新思路和策略，推动新闻行业的创新和进步。

纵观全书，本书在学术领域的价值首先体现在其对新媒体新闻传播发展历程的全面梳理，对新媒体的历史定位和演变阐述了深刻的理论见解。通过细致分析新媒体对新闻行业的冲击、新媒体新闻传播的方式，以及新闻传播工作者在新媒体环境下的角色变化，不仅指导了新闻传播的实践，也为媒介理论研究提供了丰富的案例和视角。特别是通过探讨新媒体与传统媒体的融合发展，以及新媒体对于新闻传播理论和实践的影响，展现了一种前瞻的研究态度，为新媒体新闻传播的创新发展开辟了新途径。针对教育领域，深入探讨了新媒体环境下新闻传播教育的实践，包括利用新技术和教学模式的创新教学策略，为新闻教育模式提供了新的思考。整体而言，本书不仅为新媒体新闻传播的学术研究和教学实践提供了宝贵的资源，同时也对于推广和传播新媒体文化，尤其是在全球化和信息化进程中的创新与发展，提供了重要的理论支撑和实践指导。

本书在撰写的过程中，不仅深入研究了大量的文献资料，也广泛收集了来自一线新闻工作者、教育者的实践经验和观点。试图在尊重新闻传播职业精神的基础上，探索新媒体环境下新闻传播和教育的创新路径，力求在理论与实践之间建立桥梁，为新媒体新闻传播的发展贡献力量。当然，我们也深知在这样一个多元和变化的时代，新媒体新闻传播的发展需要不断地适应技术进步和社会变迁。新媒体新闻传播的未来需要更多人的关注与参与，需要更多的创新思维和跨界融合。因此，作者期待本书能够激发更多的讨论与思考，不仅对新媒体新闻传播领域的专业人士有所帮助，也能对广大新媒体使用者和文化传承者产生启发。

在本书的写作与研究过程中，作者深感责任重大，也深知其中的不足与局限。因此，非常欢迎各位读者和同行提出宝贵的意见和建议，以便作者在未来的工作中不断进步和完善。最后，作者衷心希望本书能为新媒体新闻传播的理论研究与实践应用，以及全球新媒体文化的创新与传承，作出自己的贡献。

目　录

第一章　新媒体概述

　　新媒体是利用数字技术，通过计算机网络、无线通信网、卫星等渠道，以及电脑、手机、数字电视机等终端，向用户提供信息和服务的传播形态，它在当今社会中的重要性不言而喻。全面了解新媒体的内涵，准确把握新媒体的传播特征与发展历程，才能更好地对其加以利用，为社会的发展与进步注入强大的力量。本章内容主要介绍了新媒体的相关概念、发展历程以及它与社会发展的关系。

第一节　新媒体的内涵

一、新媒体的概念

（一）什么是新媒体

　　新媒体是相对于传统媒体而言的，它依托新兴的技术支撑体系，例如数字技术、网络技术、移动通信技术等，通过互联网、无线通信网、卫星等渠道，以及电脑、手机、数字电视机等终端，向用户提供信息和服务的传播形态。新媒体的特点包括交互性、即时性、海量性、共享性、多媒体、超文本、个性化与社群化等。这些特点使得用户能够更加便捷地获取信息、分享信息、参与互动，从而实现了信息的双向或多向传播①。

具体来说，新媒体涵盖了所有数字化的媒体形式，包括所有数字化的传统媒体、网络媒体、移动端媒体、数字电视、数字报刊杂志等。它打破了时空限制，使得信息可以在全球范围内传播，人们可以通过互联网跨越地域和国界，获取来自世界各地的信息和观点。

新媒体的类型也多种多样，包括社交媒体、视频媒体、博客媒体、新闻媒体、游戏媒体等。这些类型的新媒体都具有各自独特的特点和优势，能够满足不同用户的需求和喜好。例如，社交媒体可以让用户之间实现信息交流和内容分享，视频媒体可以提供丰富多样的视听内容，新闻媒体则可以及时传播新闻信息。

（二）新媒体与数字媒体的关系

新媒体与数字媒体是两个相关联但又有所区别的概念。

新媒体是一个宽泛的概念，它指的是依托新的技术支撑体系出现的媒体形态。这些新技术包括数字技术、计算机网络技术、无线通信技术等。新媒体通过电脑、手机、数字电视机等终端，向用户提供信息和娱乐服务。新媒体的特点包括大容量、实时性和交互性，它可以跨越地理界线，实现全球化传播。新媒体涵盖了所有数字化的媒体形式，包括网络媒体、手机媒体、数字媒体等。新媒体不仅仅是一种传播工具，更是一种全新的沟通模式和媒介。

在新媒体时代，信息传播不再受限于传统媒体的时间和空间限制，用户可以随时随地获取和分享信息。新媒体还具有很强的互动性，用户可以直接参与到信息的生产和传播过程中，这种互动性使得新媒体在信息传播中具有更大的影响力和传播效果。

数字媒体则是新媒体的一个重要组成部分，它指的是利用数字技术和

---

① 沈文莉，方卿. 政治学原理［M］. 3 版. 北京：中国人民大学出版社，2017.

网络进行信息传播、交流和创作的媒体形式。数字媒体包括电子出版物、网站、博客、微信公众号、手机应用、社交媒体等，它们通过文字、图像、音频、视频等多种方式传递信息。数字媒体的特点包括立体化传播方式、互动性与即时性、个性化和定制化服务。数字媒体能够根据受众的需求和兴趣，提供个性化的内容推荐和服务，满足受众的多样化需求。

数字媒体技术还涉及到数据的压缩、存储、处理和传输等方面，这些技术的发展为数字媒体的应用提供了强大的技术支持。数字媒体不仅仅改变了信息传播的方式，还为人们提供了全新的艺术表现形式和娱乐方式。

新媒体的概念更广泛，它涵盖了所有数字化的媒体形式，而数字媒体则是新媒体的一个重要组成部分。两者都是依托数字技术和网络技术发展起来的，它们在信息传播、交流、创作和娱乐等方面发挥着越来越重要的作用。随着技术的不断发展，新媒体和数字媒体将继续融合创新，为人们带来更加丰富多样的信息服务和娱乐体验。

（三）新媒体与传统媒体的区别

新媒体与传统媒体之间存在显著的区别，这些区别主要体现在传播内容、传播形式、消费行为以及整体特性等多个方面。

从传播内容上看，传统媒体的内容相对单一，主要集中在新闻、资讯、广告等方面，且通常以文字、图像和视频为主要传播形式。相比之下，新媒体的内容则更加丰富和多元化，除了传统的文本、图像和视频外，还包括互动媒体、社交媒体、虚拟现实等多种形式。这种多元化的传播内容使得新媒体能够满足更广泛的用户需求。

在传播形式上，传统媒体的信息通常需要经过编辑筛选和加工后才会被推送给用户，这在一定程度上确保了信息的权威性和可信度。但新媒体的信息传播速度更快，信息源更加多元化，且更加注重用户的参与性和互动性。新媒体可以根据用户的需求和兴趣进行个性化推荐，这是传统媒体所无法比拟的。

在消费行为方面，传统媒体往往是单向传播，观众或读者的参与度相对较低。而新媒体则更加注重用户的参与和互动，用户可以根据自己的喜好和需求选择、定制和分享信息。这种高度的用户参与性和互动性使得新媒体在吸引和留住用户方面具有显著优势。

此外，从整体特性上来看，新媒体还具有一些传统媒体所不具备的特点。例如，新媒体具有超文本性，能够通过超链接将不同的信息节点连接在一起，形成一个庞大的信息网络；同时，新媒体还具有社群化特点，用户可以基于共同的兴趣和需求形成特定的社群，并在社群内进行信息交流、互动和合作。这些特点使得新媒体在信息传播、用户参与和社交行为等方面具有更大的灵活性和便利性。

二、新媒体的分类

新媒体的分类可以根据不同的维度和标准进行，但一般来说，可以从形式、平台和功能等方面进行分类。

（一）按形式分类

文本类新媒体：如博客、新闻网站等，主要以文字为信息传递的主要方式。

图文类新媒体：除了文字，还包含图像、图表等视觉元素，如一些图文并茂的公众号文章。

视频类新媒体：以视频为主要内容形式，如抖音、YouTube等视频平台。

直播类新媒体：实时在线直播，如斗鱼、虎牙等直播平台。

（二）按平台分类

综合性门户网站：提供新闻、信息、服务、娱乐等多种内容的网站，如新浪、搜狐等。

社交媒体平台：如微信、微博等，以社交互动为主要功能。

视频平台：专门提供视频内容的平台，如爱奇艺、腾讯视频等。

音频平台：如喜马拉雅、蜻蜓 FM 等，提供音频内容收听。

（三）按功能分类

信息发布类：主要功能是发布和传播信息，如新闻网站、博客等。

社交互动类：以用户之间的互动为主要功能，如社交媒体平台。

娱乐休闲类：提供视频、游戏、音乐等娱乐内容，如视频平台和在线游戏平台。

教育学习类：提供在线课程、教育资源等，如在线教育平台。

另外，从更宏观的角度来看，新媒体还可以根据运营模式、内容类型等进行分类。例如，根据运营模式可以分为 B2C（企业对消费者）、C2C（消费者对消费者）等；根据内容类型可以分为新闻资讯类、生活服务类、科技数码类等。

需要注意的是，新媒体的分类并没有一个固定的标准，随着技术的不断发展和新媒体形态的不断创新，分类方式也可能随之变化。因此，在谈论新媒体分类时，通常是根据具体的语境和需求来进行划分的。

三、新媒体的传播特点

（一）交互性

新媒体的交互性特点是其与传统媒体显著区别的一个方面，也是新媒体吸引用户、提升用户体验的关键因素。

1. 双向信息交流

新媒体的交互性首先体现在信息的双向交流上。在传统媒体时代，信息传播往往是单向的，由媒体向受众传递信息，受众只能被动接受。而新媒体则打破了这种限制，使得受众也能够参与到信息的构建与传播中。例如，在社交媒体平台上，用户可以发布自己的状态、分享观点，并与其他用户进行互动交流。这种双向信息交流使得新媒体更加贴近用户，满足了用户表达自我、获取他人反馈的需求。

2. 实时反馈与互动

新媒体的交互性还体现在实时反馈与互动上。用户在新媒体平台上发布信息或评论后，可以迅速获得其他用户的反馈和互动。这种实时性使得信息交流更加高效、直接，有助于用户及时了解他人的观点和看法，从而调整自己的表达方式和内容。同时，实时反馈与互动也增加了新媒体的趣味性和吸引力，使用户更加愿意参与其中。

3. 个性化定制与推送

新媒体的交互性还体现在个性化定制与推送上。基于大数据和人工智能技术，新媒体平台可以根据用户的兴趣、偏好和行为习惯，为用户推送个性化的内容。这种个性化定制不仅提高了信息的针对性和相关性，还让用户感受到更加个性化的服务体验。同时，用户也可以根据自己的需求主动选择关注的内容或账号，进一步增强了新媒体的交互性和用户体验。

4. 多元化互动形式

新媒体的交互性还体现在多元化的互动形式上。除了传统的文字评论和点赞外，新媒体还支持图片、视频、语音等多种形式的互动。这些多元化的互动形式为用户提供了更多的表达方式和选择空间，使得用户可以更加自由地与他人进行互动交流。同时，这些多元化的互动形式也增加了新媒体的趣味性和吸引力，提升了用户的参与度和满意度。

（二）即时性

新媒体的即时性特点是指信息传播的速度非常快，可以在极短的时间内传达到全球范围内的受众。这种即时性特点在新媒体中表现得尤为突出，主要体现在以下几个方面。

1. 实时更新与传播

新媒体平台能够实时更新和发布信息，无论是新闻事件、社交媒体动态还是用户评论，都可以在第一时间被发布和传播。这种实时性确保了信息的时效性和准确性，使用户能够迅速获取最新的信息。例如，在突发事件发生时，新媒体可以迅速报道现场情况，让公众及时了解事态进展。

2. 打破时空限制

新媒体的即时性还体现在打破时空限制上。传统媒体的信息传播受到地域和时间的限制，而新媒体通过互联网和移动通信技术，可以实现信息的全球即时传播。用户无论身处何地，只要有网络连接，就能随时接收和发送信息，这大大加快了信息传播的速度和范围。

3. 提升用户互动效率

新媒体的即时性也提高了用户之间的互动效率。在社交媒体平台上，用户可以实时回复和评论他人的动态，这种即时的互动方式增强了用户之间的联系和沟通。同时，即时性也使得用户反馈更加迅速，有助于新媒体平台及时调整内容和服务，提升用户体验。

4. 满足用户对时效性的需求

在现代社会，人们对信息的时效性要求越来越高。新媒体的即时性特点正好满足了这一需求，让用户能够随时随地获取最新的信息。这种即时性的信息传播方式对于新闻、股市、天气预报等需要快速更新的信息领域尤为重要。

新媒体的即时性特点是其独特优势之一，它使得信息传播更加迅速、广泛，并提升了用户之间的互动效率。然而，也需要注意在追求即时性的同时，确保信息的真实性和准确性，以及加强网络舆论的引导和管理。

（三）海量性

新媒体的海量性特点是指新媒体平台能够存储、传播和处理的信息量巨大，几乎可以说是无穷无尽的，这一特点主要体现在以下几个方面。

1. 信息存储的海量性

新媒体依托于先进的数字技术，使得信息的存储能力大幅提升。无论是文字、图片、音频还是视频，新媒体平台都能以字节的形式存储巨量的信息。而且，随着技术的不断进步，这种存储能力还在持续增长，为信息的积累和传承提供了广阔的空间。

2. 信息形式的多样性

新媒体的海量性还体现在信息形式的多样性上。与传统媒体主要以文字和图片为信息传递方式不同，新媒体支持更加多样化的信息格式，如音频、视频、动画等。这种多样化的信息形式不仅丰富了用户的信息获取体验，还进一步增加了新媒体平台上的信息量。

3. 信息来源的广泛性

新媒体的海量性还源于信息来源的广泛性。在新媒体时代，信息的发布者不再局限于专业的媒体机构，每个人都可以成为信息的创造者和传播者。这种广泛的参与性使得新媒体平台上的信息来源更加多元化，信息量也因此大幅增加。

4. 全球覆盖的信息传播

新媒体通过互联网连接全球，打破了地域限制，实现了信息的全球传播。这意味着新媒体平台上的信息不仅量大，而且具有全球性的覆盖范围。用户可以轻松获取来自世界各地的信息，进一步增强了新媒体海量性的特点。

（四）共享性

新媒体的共享性特点是指新媒体平台上的信息可以被广大用户共同分享和利用。这一特点在新媒体时代具有显著的意义，它改变了信息传播的方式，促进了知识的共享和文化的交流。以下是对新媒体共享性特点的详细论述。

1. 信息的共享与获取

在新媒体环境下，信息的共享变得异常简单和方便。用户可以通过各种新媒体平台，如社交媒体、博客、论坛等，轻松地分享自己的见解、经验和知识。同时，其他人也可以方便地获取这些信息，从而实现信息的快速流通和广泛传播。这种信息的共享性不仅丰富了人们的知识库，还促进了不同观点和思想之间的交流与碰撞。

2. 打破信息壁垒

新媒体的共享性特点打破了传统信息传播中的壁垒。在过去，信息的传播往往受到地域、时间、媒介等因素的限制，导致信息获取不均等现象。而新媒体的共享性使得信息能够跨越这些障碍，让更多人能够平等地获取信息。这有助于缩小信息鸿沟，促进社会公平与进步。

3. 促进创新与协作

新媒体的共享性还为创新和协作提供了广阔的空间。通过共享信息，人们可以相互学习、借鉴和启发，从而激发出新的创意和想法。此外，新媒体平台还为用户提供了在线协作的工具和环境，使得人们可以跨越时空限制，共同完成任务和项目。这种协作方式不仅提高了工作效率，还促进了团队协作和创新精神的培养。

4. 构建社群与共同体

新媒体的共享性还有助于构建各种社群和共同体。在新媒体平台上，人们可以根据自己的兴趣和需求加入不同的社群，与志同道合的人交流和分享经验。这种社群的形成不仅增强了人们的归属感，还为个体提供了更多的资源和支持。同时，社群内部的互动和交流也有助于知识的传播和创新思维的产生。

新媒体的共享性特点为信息传播、知识共享和文化交流带来了极大的便利。通过打破信息壁垒、促进创新与协作以及构建社群与共同体等方式，新媒体的共享性正在深刻地改变着我们的生活方式和社会结构。

（五）个性化

新媒体的个性化特点是指新媒体能够根据用户的兴趣、偏好和需求，提供定制化的信息和服务。这种个性化特点主要体现在以下几个方面。

1. 用户画像与精准推送

新媒体平台通过收集和分析用户的行为数据，如浏览历史、搜索记录、购买行为等，构建出精细的用户画像。基于这些用户画像，新媒体可以实现信息的精准推送。例如，新闻客户端可以根据用户的阅读历史和偏好推荐相关新闻；社交媒体可以根据用户的兴趣和社交关系推荐可能感兴趣的人或内容。这种个性化推送不仅提高了用户体验，也使得信息传播更加高效。

2. 个性化定制服务

新媒体平台还提供了一系列个性化定制服务，满足用户的特定需求。用户可以根据自己的喜好选择界面主题、字体大小、推送频率等，甚至可以定制专属的内容推荐。这种个性化定制服务让用户感觉更加贴心，提高了用户对新媒体平台的黏性和满意度。

3. 多元化的内容选择

新媒体的个性化特点还体现在为用户提供多元化的内容选择。无论是新闻、娱乐、科技还是其他领域的内容，用户都可以根据自己的兴趣进行选择。这种多元化的内容选择让用户能够更加方便地获取自己感兴趣的信息，丰富了用户的信息获取体验。

新媒体的个性化特点为用户提供了更加贴心、精准的信息服务，但同时也需要注意避免"信息茧房"现象和算法偏差等问题。未来，随着技术的不断发展，我们期待新媒体在个性化服务方面能够更加智能、精准和人性化。

（六）多媒体化

新媒体的多媒体化特点主要体现在信息传播的多样性和丰富性上。通过新媒体平台，信息不再局限于单一的文字或图片形式，而是融合了文字、图片、音频、视频、动画等多种媒体形式。这种多媒体化的信息传播方式为用户提供了更加生动、直观和全面的信息体验。

首先，多媒体化使得信息更加生动和直观。通过结合图片、音频和视频等多媒体元素，新媒体能够呈现更加真实、生动的信息场景，让用户更加直观地理解信息内容。例如，在新闻报道中，通过现场视频和图片的展示，可以让用户更加身临其境地感受新闻事件。

其次，多媒体化丰富了信息的表现形式和传播渠道。新媒体平台支持多种媒体格式的发布和传播，如文章、图文、视频、直播等，满足了用户多样化的信息需求。同时，多媒体化也使得信息更加易于被用户接受和理解，提高了信息的传播效果。

最后，多媒体化还促进了信息的互动性和参与性。用户可以通过评论、点赞、分享等方式与多媒体内容进行互动，进一步增强了用户对信息的参与感和归属感。这种互动性和参与性也是新媒体区别于传统媒体的重要特征之一。

新媒体的多媒体化特点使得信息传播更加生动、直观和丰富，提高了信息的传播效果和用户体验。同时，多媒体化也促进了信息的互动性和参

11

与性，使得新媒体成为现代社会中不可或缺的信息传播工具。

（七）超文本性

新媒体的超文本性特点是指新媒体的内容组织方式超越了传统文本的线性结构，采用了非线性的超文本链接方式。这种超文本性特点主要体现在以下几个方面。

1. 非线性结构

传统的文本，如书籍、报纸等，通常采用线性的叙述方式，读者需要按照既定的顺序逐页、逐行阅读。然而，新媒体的超文本性打破了这种限制，它允许内容以网状结构相互连接，读者可以根据自己的兴趣和需求，在不同的信息节点之间自由跳转，实现非线性的阅读体验。

2. 链接的丰富性

超文本通过超链接的方式，将不同页面的信息连接在一起。这些链接可以是文字、图片、按钮等形式，用户点击后，可以跳转到相关的页面或内容。这种链接的丰富性使得新媒体的内容更加生动、有趣，也提高了用户获取信息的效率和便捷性。

3. 信息之间的关联性

超文本性使得新媒体中的信息之间建立了紧密的关联性。这种关联性不仅体现在文本内部，也体现在文本与外部资源之间。通过超链接，用户可以轻松地访问到与当前内容相关的其他信息，从而形成一个庞大的信息网络。这种关联性有助于用户更深入地理解信息，发现新的知识和观点。

4. 用户自主性的提升

新媒体的超文本性赋予了用户更大的自主性。用户可以根据自己的兴趣和需求，在不同的信息节点之间自由穿梭，探索自己感兴趣的内容。这种自主性不仅提升了用户体验，也促进了用户与信息之间的互动和交流。

新媒体的超文本性特点为用户提供了更加灵活、自主的信息获取方式，同时也对用户的信息素养提出了更高的要求。在未来发展中，应进一步优化超文本的设计和使用方式，以提高用户体验和信息传播效果。

（八）社群化

新媒体的社群化特点是指在新媒体平台上，用户基于共同的兴趣、爱好、需求或目标，形成具有特定主题或属性的社群，并在这些社群内进行信息交流、互动和合作。这种社群化特点在新媒体环境中尤为突出，对信息传播、用户参与和社交行为产生了深远影响。

首先，新媒体的社群化特点体现在用户聚集上。在新媒体平台上，用户可以依据自己的兴趣和需求，主动加入或创建特定的社群。这些社群可以是关于旅游、摄影、美食、科技、教育等各个领域的主题社群。通过社群，用户能够找到与自己有共同语言和兴趣的人，进而展开更深入的交流和互动。

其次，社群化特点还体现在信息传播的精准性和高效性上。在社群内部，信息往往能够更加精准地触达目标受众。因为社群成员具有相似的兴趣和需求，所以信息在社群内的传播更具针对性和实效性。同时，社群成员之间的互动和分享也能够加速信息的扩散，提高信息传播的效率。

再次，新媒体的社群化特点还促进了用户之间的合作与共创。在社群内，用户不仅可以进行信息交流，还可以共同参与到某些项目或活动中，实现价值的共创。例如，在某些专业社群中，成员们会共同协作完成某个项目或研究，或者共同为某个公益活动贡献力量。这种合作与共创的精神是新媒体社群化特点的重要体现。

最后，社群化特点也为新媒体平台带来了更多的商业机会。通过深入了解和挖掘社群用户的需求和偏好，平台可以提供更加精准和个性化的服务或产品推荐。同时，社群也可以成为品牌宣传和营销的重要渠道，通过与社群用户的互动和合作，提升品牌的知名度和影响力。

新媒体的社群化特点体现在用户聚集、信息传播的精准性和高效性、用户之间的合作与共创以及商业机会的挖掘等方面。这种特点不仅丰富了新媒体的功能和内涵，还为用户提供了更加多元化和个性化的社交体验。

第二节　新媒体的发展及其思考

一、新媒体发展的原因

新媒体发展的原因可以归结为多个方面，它们共同推动了新媒体行业的迅速崛起和不断进步。

首先，技术进步是新媒体发展的重要推动力。随着计算机技术和网络技术的日新月异，互联网基础设施不断完善，网络传输速度提高，成本降低，为新媒体的发展创造了有利条件。移动设备的普及和网络带宽的提升也使得人们能够随时随地接触和使用新媒体平台。云计算、大数据和人工智能等技术的应用，更为新媒体的运营和内容分发提供了高效和智能化的手段。

其次，社会环境的变迁也为新媒体的发展提供了广阔的空间。随着经济的发展和信息化的推进，人们的生活方式和价值观念发生了巨大的变化。传统媒体的单向传播模式已经无法满足人们的多样化需求，而新媒体提供了更多元化和个性化的内容，能够更好地满足人们的需求。同时，互联网的开放性和互动性为用户创造了自由表达和参与的平台，促进了信息的共享和社交互动。

再次，商品信息需求的旺盛也是新媒体发展的一个重要因素。在开放和透明的社会环境下，大众对于外界的了解愿望愈加强烈，信息需求也愈加旺盛。新媒体平台针对市场特点进行积极开发和应对，不仅满足大众多样化的信息需求，还从中取得了收益。

最后，新媒体自身的优势也是其发展的关键因素。新媒体具有迎合人们休闲娱乐时间碎片化的需求、满足随时随地的互动性表达与娱乐需求、信息获取与分享更加方便快捷等优势。这些优势使得新媒体在信息传播、广告推广、品牌建设等方面具有巨大的潜力和价值。

二、新媒体的发展历程

新媒体的发展历程是一个不断演进和变革的过程，它随着科技的进步、社会需求的变化以及媒体形态的创新而不断发展。

（一）新媒体的起源与初期发展

新媒体的起源可以追溯到 20 世纪 60 年代，当时计算机科学和网络技术开始兴起。这些技术的发展为信息的快速处理和传播提供了可能性，从而奠定了新媒体的基础。具体来说，新媒体一词最早由美国哥伦比亚广播公司（CBS）技术研究所所长 P.戈尔德马克在 1967 年提出，他在一份关于开发电子录像（EVR）商品的计划中首次使用了这个词。随后，该词在美国总统尼克松的报告中多次出现，并逐渐在美国社会流行开来，最终成为全世界的热门话题①。

新媒体的初期发展主要集中在互联网领域。20 世纪 90 年代中期，随着互联网技术的普及，新媒体开始崭露头角。这个时期的网站主要由文字和图片构成，虽然功能相对有限，用户群体也较小，但它为信息传播和内容创作提供了全新的平台。人们开始通过网络获取和分享信息，这标志着媒体与用户之间直接交流的新篇章的开启。

在初期发展阶段，新媒体主要以网站、博客等形式存在。这些平台允许用户发布和获取信息，但与信息发布者的互动相对较少。尽管如此，新

---

① 韩晓燕. 新媒体环境下优秀传统文化传播机制研究［M］. 北京：经济日报出版社，2019.

媒体的出现还是打破了传统媒体对信息传播的垄断,使得信息传播更加民主化和多元化。

总的来说,新媒体的起源与初期发展与计算机科学和网络技术的进步密不可分。这些技术为新媒体提供了强大的技术支撑和发展动力,使得新媒体在短短几十年内迅速崛起并成为现代社会不可或缺的一部分。

(二)社交媒体的兴起

随着 Web2.0 概念的提出和互联网的进一步发展,社交媒体开始崭露头角。社交媒体平台如 Facebook、Twitter 以及国内的微信、微博等迅速崛起,并逐渐成为人们日常生活中不可或缺的一部分。这些平台允许用户发布自己的状态、分享生活点滴,并与他人进行实时互动。社交媒体的兴起标志着新媒体进入了一个新的发展阶段,用户的参与度和互动性大大提高。

社交媒体的兴起是近年来数字技术和互联网发展的显著产物。社交媒体,作为新媒体的一种重要形式,允许人们通过互联网进行信息交流和社交互动。其兴起主要得益于多个关键因素。

首先,互联网技术的迅猛发展是社交媒体兴起的基础。随着网络带宽的增加、网络覆盖的扩大以及网络稳定性的提高,人们能够更流畅、更稳定地访问互联网,这为社交媒体的普及提供了技术保障。

其次,移动设备的普及对社交媒体的兴起起到了关键作用。智能手机、平板电脑等便携设备的广泛使用,使得人们可以随时随地连接到互联网,轻松访问社交媒体平台。这种便利性极大地推动了社交媒体的用户增长和活跃度。

再者,人们社交需求的变化也促进了社交媒体的兴起。现代社会中,人们渴望与他人保持联系、分享自己的生活和观点。社交媒体提供了一个便捷的渠道,让人们能够轻松地与他人互动、交流信息,满足了这种社交需求。

最后，社交媒体平台的不断创新和完善也是其兴起的重要原因。这些平台不断推出新功能、优化用户体验，使得社交媒体更加易用、有趣和吸引人。例如，引入视频、直播等多媒体内容形式，增加用户黏性和互动性。

（三）移动互联网时代的到来

随着智能手机和平板电脑等移动终端的普及，移动互联网时代应运而生。App 等移动应用软件成为主流媒介形态，人们可以通过手机随时随地获取信息、交流互动。移动互联网时代的新媒体具有更加便捷、个性化和移动化的特点，同时也催生了许多新兴媒介形式，如短视频、直播等。这些新兴媒介形式进一步丰富了新媒体的内涵和外延。

移动互联网时代的到来主要得益于智能手机的广泛普及和移动网络技术的高速发展。这一时代以移动设备为载体，通过无线网络连接实现信息传递、资源共享和社交互动，极大地改变了人们的生活方式。在移动互联网时代，智能手机成为了人们的随身助手，不仅可以随时随地获取信息，还能进行各种在线活动，如购物、支付、社交等。这种便捷性使得人们的生活节奏加快，信息获取和交流变得更加高效。

移动互联网时代推动了各行业的数字化转型。无论是教育、医疗、娱乐还是金融，都受到了移动互联网的深刻影响。例如，在线教育平台的兴起让学生可以随时随地学习；移动医疗应用则方便了患者与医生的沟通；移动支付则改变了人们的消费方式。

然而，移动互联网时代的发展也带来了一些挑战，如信息安全问题、网络依赖症等。因此，在享受移动互联网带来的便利的同时，也需要关注其潜在的风险和问题。

（四）技术革新与新媒体的融合发展

近年来，随着云计算、大数据、人工智能等技术的不断发展，新媒体迎来了更多的创新机遇。云存储技术使得用户可以随时随地访问和共享自己的数据;大数据分析则为新媒体提供了更精确的用户画像和个性化推送服务;人工智能技术如智能语音助手、基于 AI 算法的推荐系统等也为新媒体注入了更多的智能化元素。这些技术的应用使得新媒体在内容生产、传播方式、用户体验等方面都取得了显著的进步。

同时,新媒体还与传统媒体融合发展,形成了多媒体传播的趋势。报纸、电视等传统媒体开始拓展自己的在线媒体平台,将文字、图像、音频、视频等元素结合起来,为用户提供更加丰富多样的内容形式。这种融合发展为新媒体注入了新的活力,也推动了整个媒体行业的创新和进步。

技术革新与新媒体的融合发展是一个相互影响、相互促进的过程。随着科技的不断进步,新媒体领域涌现出许多创新技术,如数字技术、互联网技术、人工智能等。这些技术的应用为新媒体的发展注入了强大的动力,推动了新媒体形式的多样化和个性化。

首先,数字技术使得新媒体的内容更加丰富和多样化。数字高清摄影、数字音频处理等技术的应用,提升了新媒体内容的质量和观感。同时,数字技术还支持了交互式内容的发展,如虚拟现实(VR)、增强现实(AR)等,使用户能够更加沉浸地体验内容。

其次,互联网技术的发展为新媒体提供了更广阔的传播渠道。借助互联网技术,新媒体可以实现全球范围内的快速传播,打破地域限制。此外,互联网技术还支持了新媒体平台的社交功能,使用户可以方便地进行评论、分享和互动。

最后,人工智能技术在新媒体中的应用也日益广泛。通过人工智能技术,新媒体可以实现个性化推荐、智能语音交互等功能,提升用户体验。同时,人工智能技术还可以帮助新媒体进行用户行为分析,为内容创作和推广提供数据支持。

这些技术革新不仅改变了新媒体的形态和传播方式,还推动了新媒体与传统媒体的融合发展。传统媒体可以借助新媒体的技术和平台优势,拓展传播渠道、丰富内容形式、提升互动性和用户黏性。同时,新媒体也可以从传统媒体中汲取内容资源和品牌优势，实现内容的互补和共赢。

（五）新媒体的未来展望

随着科技的不断发展和社会需求的变化，新媒体将继续发挥更大的作用。未来新媒体的发展将更加注重用户体验和个性化服务，为用户提供更加精准、便捷的信息获取和交流方式。同时，新媒体也将与传统媒体进一步融合发展，形成更加多元化、立体化的传播格局。此外，随着5G、物联网等技术的普及和应用，新媒体将迎来更加广阔的发展空间和创新机遇。

新媒体的未来展望是多元化、现代化、智能化的。随着科技的不断进步，新媒体将继续在多个方面实现显著的发展。

第一，可以预见到新媒体将更加注重个性化和智能化服务。借助人工智能和大数据分析技术，新媒体将能够更准确地理解用户需求，为用户提供更加精准的内容推荐和服务。例如，智能推荐系统将根据用户的浏览历史和偏好，推送符合其兴趣的内容，提升用户体验。

第二，新媒体的内容生产将更加专业化和垂直化。在内容爆炸的时代，新媒体需要聚焦在特定领域，提供深度、专业的内容来吸引目标受众。这不仅有助于提升品牌影响力，还能更好地满足用户对高质量内容的需求。

第三，新媒体将与传统产业实现更紧密的融合。这种跨界合作将为新媒体带来更多的机会和资源，促进产业的创新与发展。例如，新媒体可以与电商、教育、旅游等产业结合，打造更具创新性和实用性的产品和服务。

第四，随着5G、物联网、区块链等前沿技术的普及，新媒体将迎来更广阔的发展空间。5G技术将极大提升网络传输速度和降低延迟，为新媒体提供更高质量的网络环境；物联网技术则有助于新媒体实现与各类设备的互联互通，拓展应用场景；区块链技术则可为新媒体内容版权保护、交易等方面提供有力支持。

第五，新媒体在发展过程中也需要关注信息安全和隐私保护问题。随着用户对个人信息安全的关注度提高，新媒体应加强自身安全建设，确保用户数据的安全与隐私。

三、新媒体的挑战与应对

新媒体作为一种新兴的信息传播和交流工具，在现代社会中扮演着越来越重要的角色。然而，随着新媒体的快速发展，它也面临着一系列挑战。以下是对新媒体挑战的分析，以及可能的应对策略。

新媒体面临的挑战主要有以下几个方面：

内容同质化：随着新媒体平台的不断涌现，内容竞争愈发激烈，导致大量相似或重复的内容出现。如何在海量信息中脱颖而出，成为新媒体运营者需要面对的问题。

用户注意力分散：在信息爆炸的时代，用户的注意力被无数信息源分散。如何吸引并保持用户的关注，提高用户黏性和活跃度，是新媒体面临的另一大挑战。

数据分析能力不足：新媒体运营需要对大量用户数据进行分析以优化运营策略，但许多运营者缺乏专业的数据分析能力。

信息安全和隐私问题：新媒体的开放性和互联性也带来了信息安全和隐私泄露的风险，如何保护用户信息不被滥用或泄露是一大难题。

竞争激烈和变化快速：新媒体行业的竞争非常激烈，而且技术更新迅速，这就要求新媒体运营者必须不断创新，以适应快速变化的市场环境。

为了应对这些挑战，可以采取以下策略：

提升内容质量：注重内容的原创性和独特性，避免盲目追求热点和爆点。通过深入调查和研究，了解用户需求，提供有价值、有深度的内容。

多元化传播渠道：利用各种新媒体平台，如微信、微博、抖音等，将信息传递给更多的用户。同时，也可以考虑跨界合作，与其他行业共同开发新的商业模式和产品。

增强数据分析能力：通过培训或引进专业人才，提升团队的数据分析能力。利用大数据和人工智能技术，对用户数据进行深入挖掘和分析，以更好地了解用户需求和行为习惯。

加强信息安全保护：建立完善的信息安全管理制度和技术手段，确保用户信息的安全性和隐私性。同时，加强对员工的培训和教育，提高他们的信息安全意识和技能。

保持创新精神：密切关注市场动态和技术发展趋势，不断创新产品和服务。通过持续改进和优化，提升用户体验和满意度。

新媒体虽然面临着诸多挑战，但通过提升内容质量、多元化传播渠道、增强数据分析能力、加强信息安全保护以及保持创新精神等策略，可以有效地应对这些挑战，并在激烈的市场竞争中脱颖而出。

第三节　新媒体与社会发展

一、新媒体与社会信息传播

新媒体与社会信息传播的关系深入而复杂，它们之间的相互作用不仅改变了我们获取和分享信息的方式，还对社会结构、公众话语权以及社会认知产生了深远影响。

首先，新媒体使得信息传播更加去中心化。在传统媒体时代，信息的生产和传播主要由少数媒体机构控制，他们决定了公众可以看到什么信息。然而，新媒体的兴起打破了这种中心化的信息传播模式。现在，任何人都能通过网络平台发布信息，成为信息的生产者和传播者。这种去中心化的信息传播模式赋予了普通民众更大的话语权，也使得信息传播更加多元化和民主化。

其次，新媒体加速了信息的即时传播。在过去，信息的传播往往需要经过采集、编辑、审核等多个环节，这在一定程度上延缓了信息的传播速度。然而，新媒体利用互联网技术实现了信息的即时发布和传播，使得公众能够在第一时间获取到最新的信息。这种即时性的信息传播方式对于新闻报道、舆情监测等领域具有重要意义。

最后，新媒体还促进了信息的跨文化传播。随着全球化的深入发展，不同文化之间的交流变得越来越重要。新媒体通过互联网打破了地理空间的限制，使得不同国家和地区的信息能够迅速传播到全球各地。这不仅有助于增进不同文化之间的了解和交流，还为世界各地的人们提供了更广阔的信息视野。

然而，新媒体在信息传播过程中也带来了一些挑战。例如，虚假信息的泛滥、信息过载等问题日益突出。由于新媒体的开放性和匿名性，任何人都可以发布信息，这导致了大量虚假信息的出现。同时，新媒体的信息量巨大，人们很难从海量信息中筛选出有价值的信息。这些问题对社会的稳定和公众的利益造成了一定的威胁。

为了解决这些问题，我们需要采取一系列措施。例如，加强网络监管，打击虚假信息的传播；提高公众的信息素养，教会他们如何辨别信息的真伪；推动新媒体行业的自律发展，建立行业标准和规范等。通过这些措施，我们可以更好地利用新媒体促进社会信息传播的发展，同时保障社会的稳定和公众的利益。

新媒体与社会信息传播之间存在着紧密而复杂的关系。新媒体不仅改变了信息传播的方式和效率，还对社会结构、公众话语权以及社会认知产生了深远影响。我们需要正视新媒体在信息传播过程中的挑战和问题，并积极寻求解决方案，以更好地利用新媒体推动社会信息传播的发展。

二、新媒体与社会参与

新媒体与社会参与之间存在着密切的联系，这种联系在新媒体时代变得尤为突出。新媒体不仅改变了人们获取和交流信息的方式，还为社会参与提供了新的渠道和可能性。

首先，新媒体降低了社会参与的门槛。在传统媒体时代，社会参与往往受到时间、空间和成本的限制，普通民众很难直接参与到社会事务的讨论和决策中。然而，新媒体的兴起打破了这些限制。通过互联网和移动设备，人们可以随时随地获取社会信息，发表自己的观点和看法，参与到社会讨论中。这种低门槛的参与方式激发了民众的参与热情，使得更多的人愿意并且能够参与到社会事务中。

其次，新媒体增强了社会参与的互动性。传统媒体的信息传播往往是单向的，民众很难直接反馈和参与。而新媒体则提供了双向甚至多向的传播方式，使得民众可以实时互动、交流和反馈。这种互动性不仅增加了民众对社会事务的了解和关注，还提高了他们的参与感和主人翁意识。通过新媒体平台，民众可以更加积极地参与到社会问题的讨论和解决中，推动社会的进步和发展。

最后，新媒体为社会运动和组织提供了便利。通过社交媒体等新媒体平台，人们可以更加容易地组织和发动社会运动，聚集力量，推动社会变革。例如，一些社会公益组织利用新媒体平台发起募捐、宣传等活动，吸引了大量民众的关注和参与。这种新媒体赋权使得普通民众也能在社会事务中发挥重要作用。

然而，新媒体时代的社会参与也面临着一些挑战和问题。例如，网络暴力和虚假信息的传播可能会对社会参与造成负面影响。因此，在推动新媒体与社会参与的结合时，也需要加强网络素养教育、信息真实性的监管等方面的努力。

三、新媒体与文化传承

（一）新媒体为文化传承提供了新的传播渠道

新媒体的出现，如互联网、社交媒体、移动应用等，极大地扩展了文化传承的传播渠道。通过新媒体平台，各种文化内容可以迅速、广泛地传播到全球各地，突破了地域和时间的限制。这不仅使得更多人能够接触到丰富的文化遗产，还为传统文化的传承和发展注入了新的活力。

（二）新媒体增强了文化传承的互动性

新媒体的互动性为文化传承带来了新的机遇。通过在线交流、互动体验等方式，人们可以更加深入地了解传统文化的内涵和价值，同时也能够参与到文化传承的过程中来。这种互动性不仅提升了文化传承的效果，还使得文化传承更加生动有趣，吸引了更多年轻人的关注。

（三）新媒体促进了文化创新的产生

新媒体的开放性和多元性为文化创新提供了广阔的空间。在新媒体平台上，传统文化可以与现代元素相结合，产生出新颖、有趣的文化形式。这种文化创新不仅丰富了文化传承的内容，还为传统文化的传承和发展注入了新的动力。

（四）新媒体对文化传承的挑战与对策

虽然新媒体为文化传承带来了诸多机遇，但同时也面临着一些挑战，如信息安全、文化传承的准确性和深度等。为了应对这些挑战，我们需要采取一系列措施，如加强新媒体平台的监管、提升用户的信息素养、推动新媒体技术与传统文化的深度融合等[①]。

新媒体不仅为文化传承提供了新的传播渠道和互动方式，还促进了文化创新的产生。然而，我们也需要正视新媒体对文化传承带来的挑战，并积极寻求解决方案。通过合理利用新媒体平台，我们可以更好地推动文化的传承和发展，为传统文化的传承注入新的活力。

---

① 董湛. 新媒体语境下传统文化的视觉传播研究［J］. 天工，2023（32）：36-38.

四、新媒体与经济发展

随着科技的进步和互联网的普及，新媒体已经成为现代经济活动的重要组成部分，对经济发展产生了深远的影响。以下将详细论述新媒体与经济发展的关系。

（一）新媒体促进了市场营销的创新

新媒体为企业提供了更多元化的市场营销手段。通过社交媒体、搜索引擎、电子邮件等新媒体渠道，企业可以更精准地定位目标客户群体，实现个性化营销。此外，新媒体还使得企业能够以更低的成本、更快的速度推广产品和服务，从而提高市场竞争力。

（二）新媒体推动了电子商务的蓬勃发展

随着网络技术的不断完善，电子商务在全球范围内得到了快速发展。新媒体为电子商务提供了广泛的宣传和推广渠道，使得消费者能够更便捷地了解和购买商品。同时，新媒体还为电商平台提供了丰富的用户数据，有助于企业更精准地把握市场需求，优化产品结构和销售策略。

（三）新媒体加速了信息的传播与交流

新媒体使得信息的传播速度更快、范围更广，这为经济发展提供了更多的机遇。企业可以通过新媒体及时了解市场动态、把握政策变化，从而调整经营策略。同时，新媒体还促进了企业与企业之间、企业与消费者之间的沟通交流，有助于建立良好的商业关系，推动经济合作与发展。

（四）新媒体为创新创业提供了有力支持

新媒体降低了创新创业的门槛，使得更多的人有机会实现自己的创业梦想。通过互联网和新媒体平台，创业者可以展示自己的产品和想法，吸引投资者和合作伙伴。此外，新媒体还为创新创业者提供了丰富的资源和信息，有助于他们更好地把握市场机遇，实现快速发展。

（五）新媒体带来的经济挑战与对策

虽然新媒体为经济发展带来了诸多机遇，但同时也伴随着一些挑战。例如，信息安全问题、网络欺诈等不法行为时有发生。为了应对这些挑战，政府和企业需要加强监管力度，完善法律法规，保护消费者的合法权益。同时，企业也需要加强自律，提高产品质量和服务水平，树立良好的企业形象。

新媒体不仅促进了市场营销的创新和电子商务的发展，还加速了信息的传播与交流，为创新创业提供了有力支持。然而，我们也需要正视新媒体带来的经济挑战并采取相应的对策。通过合理利用新媒体资源并加强监管力度，我们可以更好地推动经济的持续健康发展。

五、新媒体与公共服务

（一）服务方式的革新

新媒体为公共服务提供了全新的方式。政府部门可以利用新媒体平台，如政务微博、微信公众号、政务 App 等，直接发布服务信息，提供在线咨询、业务办理等服务。这种方式不仅方便了公众获取服务，还大大提高了政府服务的效率和便捷性。

（二）服务质量的提升

通过新媒体，政府可以更加精准地了解公众的需求和反馈。例如，通过在线调查、民意测验等手段，政府能够及时调整服务策略，满足公众的实际需求。此外，新媒体的互动性也使得政府能够及时回应公众的疑问和批评，从而提升服务质量。

（三）降低服务成本

新媒体的应用还降低了公共服务的成本。传统的公共服务往往需要大量的人力、物力和时间资源，而新媒体使得部分服务流程实现自动化和线上化，减少了这些资源的消耗。

六、新媒体与政务透明

（一）信息公开的及时性

新媒体使得政府信息能够迅速、广泛地传播给公众。政府可以通过新媒体平台及时发布政策文件、决策过程、财政预算等信息，保障公民的知情权。

（二）增强政府与公众的互动

新媒体为政府与公众之间的沟通搭建了桥梁。公众可以通过新媒体平台向政府提出问题、建议和批评，政府也可以及时回应，这种双向互动有助于增强政务的透明度。

（三）监督机制的强化

新媒体使得公众对政府的监督变得更加便捷和有效。公众可以通过新媒体曝光政府的不当行为，促使政府更加谨慎、公正地行使权力。同时，新媒体也为政府的自我监督提供了新的手段。

（四）提升政府公信力

通过新媒体实现政务透明，有助于提升政府的公信力。当公众能够清晰地了解政府的决策过程和依据时，他们会更加信任政府，从而增强政府的合法性基础。

七、新媒体与教育培训

（一）教育资源的丰富与共享

新媒体极大地丰富了教育资源，通过互联网、移动设备和社交媒体，学生和教育工作者可以轻松地获取和分享各种教育资料。例如，在线课程、教育视频、互动软件等资源，使得学习不再局限于传统的教材和课堂。同时，这些资源可以跨越地域限制进行共享，促进了教育公平。

（二）学习方式的革新

新媒体推动了学习方式的革新。学生可以利用在线教育平台，根据自己的学习进度和兴趣进行学习。这种个性化的学习方式让学生更加自主地掌控学习过程，提高了学习效果。此外，新媒体还提供了多媒体和互动性的学习环境，如虚拟现实（VR）和增强现实（AR）技术，使学生在模拟的环境中进行实践操作，增强了学习的趣味性和实用性。

（三）教育模式的创新

新媒体促进了教育模式的创新。传统的面对面授课模式虽然仍然重要，但在线教育、远程教育等新型教育模式逐渐兴起。这些模式打破了时间和空间的限制，让学生可以随时随地学习。同时，新媒体还推动了协作式学习、项目式学习等创新教学方法的发展，培养了学生的团队协作和问题解决能力。

（四）教育评估的改进

新媒体为教育评估提供了新的手段。通过大数据和人工智能技术，教育者可以更加精准地分析学生的学习情况和能力水平，为个性化教学提供数据支持。同时，在线学习平台也可以实时跟踪学生的学习进度和反馈，帮助教育者及时调整教学策略。

（五）教师角色的转变

在新媒体的影响下，教师的角色也在发生变化。教师不再是单纯的知识传授者，而是变成了学生学习的引导者和促进者。教师需要不断学习和掌握新媒体技术，将其有效地融入教学中，提高教学效果。同时，教师还需要具备跨学科的知识和整合能力，以适应新媒体环境下教育的多元化需求。

八、新媒体与商业营销

（一）消费者行为的改变

新媒体环境下，消费者的信息获取方式和消费习惯发生了显著变化。他们更倾向于通过互联网和移动设备搜索产品信息，比较不同品牌和产品的特点。这种行为的改变要求企业必须密切关注消费者的线上活动，利用数据分析来精准定位目标受众并制定相应的营销策略。

（二）营销渠道的多元化

新媒体为企业提供了多样化的营销渠道，如社交媒体、搜索引擎、内容营销等。这些渠道具有成本低、覆盖面广、互动性强等特点。企业可以根据自身特点和营销目标，选择合适的渠道进行产品推广，从而有效提高品牌知名度和市场份额。

（三）品牌形象塑造

在新媒体时代，企业的品牌形象尤为重要。通过新媒体平台，企业可以展示其企业文化、价值观和产品特色，与消费者建立深厚的情感联系。一个积极、正面的品牌形象能够增强消费者的信任度和忠诚度，进而提升企业的竞争力。

（四）客户关系管理

新媒体使得企业能够更有效地管理客户关系。通过社交媒体、在线客服等方式，企业可以及时回应消费者的疑问和反馈，与他们建立长期稳定的互动关系。这不仅能提升客户满意度，还能为企业带来更多的口碑传播和业务机会。

（五）数据驱动的决策

新媒体环境下产生的大量用户数据为企业提供了宝贵的市场分析和预测依据。通过对这些数据的深入挖掘和分析，企业可以更加精准地了解消费者需求和市场趋势，从而制定出更有效的营销策略。

（六）营销成本的优化

相比传统媒体，新媒体营销通常具有更高的成本效益。企业可以根据预算和营销目标灵活调整新媒体营销策略，实现营销成本的优化。

九、新媒体与社交娱乐

（一）社交方式的变革

新媒体极大地改变了人们的社交方式。传统的社交活动主要依赖面对面的交流，而新媒体的出现使得人们可以通过社交媒体平台与朋友、家人甚至是陌生人进行交流。这种交流不再受地理位置的限制，人们可以随时随地与他人保持联系。社交媒体提供了分享照片、发表动态、点赞评论等功能，极大地丰富了人们的社交体验。

（二）娱乐形式的多样化

新媒体为娱乐提供了更多的可能性。过去，人们的娱乐方式相对单一，主要依赖于电视、电影等传统媒体。然而，新媒体的出现打破了这种局限。现在，人们可以通过视频网站、音乐平台和游戏应用程序等新媒体平台，随时随地观看各种视频、听音乐、玩游戏。这种多样化的娱乐方式满足了不同人群的需求，使得娱乐更加个性化和便捷。

（三）互动性的增强

新媒体的另一个显著特点是其互动性。在社交娱乐领域，这种互动性为用户提供了更多的参与感和乐趣。例如，在社交媒体上，用户可以与其他用户进行实时互动，分享彼此的看法和体验。在游戏和娱乐应用中，用户也可以与其他玩家进行在线对战或合作，增强了娱乐的趣味性和挑战性。

（四）用户生成内容的兴起

新媒体平台鼓励用户生成内容（UGC），这在社交娱乐领域尤为明显。

用户可以通过社交媒体分享自己的创作，如音乐、视频、摄影等，与其他用户交流和分享。这种用户生成内容的兴起不仅丰富了新媒体平台的内容库，还为用户提供了展示自己才华和创造力的机会。

（五）虚拟社交的发展

新媒体还推动了虚拟社交的发展。通过虚拟现实（VR）和增强现实（AR）技术，人们可以在虚拟世界中进行社交活动，如参加虚拟派对、与虚拟角色互动等。这种新颖的社交方式为用户提供了全新的娱乐体验，也进一步拓展了社交娱乐的可能性。

第二章 新媒体环境下新闻
传播业的发展

随着新媒体的迅速崛起，传统传媒业面临着巨大的冲击与挑战，这一现象已经在全球范围内得到广泛关注。本章首先分析了新媒体对传媒业的冲击，并探讨新媒体给新闻传播理论带来的深远影响。然后研究了我国新媒体产业的发展状况以及"三网融合"环境下新媒体业态的变化，以便使学习者更好地理解新媒体时代传媒业的发展趋势与特点，为新闻传播理论和实践提供新的思考和启示，具有重要的学术价值。

第一节 新媒体对传媒业的冲击

新媒体对传统传媒业的冲击是显而易见的，它引发了多方面的变革和挑战。以下是一些主要方面：

一、内容传播方式的改变

随着新媒体的兴起，我们见证了内容传播方式的翻天覆地的变化。传统媒体形式如报纸、电视和广播等，曾经是信息传播的主要渠道，但现在随着互联网和社交媒体的普及，信息传播的方式和速度发生了彻底的改变。这种变革不仅影响了传统媒体的运营模式，也深刻地改变了人们获取信息的方式和习惯。

传统媒体，如报纸和电视，通常受限于制作、编辑和分发的时间，信息的传播速度相对较慢。然而，新媒体通过互联网和社交媒体平台，实现了信息的即时传播。例如，一个重大新闻事件发生后，人们可以通过社交媒体上的实时更新或即时消息推送，迅速了解到最新的情况。这种快速传播的特性使得新媒体成为了人们获取最新信息的首选渠道。

传统媒体的覆盖范围和传播渠道相对受限，而新媒体则打破了地域和时间的限制，使得信息能够迅速传播到全球各地。同时，互联网上的内容也更加多样化，涵盖了各种各样的主题和观点。这种多样性为用户提供了更丰富的选择，使得他们能够根据自己的兴趣和需求获取相关信息。

相比于传统媒体的单向传播模式，新媒体更加强调用户参与和互动。通过社交媒体平台，用户可以与内容创作者和其他用户进行即时的交流和互动，分享自己的观点和体验。这种互动性不仅增强了用户对信息的参与感和归属感，也为内容创作者提供了更多与受众互动的机会，促进了内容的传播和传播效果的提升。

举例来说，以 2019 年新冠肺炎疫情期间的信息传播为例，传统媒体如电视和报纸报道了疫情的最新情况，但由于制作和传播的时间延迟，信息的更新速度相对较慢，难以满足人们对信息的及时需求。与此同时，社交媒体平台成为了疫情信息传播的主要渠道，人们通过微博、微信等平台获取最新的疫情动态，分享防护知识和个人经历，形成了一个庞大的信息共享网络。这种信息传播方式的改变不仅加速了疫情信息的传播，也促进了公众对疫情的关注和应对措施的积极参与。

二、受众习惯的转变

在当今数字化时代，随着新媒体的崛起，人们获取信息和娱乐的方式正在发生深刻变革。传统媒体，如报纸、电视和广播，曾长期主导着信息传播的领域。然而，随着互联网和移动设备的普及，人们的媒体消费习惯发生了巨大变化，他们逐渐转向了在线平台和社交媒体，以获取新闻、信息和娱乐。

这种受众习惯的转变对传统媒体产生了深远影响。

传统媒体的读者和观众数量正在急剧减少。以报纸为例，曾经是人们获取新闻信息的主要途径，但现在却面临着日益衰落的局面。报纸发行量的下降导致了广告收入的大幅减少，这对报纸行业的生存和发展构成了严峻挑战。在电视和广播领域，尽管仍然有大量的受众，但随着数字化媒体的兴起，传统电视台和广播电台的收视率也在下降。人们更倾向于通过流媒体服务，如哔哩哔哩、爱奇艺、腾讯和优酷等，以及社交媒体平台，如微博、微信、抖音和快手等，来观看视频内容和获取娱乐信息。

在这一转变中，移动设备扮演着至关重要的角色。智能手机和平板电脑的普及使人们能够随时随地获取信息和娱乐。无论是在公交车上、咖啡厅里还是在家里，人们都可以通过他们的设备连接到互联网，与世界各地的内容进行互动[①]。

一个典型的案例是《纽约时报》这家传统的报纸机构意识到数字化时代的变革，积极投资于在线平台和移动应用程序。通过其在线网站和移动应用，该报纸成功地吸引了一批年轻的读者，实现了数字化转型。然而，与此同时，纸质版报纸的发行量仍在持续下降，这表明了受众习惯的转变对传统媒体所造成的影响。在面对受众习惯转变的挑战时，传统媒体需要

---

① 张维娜，李美丽. 全媒体时代学术期刊青年编辑职业能力的培养［J］. 沈阳大学学报（社会科学版），2023（6）：91-98.

不断创新和调整。他们需要加强与新媒体的合作，提供多元化的内容，以吸引更广泛的受众。同时，他们还需要加强对数字技术的应用，提升用户体验，适应移动设备时代的需求。

总的来说，受众习惯的转变是数字化时代媒体环境中的一个重要趋势。传统媒体必须积极适应这一变化，才能在竞争激烈的市场中生存和发展。

三、信息传播的多样性

在我国，随着新媒体的兴起，信息传播的多样性得到了显著提升。以微信公众号为例，这是中国最流行的新媒体平台之一，为用户提供了丰富多彩的信息来源和选择。

微信公众号是一种社交媒体平台，允许个人、组织和企业创建自己的账号，发布文章、图片、视频等各种形式的内容，并与粉丝进行互动。通过关注感兴趣的公众号，用户可以获取各种各样的信息，涵盖了新闻、时事、科技、健康、美食、娱乐等各个领域。这种信息传播的多样性对用户来说是一种巨大的福利。以前，他们可能只能通过传统媒体，如报纸、电视和广播，获取信息，而这些传统媒体的内容往往受到编辑和筛选的限制，无法满足所有人的需求。但是，通过微信公众号，用户可以根据自己的兴趣和需求，自由选择他们感兴趣的内容，且这些内容的来源也非常广泛，涵盖了各个领域，满足了不同人群的需求。

一个典型的案例是知名媒体人罗振宇创建的公众号"罗辑思维"。这个公众号以提供有深度、有思考的文章和视频内容为特点，涵盖了文化、历史、心理学等多个领域，深受广大读者的喜爱。通过这个公众号，用户可以获取高质量的知识和信息，拓展自己的视野，提升个人素养。

除了媒体人和机构创建的公众号，许多企业也利用微信公众号进行品牌推广和营销。他们通过发布产品信息、促销活动等内容，吸引用户关注并增加品牌曝光度。这种营销方式具有很强的针对性，能够更好地与目标受众进行沟通和互动，提高营销效果。

然而，信息传播的多样性也带来了一些问题，比如信息真实性和可信度的问题。在微信公众号上，存在着大量的自媒体账号，他们发布的内容质量参差不齐，有些甚至是虚假的、低质量的信息，容易误导用户。因此，用户在选择信息来源时，需要保持警惕，提高辨别能力，选择权威、可信的媒体和信息渠道。

总的来说，信息传播的多样性为用户带来了更多选择和便利，丰富了信息生态，促进了社会进步和个人发展。然而，也需要注意信息的真实性和可信度，加强信息素养教育，提高用户的信息辨别能力，确保信息传播的健康和有序。

四、营销和广告模式的变革

随着新媒体的兴起，营销和广告模式正在经历着深刻的变革。传统的广告形式，如电视广告、报纸广告和户外广告，逐渐受到人们的忽视，因为这些广告形式往往是单向、侵入性的，不能很好地吸引受众的注意力。相比之下，社交媒体和在线平台成为了广告商和营销人员更加注重的渠道，因为这些平台提供了更多的互动性和个性化定制的机会，能够更好地与受众进行沟通和互动。

一个典型的案例是中国的电商巨头阿里巴巴旗下的淘宝平台。淘宝以其庞大的用户群和丰富的商品资源成为了众多品牌和商家推广产品的首选平台。在淘宝上，广告商和营销人员可以通过投放广告、开设品牌旗舰店、举办促销活动等方式，与用户进行直接互动，提升品牌曝光度和产品销量。与传统广告形式相比，淘宝平台更注重用户体验和个性化推荐，能够更好地满足用户的需求，提高广告的转化率。

此外，微信和微博等社交媒体平台也成为了广告商和营销人员的重要选择。通过在这些平台上发布原创内容、与用户互动、举办线上活动等方式，品牌可以更好地与受众建立联系，提升品牌认知度和用户参与度。例如，很多知名品牌通过在微信公众号上发布精彩的内容、举办抽奖活动等方式，吸引了大量用户的关注和参与，取得了良好的营销效果。值得注意的是，新媒体营销也面临着一些挑战和风险。例如，由于社交媒体平台的用户群体庞大，竞争激烈，广告商和营销人员需要花费更多的精力和资源来吸引用户的注意力。此外，虚假广告和恶意营销也成为了一些平台的隐患，给用户带来了不良体验，影响了平台的信誉和用户忠诚度。

因此，在新媒体营销中，广告商和营销人员需要不断创新，注重内容质量和用户体验，提升广告的有效性和可信度。他们还需要加强与平台的合作，充分利用平台提供的工具和资源，更好地与受众进行沟通和互动，实现营销目标。只有这样，才能在激烈的市场竞争中脱颖而出，取得成功。

五、新技术的影响

当今，新媒体的发展不仅推动了技术创新，还带来了一系列新技术的应用，如人工智能（AI）、虚拟现实（VR）和增强现实（AR），这些技术正在深刻影响着内容的生产和消费方式，同时也加剧了传统媒体所面临的挑战。

当今，人工智能技术在新媒体领域的应用日益普及。通过自然语言处理、机器学习和数据挖掘等技术，人工智能可以实现内容的智能推荐、个性化定制和自动化生产。以中国的短视频平台抖音为例，其背后运用了强大的推荐算法，根据用户的兴趣和行为，智能地推送符合用户口味的视频内容，提高了用户体验和内容的黏性。同时，人工智能还可以用于内容生产，如自动生成文章、视频剪辑等，提高了内容的生产效率，降低了成本。

随着 VR 设备的普及和技术的进步，用户可以沉浸式地体验虚拟世界，如虚拟旅游、虚拟演出等。中国的 VR 直播平台如梦幻西游、虎牙 VR 等已经开始崭露头角，为用户提供了全新的娱乐体验。而增强现实技术则可以将虚拟内容与现实世界相结合，为用户提供更加丰富的交互体验，如手机游戏中的 AR 功能、虚拟试衣间等，极大地拓展了内容消费的可能性。

然而，新技术的应用也给传统媒体带来了一系列挑战。传统媒体需要不断跟进新技术的发展，进行技术升级和转型，以适应用户需求的变化。例如，传统报纸和电视媒体需要加强与互联网和移动设备的融合，开发适合在线阅读和观看的内容形式，提升用户体验。其次，新技术的普及也加剧了竞争的激烈程度，传统媒体需要与新兴科技公司竞争用户资源和市场份额，加大创新力度和投入。

一个值得关注的案例是中国的互联网新闻平台今日头条。作为一家以算法推荐为核心的新媒体平台，今日头条充分利用人工智能技术，通过大数据分析用户兴趣，为用户提供个性化的新闻推荐。与传统媒体相比，今日头条不仅拥有更广泛的用户群体，还能够更精准地满足用户需求，打破了传统媒体的信息壁垒，改变了用户获取信息的方式。总之，新技术的应用对中国的媒体产业带来了巨大的影响。传统媒体需要不断创新和调整，加强与新技术的融合，以提升竞争力和适应市场变化，才能在激烈的竞争中立于不败之地。

第二节　新媒体给新闻传播理论带来的影响

一、新媒体给新闻传播理论带来的主要影响

新媒体给新闻传播理论带来的主要影响体现在以下几个方面。

（一）传播范式转变

在新媒体时代，新闻传播理论受到了显著影响，尤其是传播范式的转变。在传统媒体时代，信息传播通常是由少数媒体机构向广大受众单向传递的。新媒体的兴起让传播模式变得更加多元化和互动化，在社交媒体、博客、视频网站等平台，人们可以自主发布信息，形成了一种多对多的传播格局。这种传播范式的转变对新闻传播理论带来了深远的影响。

1. 挑战了传统的媒介管控和信息控制模式

在新媒体时代，信息的去中心化传播打破了信息的垄断和壁垒，人们可以自由发布信息，这不仅减少了信息筛选的层级，也改变了信息的流动方式。其次，这种转变重新定义了传播过程中的角色和动机。受众不再只是被动接收信息，而是变成了信息的共同创造者和传播者，通过点赞、评论、转发等互动方式参与到信息的传播中，形成了一种群体智慧的传播模式。

2. 新媒体时代的传播范式也影响了传播效果的评估标准

与传统传播模式中通过观众数量、收视率等指标衡量传播效果不同，新媒体时代更加注重受众的参与度和互动性。通过社交媒体平台，内容发布者可以实时了解受众的反馈和意见，从而更好地评估和调整传播策略。例如，微博作为中国最大的社交媒体平台之一，它的用户群体庞大且多样，覆盖了各个年龄段和社会群体。用户可以在微博上自由发布文字、图片、视频等内容，并与粉丝进行互动和分享。这种多对多的传播模式不仅使得微博成为了获取新闻信息、表达观点、参与讨论的重要平台，也对传统媒体产生了深远影响。

（二）参与式传播

在新媒体时代，参与式传播成为了一种突出的传播模式，对新闻传播理论和实践产生了深远的影响。传统传播理论通常视受众为被动的信息接收者，而新媒体的到来彻底改变了这一模式，赋予受众更多的参与性和话语权。通过评论、转发、分享等形式，受众不仅接收信息，还积极参与到信息的创造和传播过程中，成为传播内容的共同创造者。这种参与式传播模式的兴起挑战了传统的"传播者－受众"模型，重塑了受众在传播过程中的角色，将他们从被动的接收者转变为积极的参与者。新媒体使受众通过社交媒体平台、博客、论坛等渠道表达观点，与他人交流讨论，形成了一个开放且多元的传播环境。以微信朋友圈为例，作为中国最大的社交通信软件之一，微信的朋友圈功能使用户可以发布文字、图片、视频等内容，并与朋友互动分享。这种参与式传播模式不仅使微信朋友圈成为了获取信息、表达观点、建立社交关系的重要平台，也对传统媒体的影响力和传播效果产生了变革。

参与式传播不仅改变了传播的形式，也拓展了传播的内容和提高了效果。与传统媒体由少数权威机构控制信息不同，参与式传播使得更多声音得以传出，促进了信息的多元化和民主化。受众的参与提高了信息的传播效果和可信度，但同时也带来了一些挑战，如信息真实性和谣言问题，这需要社会对信息素养教育加强，提高大众的辨识和批评能力。

（三）去中介化

新媒体的兴起引发了信息传播中中介角色的显著减少，尤其是传统新闻机构在信息流通中的作用被大大削弱。这一趋势不仅改变了信息的传递方式，而且迫使新闻传播理论家重新审视信息来源和验证过程的核心原则。在传统模型中，新闻机构作为信息的核心审核者和传播者，负责事实检查和信息源验证，保障报道的真实性和可靠性。然而，在去中介化的新媒体环境中，信息的生产和传播变得更加民主化，每个人都有可能成为信息的生产者和传播者。

以"丁香医生"平台为例，这个专注于医疗健康信息的平台通过其微信公众号和微博账号,直接向公众提供关于健康和医疗的科普文章。在COVID-19疫情期间,它能够迅速通过社交媒体向数百万用户传递防护和治疗的相关信息,有效地影响了公众的健康行为和认知。这种去中介化的信息传播方式绕过了传统新闻机构,直接向公众提供了快速而准确的信息。

去中介化对新闻传播理论提出了重大挑战,尤其是在信息验证的复杂性和虚假信息风险上升的背景下。传统的新闻传播理论强调中介机构在验证信息和维护公共信任中的角色,但在当前环境下,这些理论需适应去中介化的趋势。新的理论框架需要关注如何在缺少传统中介的情况下,维护信息的准确性和多样性,以及评估公众对新媒体信息的信任度。因此,去中介化不仅改变了信息的流通方式,还要求新闻传播理论和实践适应这种新的信息环境。新闻传播理论家必须探索和发展新的理论和实践策略,以确保在去中介化的环境中信息质量和公众的知情权得到充分保障。这包括开发新的验证工具,加强公众的媒介素养教育,以及重新定义新闻专业的伦理和责任。

(四)受众参与度增加

新媒体的兴起深刻改变了新闻传播理论中受众的角色,从传统媒体时代的被动接收者转变为积极的参与者和创造者。在传统模型中,新闻传递通常是单向的,从新闻机构到观众。然而,随着互联网和社交媒体的普及,受众现在能够直接影响新闻内容的创造和传播过程。这种变化不仅是对新闻内容的简单反应,如评论或分享,而且包括受众在新闻事件中的直接贡献,例如通过上传现场视频或提供第一手见证报告。例如,抖音这样的平台通过短视频快速吸引受众,已成为新闻传播的重要渠道。用户不仅消费新闻内容,还能通过创作和分享自己的视频参与到新闻传播中,尤其在公共突发事件的报道上表现显著。在COVID-19疫情期间,许多普通人通过分享个人的防疫生活视频,为公众提供了从不同视角看待事件的机会，这些用户生成的内容在一定程度上补充甚至挑战了官方新闻报道。

这种受众的高度参与性对新闻传播理论提出了新的挑战和机遇。理论家们需要考虑新闻的定义和功能如何在这种多向互动的环境下发生变化，以及如何处理与之相关的伦理和质量控制问题，如信息真实性、可靠性以及用户生成内容的版权和隐私问题。因此，新媒体环境不仅重塑了受众的参与模式，也促使新闻传播理论扩展其研究视角，以全面分析和适应这些变化。

（五）即时性和连续性

随着互联网和移动通信技术的发展，新闻传播的节奏和结构经历了根本性的变化，特别是在新媒体平台如社交媒体和即时消息应用的普及下，新闻的即时性和连续性得到了显著加强。这些变化对新闻传播理论提出了新的理论挑战和调整需求。

新媒体的即时通信功能使得新闻能够在事件发生后立刻被传播，彻底打破了传统的新闻周期，如日报或周报的限制。这种即时性极大地加速了信息的流通速度，并提高了新闻覆盖的时效性，从而满足了公众对实时信息的需求。例如，在重大事件发生时，通过平台如微博、微信和抖音，公众几乎可以实时获取最新信息。这种变化迫使新闻传播理论重新思考信息流通的方式和速度，以及这些因素如何影响新闻的社会功能和公众的信息消费模式。

同时，新媒体的连续性特征使得新闻在发布后可以持续更新和发展。这与传统媒体一次性报道的形式截然不同，新媒体中的新闻报道通常是流动的，随着新信息的出现不断进行更新。这种持续更新不仅改变了新闻内容的结构，还挑战了对新闻完整性和深度的传统标准。新闻工作者需要在追求即时性的同时，也维护报道的深度和准确性，这对新闻传播理论提出了对信息质量和报道深度的双重要求。因此，新媒体环境下的即时性和连续性不仅重塑了新闻的传播模式，也促使新闻传播理论家探索新的理论框架，以应对这些变化带来的复杂挑战。

（六）滤泡效应与回音室效应

新媒体环境中，个性化推荐算法的普及对新闻传播理论带来了显著的挑战，特别是在如何维护公共领域中信息多样性的理论框架上。这些算法通过分析用户的历史行为、偏好和社交网络来推送内容，从而可能导致滤泡效应和回音室效应，即用户可能仅被呈现并接触到符合其先入为主观点和偏好的信息。这种现象对新闻传播理论的传统观念提出了重大挑战，尤其是关于公共领域作为观点多样性和公民讨论平台的功能。

在传统新闻传播理论中，公共领域被视为一个开放的讨论空间，公民可以在其中接触到广泛的观点并进行自由交流，从而形成民主社会中的公共意见。然而，个性化推荐算法可能限制了这种观点的多样性，因为它们倾向于创建一个信息同质化的环境。在这样的环境中，个体更可能持续接触到与自己观点相符的信息，而难以接触到挑战或补充其观点的不同信息。这不仅减弱了公共领域的多样性，也可能削弱了民主决策过程中基于全面信息进行的批判性思考。

滤泡效应和回音室效应的存在使得新闻传播理论需要重新评估和调整其对信息传播和接受的基本假设。理论家们必须考虑到算法如何塑造新闻消费模式，以及这些模式如何影响公共讨论的质量和广度。这可能涉及探索新的理论框架，以更好地理解和应对由数字技术驱动的信息环境中的这些变化。例如，理论更新可能需要强调算法透明度和责任，推动对算法决策过程的公共监督和评估，以及开发新的工具和方法来促进信息环境中的观点多样性和平衡。

此外，新闻机构和技术开发者可能需要考虑如何设计算法，以避免过度的个性化推送，确保信息的广泛性和多元性。这包括开发能够推荐跨观点内容的算法策略，以及为用户提供更多控制自己信息暴露的选项。通过这些方式，新闻传播理论不仅可以适应新媒体带来的挑战，还可以引导新闻实践更好地服务于建设一个健康、活跃的公共领域。

二、新媒体给新闻传播理论带来的创新思考

在新媒体时代，新媒体的兴起给新闻传播理论带来了许多创新思考。人们可以通过各类媒体平台获取信息，这为新闻传播提供了新的渠道和可能性。在这种背景下，新闻传播理念需要不断创新，以适应新的传播环境和受众需求。

（一）新媒体时代要求新闻传播理念与时俱进

传统的新闻传播理念着重于信息的传递和报道，强调媒体的权威性和信息的客观性，而在新媒体时代，传播不再是简单的信息传递，而是更加注重互动、参与和共享。因此，新闻传播理念需要与时俱进，更加关注受众的参与性和话语权，重视受众的反馈和互动，以更好地满足受众的需求。

传统媒体时代，新闻报道往往是单向的，由媒体向受众传递信息，而在新媒体时代，受众具有更多的参与性和话语权。他们可以通过评论、转发、分享等方式参与到信息传播过程中，成为内容的共同创造者和传播者。因此，新闻传播理念需要更加关注受众的参与度，鼓励受众积极参与新闻报道和讨论，从而增强新闻传播的互动性和参与度。

在新媒体时代，受众可以通过多种渠道获取信息，选择他们感兴趣的内容，因此，新闻传播不再是媒体单方面向受众传递信息，而是需要根据受众的需求和反馈进行调整和优化。媒体需要倾听受众的声音，关注受众的反馈和意见，及时调整新闻报道的内容和形式，以更好地满足受众的需求和期待。

在新媒体时代，受众可以根据个人喜好和需求选择他们感兴趣的内容，而不再局限于传统媒体所提供的有限选项。因此，媒体需要提供更加多样化、个性化的内容，满足不同受众群体的需求，从而增强新闻传播的

吸引力和影响力。

（二）新媒体时代提倡多元化和个性化的信息传播

传统的新闻传播理念往往将受众视为一个整体，忽略了受众群体的多样性和个性化需求。然而，随着新媒体技术的发展和普及，受众群体日益多元化，具有不同的兴趣、喜好和价值观，因此，新闻传播理念需要更加重视受众的个性化需求，提供多样化的信息内容和形式，以吸引不同群体的关注和参与。

传统的新闻传播往往采用一刀切的方式，将相同的信息内容传递给所有受众，忽视了受众的个性化需求和兴趣。然而，在新媒体时代，受众可以根据个人喜好和需求选择他们感兴趣的内容，因此，媒体需要提供个性化的信息服务，根据受众的兴趣和行为习惯推荐相关内容，从而增强受众的参与度和满意度。

传统的新闻传播往往局限于文字、图片和视频等传统形式，忽视了受众对多样化媒体形式的需求。然而，在新媒体时代，受众具有更多元化的媒体选择，包括文字、图片、视频、音频等多种形式，因此，媒体需要提供多样化的信息形式，满足受众不同的媒体偏好和阅读习惯，增强信息传播的吸引力和影响力。

随着移动互联网技术的发展，短视频成为了受众获取信息和娱乐的重要渠道。短视频平台以其简短、生动、易于消化的特点，吸引了大量用户的关注和参与。在短视频平台上，用户可以根据个人兴趣选择自己喜欢的视频内容，涵盖了各种各样的主题和风格，满足了不同受众的需求和偏好，成为了信息传播的新渠道和新载体。

因此，新媒体时代提倡多元化和个性化的信息传播，需要媒体更加关注受众的个性化需求，提供多样化的信息内容和形式，以满足受众的不同需求和偏好。只有不断创新和完善传播理念，媒体才能在新媒体时代中立于不败之地，赢得受众的信任和支持。

（三）新媒体时代强调跨平台和跨媒体的整合传播

传统的新闻传播理念往往将不同的传播渠道和媒体视为独立的存在，但在新媒体时代，不同媒体平台之间相互渗透和交互影响，呈现出了一种新的传播格局。因此，新闻传播理念需要更加重视跨平台和跨媒体的整合传播，将信息内容在不同平台之间进行有机链接和衔接，以提高信息的传播效果和影响力。

在新媒体时代，受众的信息获取渠道日益丰富多样，他们可能通过电视、网络、社交媒体等多种平台获取信息。因此，将信息在不同平台上进行整合传播，可以实现信息内容的多维度展示，提供更加丰富和立体的信息体验，增强受众的参与度和满意度。

跨平台和跨媒体的整合传播能够扩大信息的传播范围和覆盖面。不同平台和媒体具有不同的受众群体和覆盖范围，通过在多个平台上进行整合传播，可以将信息覆盖范围扩大到更广泛的受众群体中，实现信息的全方位传播和共享，提高信息的传播效果和影响力。

一个具体的案例是中国的电视新闻节目与社交媒体的整合传播。随着社交媒体的兴起，越来越多的受众倾向于通过社交媒体获取新闻信息。为了适应这一趋势，许多电视新闻节目开始在社交媒体平台上建立官方账号，并通过发布新闻内容、互动讨论等方式与受众进行交流和互动。通过电视新闻节目与社交媒体的整合传播，可以实现信息内容的跨平台传播，满足不同受众群体的需求，提高新闻传播的效果和影响力。

总之，跨平台和跨媒体的整合传播已经成为新闻传播领域的重要发展趋势，媒体需要更加重视不同平台之间的信息衔接和链接，实现信息内容的多维度展示和全方位传播，从而提高新闻传播的效果和影响力，适应新媒体时代的发展需求。

（四）新媒体时代强调用户生成内容的重要性

传统的新闻传播理念往往将媒体机构视为信息的主要生产者和传播者，但在新媒体时代，普通用户也成为了信息的重要生产者和传播者。这一转变极大地改变了信息传播的格局，对新闻传播理念提出了新的挑战和思考。

1. 用户生成内容丰富了信息内容，增强了传播的多样性和活力

在新媒体时代，普通用户可以通过社交媒体、博客、视频分享平台等自主发布各种内容，包括新闻事件、评论、观点、生活经验等。这些用户生成的内容（UGC）丰富了信息的来源和内容，使传播过程更加多样化和丰富化。与传统媒体相比，UGC 更贴近普通人的生活和需求，能够反映更广泛的声音和视角，从而增强了传播的活力和吸引力。

2. UGC 促进了信息传播的参与性和互动性

在新媒体时代，用户不仅是信息的接收者，更是信息的生产者和传播者。他们可以通过评论、转发、分享等方式参与到信息传播过程中，与他人交流和互动，形成一种多对多的传播模式。这种参与性和互动性使传播过程更加民主化和平等化，加强了用户之间的交流和沟通，增强了信息传播的影响力和可信度。

例如微博，许多重大事件和热点话题都是在微博上引发的，用户通过转发、评论等方式参与到信息传播中，影响着舆论的走向和社会的发展。这充分体现了 UGC 对信息传播的重要作用和影响。因此，新闻传播理念需要更加重视 UGC 的作用和影响，积极鼓励用户参与内容创作和分享，以丰富信息内容，增强传播的活力和多样性。只有充分认识和利用 UGC 的潜力，媒体才能在新媒体时代中立于不败之地，赢得受众的信任和支持。

第三节　我国新媒体产业的发展

一、新媒体产业的运营模式

随着中国社会消费行为的数字化转型，尤其是在2020年以来线下消费大量转移到线上的背景下，电子商务的发展得到了前所未有的推动。在这一大环境下，新媒体机构纷纷针对自己的市场定位，专注于垂直细分领域内容的打磨和深化，通过集结特定领域的品牌和构建良好的口碑，逐步塑造成为该领域内具有一定影响力的电商平台。

具体而言，新媒体的电商型运营不仅仅局限于传统的商品交易，更是在内容创造、社群建设与经济价值三者之间建立了一种新的互动关系。在这种运营模式下，新媒体通过制作并传播针对性强、专业度高的内容，吸引并聚集了大量具有明确消费需求的目标受众。通过构建以内容为核心的社群，新媒体能够在社群内部进行有效的品牌推广和产品销售，实现从内容到商品的转化，从而达到流量变现的目的。

（一）形成社群经济

在新媒体领域，社群经济的兴起正在重塑内容生产与消费的格局，其中，构建个性化媒体品牌并围绕高质量内容聚集社群已成为一种新兴趋势。这一变革不仅增强了用户的参与度和忠诚度，而且为新媒体机构提供了多元化的盈利途径，促进了社群经济的发展。

社群经济的发展主要依赖于人们的自发行为，缺乏主动性。然而，随着社会的发展和技术的进步，社群经济的发展需要更加主动和积极。这就需要社群经济利用大数据、人工智能等技术，主动发现和满足人们的需求，实现经济效益的最大化。目前，随着社群经济的快速发展，社群的组织形态和商业形态越来越多元化，涉足的领域越来越多、服务的产业也越来越丰富。

在中国，社群运营的快速发展和创新同样引人关注。众多新媒体机构通过线上社群的构建和管理，成功聚集了一批忠实的粉丝，并逐步将这种社群联系从虚拟空间扩展到了现实世界。这种模式不仅增强了用户之间的互动和参与感，还有效提高了用户对品牌的认同度和黏性，为新媒体机构的持续发展奠定了坚实的基础。

2023 年，中国新媒体用户规模首次突破 10 亿大关，用户活跃度与黏性持续提升，使用时长呈碾压之势，位列网络使用时长排行的首位。新媒体蓝皮书认为，人工智能产业随着 ChatGPT 的爆火开始复苏，新媒体产业数字化趋势进一步加强。此外，新媒体内容生产更加垂直细分。技术为内容表现形式持续赋权，增强内容观感，提升内容的传播力、影响力[①]。

（二）付费 3.0 时代

随着新媒体产业的迅猛发展，其运营模式已进阶至崭新的"付费 3.0 时代"，这标志着对个性化、专属化及高质量内容的追求达到了新的高度。在这一时代，新媒体平台通过深度细分市场、打造定制化内容，不仅为用户提供了更加丰富多彩的体验，同时也开辟了全新的收益增长点。

回望过去，新媒体的盈利模式曾主要依赖于广告收入，这可以被称为"付费 1.0 时代"。然而，随着用户对内容质量要求的不断提升，单一的广告模式已无法满足市场的多元化需求，因此逐渐过渡到了"付费 2.0 时代"。在这一阶段，新媒体平台开始尝试通过会员制度和知识付费模式来培养用户的付费习惯，如《喜马拉雅》等平台通过提供高质量的音频内容吸引了大量付费会员。

进入"付费 3.0 时代"，新媒体平台在内容付费方面进行了更为深入

---

① 孙海悦. 新媒体产业数字化趋势明显［N］. 中国新闻出版广电报，2023-07-24（003）.

的探索和创新。它们不再满足于提供普遍性的内容服务，而是更加关注用户的个性化需求，通过提供独家、专属的内容来吸引用户付费。例如，热门网络剧《山河令》与《苍兰诀》推出的超前点播服务，让用户能够提前解锁精彩剧情；而《乘风破浪的姐姐》等综艺节目的单独付费观看模式，则为用户提供了更加个性化的观看体验。这些创新举措不仅满足了用户对高质量内容的渴望，也为新媒体平台带来了可观的收益。

除了内容创新外，新媒体平台在"付费 3.0 时代"还更加注重利用大数据、人工智能等先进技术来精准识别用户的喜好和需求。通过对用户行为数据的深入分析，平台能够为用户推荐更加符合其口味的内容，从而提高用户的付费转化率。同时，平台还采用了灵活多样的计费策略，如单篇购买、专题订阅等，以满足不同用户的付费需求。

总的来说，"付费 3.0 时代"是新媒体产业在内容付费领域的一次重大突破和创新。它强调了对用户个性化需求的深入挖掘和满足，通过提供高质量、专属化的内容服务来培养用户的付费习惯。这不仅为新媒体平台带来了更多的收益增长点，也为整个产业的可持续发展注入了新的活力。未来，随着技术的不断进步和市场的不断变化，我们期待新媒体产业能够继续探索更多创新的付费模式，为用户带来更加丰富多彩的内容体验。

（三）推动跨媒体合作

在新媒体产业不断前行的浪潮中，跨媒体合作模式成为了一股不可忽视的力量。通过将传统媒体与新媒体的优势相融合，这种合作不仅促进了内容的多元化传播，更催生了无数创新性的展现形式。例如，央视新闻与抖音、快手等短视频平台的深度合作，将权威新闻内容以更加生动、直观的方式传递给广大用户，实现了信息的快速扩散和有效传播。

同时，我们也看到了央视新闻与哔哩哔哩（B 站）这一年轻化的新媒体平台之间的紧密合作。从 2019 年起，央视新闻便开始在 B 站开设官方账号，借助其独特的社区文化和年轻用户群体，传递权威信息并与网友进行深度互动。尤其在 2020 年，央视新闻与 B 站共同推出的"五分钟轻健身"等活动，不仅丰富了平台内容，也有效提升了央视新闻在年轻群体中的影响力和认知度。

除此之外，不同垂直领域的平台间合作也日益增多，呈现出跨媒体合作的广泛性和深入性。以音乐综艺节目为例，《乐队的夏天》《我们的歌》等热门节目与网易云音乐、QQ 音乐等数字音乐平台的合作，不仅为音乐爱好者提供了更加丰富的音乐体验，也推动了音乐产业的创新发展。

主流媒体与新媒体平台的合作还体现在对主流价值观的共同传播上。在国家重要时刻，如国家公祭日等，众多新媒体平台纷纷暂停娱乐内容的播放，转而推出相关主题内容，展现了新媒体在传播主流价值观方面的积极作用。

（四）引入文创金融助力

众所周知，北京、上海、成都、杭州等地政府通过设立文创金融平台和启动文创产业发展投资基金，展现了将政府资金从传统的补贴支持转变为投资引导的策略，以此激发新媒体产业的创新活力和发展潜力。

尤其在新媒体产业领域，众多初创及中小型企业正处于快速发展阶段，它们在探索创新的内容生产与传播模式，以及多元化的盈利渠道方面展现出强烈的活力。然而，这些企业面临的最大挑战之一便是融资难题。尽管它们可能拥有巨大的成长潜力和市场前景，但由于缺乏稳定的盈利模式和资金支持，其发展往往受到限制。此外，相对于大型企业，这些中小企业在风险承受能力、融资能力上的不足，使它们在激烈的市场竞争中处于不利地位。

文创金融的引入，特别是政府与金融机构的合作推动，为这些新媒体产业的中小企业提供了解决资金瓶颈的新途径。通过设立专门的文创产业投资基金、提供低成本的融资支持、鼓励银行与投资机构对文创产业的贷款和投资，政府资金的杠杆作用得到了有效发挥，既促进了企业的成长和创新，又拉动了文创产业链的整体发展。

更为重要的是，文创金融还能促进新媒体产业内部的资源整合与协同合作，通过金融的手段鼓励企业间的联合与合作，共享资源，分担风险，从而提升整个产业的抗风险能力和创新能力。这种模式不仅为中小企业提供了资金上的支持，还为它们之间以及与大企业之间的协作提供了平台和机会，促进了新媒体产业生态的健康发展[①]。

二、网络广告高速增长

（一）互联网公司广告头部效应明显

在当今互联网经济的浪潮中，广告作为互联网公司重要的收入来源之一，呈现出了显著的头部效应。具体而言，中国互联网广告市场的竞争格局经历了快速的演变，几大互联网巨头——阿里巴巴、字节跳动、百度、腾讯、京东、拼多多、美团和快手——占据了市场的主导地位，这些企业不仅在互联网广告收入方面居于前列，而且在创新广告技术和拓展新的广告模式方面也处于领先地位。

特别是阿里巴巴、字节跳动、百度和腾讯这四家公司，它们不仅在广告技术的开发和应用上不断推陈出新，还通过精准的用户画像和数据分析能力，提高了广告的转化率和效益，从而确保了自身在互联网广告市场中的领先地位。最新的数据显示，这四家公司共同占据了中国互联网广告市场近 70%的市场份额，这一数字充分展示了头部企业在互联网广告领域的强大影响力和市场控制能力。

这种头部效应的形成，既得益于这些公司在技术创新、平台建设、用户体验优化等方面的不断努力，也受益于它们强大的数据处理能力和算法优化技术，能够更加精确地捕捉用户需求，提供更为个性化、高效的广告

---

① 胡钰，王嘉婧. 当代新媒体产业：趋势而上与守正创新［J］. 青年记者，2021（4）：61-63.

服务。此外，这些头部企业还通过并购、合作等方式不断扩大自己的业务范围和市场影响力，从而进一步巩固了自己在广告市场中的主导地位。

然而，这种集中度较高的市场格局也引发了行业内外对于市场竞争公平性和创新动力可能受到抑制的担忧。对于新入市的小型互联网公司而言，如何在这样一个由几大巨头主导的市场中找到立足之地，成为它们面临的一大挑战。这不仅要求它们在技术和服务上进行创新突破，更需要在市场策略和运营模式上进行巧妙布局，以寻求可持续的发展空间。

（二）互联网公司分化更为明显

在当前互联网行业的发展趋势中，公司之间的分化趋势日益显著。一方面，随着新技术的快速发展和新平台的涌现，像字节跳动、拼多多、美团、快手等新兴互联网公司迅速崛起，以创新的业务模式和技术应用在市场中占据了显著位置。例如，字节跳动凭借其核心产品 TikTok（海外版抖音）和今日头条等，在全球范围内取得了巨大成功，成为广告收入的强有力竞争者。另一方面，传统互联网巨头如阿里巴巴、腾讯依然在广告市场中保持着强劲的增长势头，它们通过不断扩展自身的生态系统和业务范围，巩固了市场领导地位。

尽管如此，部分早期的互联网公司，如百度、新浪、小米、搜狐等，在市场竞争中显现出增长放缓甚至负增长的现象。这种分化背后的深层原因主要包括以下几点：① 技术创新与应用：以大数据和人工智能为基础的互联网公司，特别是那些能够充分利用这些技术进行业务创新和优化的企业，如字节跳动和快手，正展现出强劲的增长势头。这些公司通过不断的技术革新，提高了用户体验，增加了用户黏性，从而在市场竞争中获得了优势。② 内容生态与用户参与度：在内容生产和分发领域，建立了成熟生态系统的公司，如字节跳动、腾讯和美团，能够更有效地吸引和留住用户，其广告业务因而获得了较快的增长。③ 新兴商业模式：短视频平台和电商平台等新兴业务模式的崛起为相关企业提供了新的收入来源。这些平台通过创新的内容形式和商业化手段，吸引了大量用户和广告主，成为市场中的新势力。④ 市场定位与目标用户群：成功的互联网公司往往能够精准定位自己的目标用户群，并通过有效的市场策略满足这些用户的需求，从而实现业务增长。

面对这一分化趋势，互联网公司需要更加注重创新和用户体验的提升，同时，也需要对自身的业务模式和市场定位进行持续的优化和调整，以保持在激烈的市场竞争中的竞争力。

（三）互联网广告出现的新特点

在当前的互联网广告领域内，中国市场的动态展示了一系列引人注目的发展趋势，这些趋势不仅影响了广告行业的现状，也预示着未来的变革方向。

① 互联网广告市场的增长速度在某种程度上呈现放缓态势，但在中国，尤其是在移动广告和短视频广告领域，由于消费者对数字内容的持续需求增长，市场依旧保持了较为稳定的增长势头。据中国互联网信息中心（CNNIC）的数据显示，中国的移动互联网用户数量持续上升，为广告投放提供了广阔的空间。

② 市场集中度的提升已经成为一种明显趋势。主导中国互联网广告市场的巨头，如阿里巴巴、腾讯、字节跳动和百度，不仅因其庞大的用户基础和技术优势吸引了大量广告收入，还通过提供更加精准和个性化的广告解决方案，进一步巩固了其市场地位。这些公司利用大数据分析和人工智能技术，优化广告投放效率和效果，从而赢得了广告主的青睐。

③ 基于大数据和人工智能的新兴广告模式正在不断涌现，推动行业快速发展。字节跳动的短视频平台抖音，通过其算法驱动的内容推荐机制，为用户提供个性化的内容体验，同时也为广告主提供了高效的广告投放平台。此外，腾讯的社交平台微信，通过公众号和小程序等多样化的功能，为品牌提供了与消费者互动和直接销售的新途径。

④ 随着商业模式的不断创新，互联网广告的边界正在被重新定义。电商直播和社交电商等新模式的崛起，不仅改变了消费者的购物习惯，也为广告主提供了全新的营销渠道。在这些平台上，广告与内容、销售紧密结合，创造了前所未有的用户参与度和购买转化率。

三、网络游戏产业飞速发展

在 21 世纪初，随着互联网技术的迅猛发展，中国的网络游戏产业迎来了空前的发展机遇。特别是自 2005 年文化部与信息产业部联合印发的《关于网络游戏发展和管理的若干意见》以来，中国政府强调发展和管理并重，特别强调了提升国产原创网络游戏产业的重要性，这一方针极大地激励了国内网络游戏产业的创新与发展。该政策的实施不仅促进了网络游戏的健康发展，更为广大未成年人营造了和谐的网络文化环境，并推动了民族原创网络游戏产业的快速增长。

据《2019 年中国游戏产业报告》显示，中国的网络游戏市场从 2001 年的 3 亿元增长到 2019 年超过 2 308.8 亿元，成为全球最大的游戏市场。特别是在原创游戏领域，中国游戏企业的努力取得了显著成就。例如，腾讯的《王者荣耀》不仅在国内市场取得了巨大成功，海外版本《Arena of Valor》也在全球范围内受到欢迎。网易的《阴阳师》同样在日本等海外市场取得了良好的市场表现。这些成功案例充分展示了中国网络游戏产业的创新能力和国际竞争力。

除了游戏内容的原创性和国际化，中国网络游戏产业在推动相关产业链发展、促进就业等方面也作出了重要贡献。随着游戏产业的繁荣，游戏直播、电子竞技等新兴领域迅速崛起，形成了庞大而活跃的网络游戏生态系统。据统计，到 2019 年年底，中国网络游戏用户规模已达到 6.4 亿人，网络游戏产业直接和间接提供就业机会数以百万计。

电子竞技，作为网络游戏产业的重要组成部分，同样经历了快速的发展。中国政府对电子竞技的支持和资本市场的积极参与，促使电子竞技产业规模持续扩大，成为全球电子竞技产业的重要力量。2019 年，中国电子竞技市场销售收入达到 947.3 亿元，同比增长 13.5%。中国电子竞技选手在国际大赛上屡获佳绩，如 2016 年中国战队 Wings 在《DOTA2》国际邀请赛中夺冠，奖金高达超过 2 000 万美元，标志着中国电竞在国际舞台上的领先地位[①]。

截至 2023 年，中国网络游戏产业继续保持了稳定的增长势头，成为全球游戏市场中不可忽视的力量。根据中国音视频与数字出版协会游戏工作委员会（GPC）及中国游戏产业研究院联合发布的《2023 年中国游戏产业报告》数据显示，2023 年，中国游戏市场实际销售收入达到了 2 940 亿元人民币，同比增长 9.2%，显示出中国游戏产业的强劲生命力与创新能力。其中，移动游戏市场继续占据主导地位，实际销售收入达到 2 100 亿元人民币，占总体市场份额的 71.4%。

2023 年，中国网络游戏在海外市场的表现同样亮眼。根据报告，中国自主研发网络游戏的海外市场实际销售收入达到了 150 亿元美元，较 2022 年同比增长 20%，继续保持强劲增长势头。其中，东南亚、欧美和日韩市场是中国网络游戏海外收入的主要来源。例如，由腾讯开发的《和平精英》海外版《PUBG Mobile》在多个国家和地区取得了巨大成功，成为全球下载量和收入双高的游戏之一。

在电子竞技领域，中国的表现同样引人注目。2023 年，中国电子竞技市场规模达到了 1 350 亿元人民币，同比增长 15%。电子竞技已经成为中国网络游戏产业的重要组成部分，吸引了大量年轻用户的关注和参与。中国电子竞技队伍在国际大赛上频频获奖，如《英雄联盟》世界赛（Worlds）和《DOTA2》国际邀请赛（The International）等，展现了中国电竞选手的高水平实力。

---

① 彭博，王术峰. 网络游戏玩家满意度对虚拟道具购买意愿的影响 [J]. 中国流通经济，2020，34（12）：51-59.

政府对网络游戏产业的支持也在继续加强。2023 年,文化和旅游部、国家新闻出版署等政府部门出台了一系列措施,旨在促进网络游戏产业的健康发展,鼓励原创游戏的研发和创新,加强版权保护,优化游戏市场环境。同时,政府也加大了对未成年人网络游戏防沉迷系统的监管力度,推动形成全社会共同参与的网络游戏健康发展格局。

四、网络直播的创新发展

在 2023 年,中国网络直播行业持续展现出创新发展的势头,成为数字经济中的一个重要组成部分。国家统计局发布的数据显示,2023 年中国网络直播行业的市场规模预计将超过 1 500 亿元人民币,用户规模则突破 6 亿人次,反映出网络直播在中国社会和经济生活中的深度融入和广泛影响。

面对如此庞大的市场和用户基础,中国的网络直播平台纷纷采取创新战略,不断拓展业务范围和内容形态,以吸引更多用户和增加市场份额。例如,B 站(哔哩哔哩)通过丰富的二次元文化内容和直播互动,成功构建了一个以年轻人为主的文化社区。同时,B 站还积极探索电竞直播、教育直播等多元化直播内容,满足不同用户群体的需求。

此外,直播带货模式也在 2023 年获得了进一步的发展和完善。淘宝直播、抖音直播等平台通过与品牌和商家合作,利用网络红人和名人效应,成功打造了一个新的电商生态,实现了直播内容和电商销售的深度融合。根据艾瑞咨询发布的报告,2023 年中国直播电商市场规模预计将达到 2 000 亿元人民币,占整个电商市场的比重持续增加。

在游戏直播方面,腾讯旗下的斗鱼和虎牙依托强大的游戏内容资源和专业的电竞赛事直播,继续保持了行业领先地位。2023 年,随着电子竞技在全球范围内的火热,中国游戏直播平台不仅在国内市场占据主导地位,还成功拓展了海外市场,提升了中国电竞文化的国际影响力。

政府对网络直播行业的监管也更加注重行业健康发展。2023 年，国家互联网信息办公室等部门出台了一系列政策和措施，加强对网络直播内容的监管，打击违法违规行为，推动行业向更加规范、健康的方向发展。

总之，2023 年中国网络直播行业在创新发展的同时，也面临着新的挑战和机遇。随着技术的进步和用户需求的多样化，网络直播正成为连接虚拟与现实、文化与商业的重要桥梁，为中国数字经济的发展注入了新的活力。

五、其他领域发展迅猛

根据最新的数据，2023 年中国在云计算、大数据和电影票房等领域的发展情况如下：

① 根据《云计算白皮书（2023 年）》[①] 的数据，我国云计算市场仍处于快速发展期，年复合增长率超过 40%。报告预计，到 2025 年我国云计算整体市场规模将超万亿元。尽管这份报告没有直接给出 2023 年的具体市场规模预测，但考虑到市场的快速发展趋势，我们可以推断 2023 年的中国云计算市场规模已经相当可观，且非常接近或已经超过 3 000 亿元人民币。政府的大力推动和企业的积极响应共同促进了云计算技术的广泛应用和产业的蓬勃发展。云服务提供商如阿里云、腾讯云、华为云等，通过提供稳定高效的云计算服务，支持了包括金融、制造、医疗、教育等多个行业的数字化转型。

② 大数据产业：赛迪顾问预测，2024 年中国大数据产业市场规模将超过 10 000 亿元，年增长率保持在 25%以上。随着国家大数据战略的深入实施和数据资源的深度挖掘，大数据技术在智慧城市、智能交通、智慧医疗等领域得到广泛应用，促进了社会治理能力和服务水平的显著提升。

---

① 《云计算白皮书（2023 年）》是 2023 年中国信息通信研究院发布的白皮书。

③ 电影票房：根据国家电影局公布的数据，2023 年全国票房为549.15 亿元，其中，国产片份额达到 83.77%；全国观影人次达到 12.99亿，银幕总数达到 86 310 块。其中国产影片继续占据主导地位。政府对电影产业的扶持政策和市场的活跃需求推动了电影产业的复苏，尤其是一些具有深厚文化内涵和创新表现形式的国产影片，受到了广泛关注和好评。

④ 电子竞技产业蓬勃发展。根据《2023 年度中国电竞产业报告》12 2023 年中国电子竞技产业实际收入为 263.5 亿元人民币，电竞用户规模为 4.88 亿人。尽管整体收入下滑，但国内电竞产业的部分领域仍在健康发展。随着 5G 网络的广泛部署和消费者对电竞娱乐的高度接受，电子竞技不仅成为年轻人的重要娱乐方式，也吸引了大量的商业投资和政府支持，成为推动文化产业创新和经济增长的重要力量。

⑤ 人工智能产业持续创新。人工智能产业：根据中国信息通信研究院公布的数据，2023 年我国人工智能核心产业规模达到 5 784 亿元人民币，增速 13.9%。工业和信息化部赛迪研究院数据显示，2023 年，我国生成式人工智能的企业采用率已达 15%，市场规模约为 14.4 万亿元人民。

六、新媒体产业创新发展趋势

（一）推动内容创新和去同质化

在 2023 年，中国新媒体产业的发展进入了一个新的转型期，面对日益激烈的市场竞争和用户需求的多元化，行业内部迫切需要寻求内容创新和差异化发展的新路径。传统的内容生产模式和传播方式已经难以满足当前市场和用户的需求，新媒体产业的发展方向逐渐转向原创内容的开发、个性化服务的提供和用户体验的优化。

1. 原创内容开发

中国新媒体产业开始注重原创内容的开发，以提升内容的独特性和吸引力。例如，以 B 站（哔哩哔哩）为代表的视频平台，积极鼓励和支持 UP 主创作原创视频内容，通过设置原创激励机制，鼓励创作者生产具有创新性和深度的作品。这种模式不仅增强了平台内容的多样性，也为用户提供了更加丰富和个性化的观看体验。

2. 个性化内容推荐

针对用户需求的个性化，新媒体平台采用了人工智能和大数据技术，对用户行为进行分析，实现了精准的内容推荐。通过构建复杂的用户画像，平台能够更加精确地推送符合用户兴趣和需求的内容，提高用户的黏性和满意度。例如，抖音短视频平台通过算法推荐系统，为用户提供个性化的内容推荐，有效提升了用户的互动率和平台的活跃度。

3. 互动式内容体验

为了增强用户的参与感和互动性，新媒体产业探索了多种互动式内容生产和传播方式。例如，互动式网络小说和互动直播，让用户能够直接参与到内容的选择和创作过程中，实现了从被动接收信息到主动参与内容生产的转变。这种互动式体验不仅丰富了用户的娱乐生活，也为新媒体内容的传播提供了新的可能性。

4. 去中心化内容分发

在内容分发方面，新媒体产业借助区块链等去中心化技术，探索了新的内容分发机制。通过去中心化的内容分发平台，创作者可以直接与用户进行交互，不仅保障了内容的安全和版权保护，也优化了内容的流通效率和收益分配机制。

总体来看，2023 年中国新媒体产业通过推动内容创新和去同质化，实现了产业的健康可持续发展。通过不断探索和实践新的内容生产和传播模式，新媒体产业为用户提供了更加丰富多彩的数字内容生态，同时也为行业的创新发展开辟了新的路径。

（二）新媒体注重加强和传统媒体共赢合作

在中国新媒体产业与传统媒体之间的协同合作方面，近年来呈现出一种深度融合与共赢的新趋势。这种趋势不仅推动了新媒体产业的持续创新发展，也为传统媒体的转型升级提供了新的动力和方向。随着数字技术的快速发展，特别是5G、人工智能、大数据等技术的应用，新媒体与传统媒体之间的边界日渐模糊，双方开始探索更加深入的合作模式，以期实现资源共享、优势互补，共同拓展新的市场空间和用户群体。

一方面，新媒体平台利用其强大的数据处理能力和用户触达能力，为传统媒体的内容生产和分发提供了新的渠道和方法。例如，《人民日报》通过微博、微信等社交媒体平台，将新闻内容以更加互动和多样化的形式呈现给公众，极大地提升了新闻传播的效率和影响力。同时，通过与抖音、快手等短视频平台的合作，传统媒体能够以更加生动和直观的方式，向年轻用户群体传达新闻价值和社会观点。

另一方面，传统媒体凭借其权威性和专业性，为新媒体提供了高质量的内容资源和品牌信誉。例如，央视新闻与腾讯、新浪等网络巨头开展内容合作，共同制作专题报道、新闻直播等内容，为用户提供更加权威、深入的新闻报道和分析。这种合作不仅增强了新媒体内容的专业度和权威性，也帮助传统媒体扩大了受众范围，提高了品牌影响力。

在合作模式上，新媒体与传统媒体之间形成了多种合作机制，包括内容共享、技术交流、联合营销等。通过建立合作机制，双方可以实现资源的高效配置和利用，共同探索新的商业模式和盈利途径。例如，通过打造联合新闻工作室、共同开发新闻产品，双方能够在内容生产、用户服务、广告营销等方面实现深度融合，共同提升竞争力和市场份额。

总之，中国新媒体产业与传统媒体之间的共赢合作是新媒体创新发展的重要趋势之一。通过深度融合和战略合作，双方不仅能够实现资源优化配置、增强市场竞争力，还能够更好地满足公众的信息需求和多元化消费习惯，共同推动媒体产业的健康可持续发展。

第四节　"三网融合"环境下的新媒体业态

在"三网融合"——即电信网、广播电视网、互联网融合的大背景下，中国新媒体业态经历了创新与重塑，展现出多元化发展的新趋势。这一融合不仅推动了技术的革新，也促进了媒介形态与内容生产方式的深度融合，进而形成了更为丰富、动态和互动性强的新媒体业态。以下是"三网融合"环境下的新媒体业态的主要表现：

一、数字化内容生产的兴起

随着"三网融合"的深入推进，数字化内容生产逐渐崭露头角，成为新媒体业态的核心驱动力。媒体机构和内容创作者纷纷拥抱数字技术，如人工智能、大数据分析等，以生产更加精准、个性化的内容。这些技术不仅提升了内容生产的效率，还使得内容更加贴近用户需求，增强了用户体验。

以人民日报数字化媒体平台"人民号"为例，该平台集聚了海量的内容生产者，通过先进的算法技术，为用户推荐定制化新闻和信息。这种个性化的内容推送方式，使得用户能够更加方便地获取自己感兴趣的内容，也提高了媒体的传播效果和影响力。

二、跨平台内容分发

"三网融合"不仅推动了数字化内容生产的兴起，还促使内容跨平台分发成为可能。通过融合电信、广电、互联网三大网络平台，内容得以在多个平台上广泛传播，实现了用户的无缝接入。

央视新闻客户端便是跨平台内容分发的典型代表。通过与电信、广电、互联网等平台的合作，央视新闻客户端能够提供直播、点播、交互等多种形式的服务，将新闻内容传播到更广泛的受众群体中。这种跨平台分发的方式不仅扩大了新闻内容的传播范围，还提升了用户的观看体验，使得用户能够随时随地获取新闻信息。

三、多屏互动体验

在"三网融合"的大环境下，新媒体业态日益凸显多屏互动体验的重要性。用户如今可以凭借手机、电脑、电视等多种终端设备，无缝切换、享受连贯的媒体消费体验。这种多屏互动不仅提升了用户的便利性，也大大增强了内容的互动性和吸引力。

以湖南卫视与腾讯视频联手推出的热门综艺节目《大侦探第七季》为例，该节目充分利用了多屏互动的优势，为观众带来了前所未有的参与体验。通过手机扫码，观众可以参与节目中的投票环节，选择自己认为的"真凶"，这种实时互动不仅增加了节目的悬念和趣味性，也让观众有了更强烈的参与感和归属感。

此外，节目还开通了在线弹幕功能，观众可以在观看节目的同时，在腾讯视频平台上发表自己的看法和感受。这种即时的反馈机制不仅让节目制作方能够更直观地了解观众的喜好和反馈，也为观众提供了一个交流和分享的平台，进一步加深了观众与节目之间的情感纽带。

除了《大侦探第七季》，还有许多其他的新媒体内容也积极尝试了多屏互动的形式。例如，一些电视剧和电影在播出时，会同步推出手机端的互动游戏或答题环节，让观众在欣赏剧情的同时，也能参与到与剧情相关的互动中。这种多屏互动的体验不仅丰富了媒体内容的表现形式，也极大地提升了观众的参与度和满意度。

总的来说，多屏互动体验已经成为新媒体业态发展的重要趋势之一。通过不断创新和优化互动形式，新媒体平台能够为用户提供更加丰富多彩、个性化的媒体消费体验，从而进一步巩固和扩大其在市场中的竞争优势。

四、社交媒体的融合营销

在"三网融合"的大背景下，社交媒体以其独特的互动性和传播力，成为新媒体业态中不可或缺的营销工具。品牌和企业纷纷将目光投向这些平台，通过微博、微信、抖音等热门社交媒体进行内容营销和用户互动，实现了传统媒介与新媒体的有机结合，取得了显著的市场效果。

以阿里巴巴集团为例，其在每年的"双11"购物节期间，都会充分利用微博等社交媒体平台进行预热活动。通过发布创意海报、互动话题、抽奖等形式，吸引了大量用户的关注和参与。这种融合营销的方式不仅提升了用户的参与度和购买转化率，还进一步增强了品牌的曝光度和影响力。

五、媒体融合的深度发展

"三网融合"不仅推动了新媒体业态的快速发展，还促进了媒体融合的深度发展。在这一进程中，传统媒体与新媒体之间的界限逐渐模糊，二者相互融合、相互渗透，共同构成了多元化的媒体生态。

为了顺应这一趋势，传统媒体机构纷纷开始布局数字化转型，积极开发新媒体产品。央视的 CCTV+新媒体平台便是其中的佼佼者。该平台整合了视频、直播、新闻报道等多种形式的内容，为用户提供了全方位的新闻资讯服务。这种深度融合的媒体形态不仅丰富了媒体内容的表现形式，也提升了用户体验，进一步满足了用户对多元化、个性化信息的需求。

总之，在"三网融合"环境下，我国新媒体产业正处于快速发展与深度变革之中，不断涌现的新业态和新模式为媒体产业的未来发展开辟了新的空间，也为用户带来了更为丰富多彩的媒介消费体验。

第三章 新媒体环境下新闻传播的方式与主体

新媒体环境下，新闻传播的方式与主体发生了显著的变化。这些变化主要体现在传播方式的多样化和传播主体的多元化上。在传播方式上，新媒体环境为新闻传播提供了更多的可能性。在传播主体上，新媒体环境下，新闻传播的主体也变得更加多元化。同时，新媒体环境下新闻传播的方式与主体的变化也带来了一些挑战。为了适应这种变化，需要新闻传播者不断提升自身的专业素养和创新能力，也需要加强行业自律和监管，确保新闻信息的真实性和可信度，维护良好的新闻传播秩序。

第一节 新媒体环境下新闻传播的方式

新媒体技术的崛起和普及，极大地改变了传统新闻传播的方式和形态，使之更加适应现代社会的快速变化和信息需求。新媒体环境下新闻传播的方式呈现出多样化、便捷化、互动化的特点。这些变化使得新闻传播更加高效、广泛，也为受众提供了更加丰富的新闻阅读体验。

一、传播方式与新闻传播方式

（一）传播方式

传播方式是人类传递信息所采用的方法和形式,具体可细分为以下几种。

1. 人际传播

这是最古老、最基本的信息传播方式,由两个人面对面直接进行信息交流。它可以是语言传播,如谈话、讲演;也可以是非语言传播,如手势、眼色和哭笑等。人际传播形式多样,信息丰富,反馈及时,交流充分。

2. 组织传播

指在一定的组织内部或组织之间,为实现一定的目标,有领导、有步骤地进行的信息交流活动。常见的形式包括组织内会议、报告、文件传递,以及组织间的合作与交流等。

3. 大众传播

通过印刷或电子传播媒介进行的信息传播,如书刊、报纸、广播、电视和电影等。大众传播具有传播速度快、范围广、影响大等特点,是现代社会信息传播的主要方式。

除了以上几种常见的传播方式,根据传播媒介的不同,传播方式还可以包括口头传播、文字传播、图片传播、视频传播等。

随着科技的不断发展,新的传播方式也在不断涌现,例如通过互联网进行的在线交流、社交媒体传播、网络直播等。这些新的传播方式为人们提供了更加便捷、高效的信息交流渠道,同时也对信息传播的速度、广度和深度产生了深远影响。

（二）新闻传播方式

新闻传播方式主要包括以下几种。

1. 亲身传播

这是指人与人之间通过面对面或借助简单媒介进行的信息交流活动。在新闻传播中，亲身传播的方式有语言传播（如直接交谈、电话会谈等）、文字传播（如信件、电报、传真、邮件等）、体态语言传播（如手势、眼神、表情等）以及信号传播（如暗记、旗号等）。这种方式具有直接性、即时性和互动性强的特点，常用于重要或机密的新闻传递。

2. 大众传播

大众传播是通过大众媒介（如报纸、广播、电视、互联网等）向广大受众传递信息的活动。在新闻传播中，大众传播是最为常见和广泛的方式。通过大众传播，新闻可以快速、广泛地传播到社会的各个角落，满足公众的知情权。

3. 群体传播

群体传播是指在一个特定的群体中，成员之间通过互动和交流来传递和共享信息的过程。在新闻传播中，群体传播的方式包括集会、发布会、讲座、报告会、讨论会等。这种方式能够集合一群人的智慧和力量，共同讨论和分享新闻信息，形成群体意见和舆论。

4. 新媒体传播

随着互联网的普及和发展，新媒体传播逐渐成为新闻传播的重要方式。新媒体传播主要包括网站、社交网络、博客、微博、微信、短视频平台等。这些新媒体平台具有交互性强、传播速度快、信息量大等特点，使得新闻能够更加便捷、多样地传播给受众。

总之，新闻传播方式多种多样，每种方式都有其特点和适用场景。在实际应用中，需要根据新闻的性质、受众的特点和传播效果的需求来选择合适的传播方式。同时，随着科技的不断进步和社会的发展，新闻传播方式也在不断创新和发展。

二、新媒体异军突起改变了新闻传播方式

新媒体的异军突起确实对新闻传播方式产生了深远的影响，这种影响体现在多个方面。

第一，新媒体的兴起使得新闻传播更加快速和便捷。相比传统媒体，新媒体的传播速度更快，覆盖范围更广。通过新媒体平台，新闻信息可以迅速传播到全球各地，受众可以实时获取最新的新闻动态。这种即时性和全球性使得新闻传播更加高效和广泛。

第二，新媒体使得新闻传播更具互动和参与性。在新媒体平台上，受众不再是单纯的接收者，而是可以积极参与新闻的评论、分享和讨论。他们可以通过点赞、评论、转发等方式表达自己的观点和态度，与新闻传播者进行互动。这种互动性和参与性使得新闻传播更加生动和有趣，也增强了受众对新闻的关注和参与度。

第三，新媒体的多样性也为新闻传播带来了更多的可能性。新媒体平台包括社交媒体、短视频、直播等多种形式，这些形式使得新闻传播更加多样化和丰富化。通过视频、音频、图片等多种方式，新闻可以更加生动、形象地展示给受众，提高了新闻的吸引力和传播效果。

第四，新媒体也为新闻传播带来了新的挑战。新媒体平台的开放性和匿名性使得虚假新闻和谣言易于传播，这给新闻的真实性和可信度带来了威胁。因此，在新媒体环境下，新闻传播者需要更加谨慎地筛选和核实新闻信息，确保新闻的真实性和客观性。

三、新媒体新闻传播的具体形式

（一）网络论坛与社交媒体传播

网络论坛和社交媒体平台如微博、微信等，成为新闻传播的重要渠道。这些平台具有交互性强、传播速度快的特点，使得新闻内容能够迅速传播到广大受众中。用户可以通过这些平台获取新闻信息，同时也可以在平台上发表自己的观点和看法，形成互动式的新闻传播模式。

（二）移动智能设备传播

随着移动智能设备的普及，新闻传播的方式也变得更加便捷和多样化。人们可以通过手机、平板等设备随时随地获取新闻信息，无论是文字、图片还是视频，都能够通过移动设备进行快速传播。移动新闻应用、新闻推送服务等也为用户提供了个性化的新闻阅读体验。

（三）自媒体传播

自媒体成为新闻传播的新兴力量。个人或组织可以通过自己的博客、微信公众号、抖音等自媒体平台发布和传播新闻。这种传播方式具有门槛低、传播速度快的特点，使得更多人能够参与到新闻传播的过程中来。

（四）视频与直播传播

视频和直播成为新闻传播的重要形式。通过短视频平台、直播平台等，新闻事件可以以更加直观、生动的方式呈现给受众。这种传播方式不仅提高了新闻的吸引力和传播效果，也使得受众能够更加深入地了解新闻事件的背景和细节。

（五）跨平台整合传播

新媒体环境下，新闻传播不再局限于单一的平台或渠道，而是实现了跨平台的整合传播。新闻内容可以通过多个平台、多个渠道进行同步发布和传播，形成全方位的覆盖。这种传播方式不仅提高了新闻的曝光率和传播效果，也使得受众能够更加方便地获取新闻信息。

四、新媒体对传统媒体新闻传播方式带来的影响

（一）有利影响

新媒体对传统媒体新闻传播方式带来了诸多有利影响，使得传统媒体能够更好地适应现代社会的信息传播需求，提升新闻报道的质量和效果。同时，这也需要传统媒体积极拥抱变革，加强与新媒体的融合与创新，以应对日益激烈的竞争环境。具体来说，新媒体对传统媒体新闻传播方式带来的有利影响主要体现在以下几个方面。

传播渠道的拓宽。新媒体技术，如互联网、社交媒体等，为传统媒体提供了全新的传播渠道。传统媒体可以通过新媒体平台将新闻内容迅速、广泛地传播给受众，打破了地域和时间的限制，极大地提高了新闻的传播速度和覆盖范围。

互动性的提升。新媒体的互动性特点使得受众可以实时参与新闻的讨论和反馈。传统媒体可以利用这一优势，与受众进行更紧密的互动，收集受众的意见和建议，进一步提升新闻报道的质量和针对性。

内容形式的创新。新媒体环境下，新闻传播的形式变得更加多样化。传统媒体可以借鉴新媒体的表现手法，如采用视频、音频、图文结合等方式，丰富新闻报道的形式和内容，提升新闻的吸引力和可读性。

受众群体的扩大。新媒体平台的用户群体庞大且活跃，传统媒体通过

新媒体平台传播新闻，可以吸引更多年轻、活跃的受众群体，进一步扩大其影响力。

数据驱动的精准传播。新媒体平台具备强大的数据分析能力，可以根据受众的兴趣、行为等数据进行精准推送。传统媒体可以利用这些数据，对受众进行更精准的划分和定位，实现更加精准的新闻传播。

（二）不利影响

新媒体的崛起确实对传统媒体的新闻传播方式带来了不少不利影响。这些影响主要体现在以下几个方面。

其一，新媒体以其即时性和互动性强的特点吸引了大量年轻受众，使得传统媒体的受众群体逐渐流失。年轻一代更倾向于在新媒体平台上获取新闻和信息，导致传统媒体的读者或观众数量减少，市场份额下降。

其二，新媒体的传播速度快、传播渠道广，使得传统媒体在新闻时效性上难以与之竞争。传统媒体需要经过编辑、排版、印刷或制作等过程，而新媒体则能够实时发布新闻，这使得传统媒体在报道突发事件或重大新闻时往往处于被动地位。

其三，新媒体的多样性也给传统媒体带来了挑战。新媒体平台提供了文字、图片、视频、音频等多种形式的内容，而传统媒体往往受限于单一的传播形式。这使得传统媒体在内容创新和吸引力方面难以与新媒体相抗衡。

其四，新媒体的互动性使得受众可以积极参与新闻的讨论和反馈，而传统媒体则往往缺乏与受众的有效互动。这导致传统媒体在获取受众反馈、了解受众需求方面存在不足，难以根据市场需求调整传播策略。

其五，新媒体的发展也带来了版权问题。由于新媒体的传播门槛相对较低，一些未经授权的新闻内容可能在新媒体平台上被广泛传播，侵犯了传统媒体的版权。这不仅影响了传统媒体的经济利益，也损害了其品牌形象和声誉。

（三）传统媒体的应对

面对新媒体的挑战，传统媒体应主动拥抱新媒体，实现与新媒体的深度融合。新媒体与传统媒体在新闻传播方式上的融合，是传媒领域一种创新的趋势，旨在实现信息传播的高效、全面和多元化。这种融合不仅发挥了新媒体和传统媒体的各自优势，也克服了它们的局限性，提升了新闻传播的质量和效果。

在传播渠道上，新媒体和传统媒体实现了互补和共享。传统媒体如报纸、电视等，通过其长期积累的品牌影响力和公信力，为新闻传播提供了稳定的受众基础。而新媒体则通过互联网、社交媒体等渠道，将新闻迅速、广泛地传播到全球各地。两者的融合使得新闻传播不再局限于单一的渠道，而是通过多元化的方式触达更广泛的受众。

在内容制作上，新媒体和传统媒体也实现了深度的融合。传统媒体以其专业的新闻采编团队和严格的审核流程，确保了新闻的真实性和权威性。而新媒体则通过数据分析、用户反馈等方式，为内容制作提供了更加精准和个性化的指导。这种融合使得新闻内容既具有深度和权威性，又能够满足不同受众的需求和兴趣。

在互动性和参与性方面，新媒体与传统媒体的融合也带来了革命性的变化。传统媒体的新闻传播往往是单向的，而新媒体则强调与受众的互动和参与。通过社交媒体、直播等方式，受众可以实时参与新闻的评论、讨论和分享，与新闻传播者形成互动和反馈。这种融合使得新闻传播不再是单向的传递，而是形成了双向的沟通和互动。

需要指出的是，新媒体与传统媒体在新闻传播方式上的融合是一个复杂而长期的过程。这需要双方在理念、技术、人才等方面进行深度的合作和交流，共同推动新闻传播的创新和发展。同时，也需要克服一些挑战和困难，如技术标准的统一、数据共享的问题等。

总之，新媒体与传统媒体在新闻传播方式上的融合是一种必然趋势，也是提升新闻传播效果和质量的重要途径。这种融合将带来更加全面、高效和多元化的新闻传播方式，为受众提供更好的新闻信息和服务。

五、新媒体新闻传播方式的发展策略

新媒体新闻传播方式的发展策略应综合考虑多个方面，以确保其在快速变化的市场环境中保持竞争力和影响力。

（一）加强内容创新与质量提升

加强内容创新与质量提升是新媒体新闻传播方式发展的关键策略。在信息化时代，内容作为新闻传播的核心要素，对于吸引和保持受众的关注起着至关重要的作用。内容创新是新媒体新闻传播的活力之源。新媒体应积极探索新的报道形式、新的叙事方式，以打破传统媒体的框架，为受众带来全新的阅读体验。例如，可以采用故事化报道、数据可视化、互动式新闻等方式，使新闻报道更加生动、有趣、易于理解。同时，新媒体还可以结合时事热点、社会现象等话题，进行深入挖掘和报道，以满足受众对信息的需求和好奇心。

质量提升则是新媒体新闻传播的基石。新媒体应坚持真实、客观、公正的原则，确保新闻报道的准确性和权威性。在新闻采集、编辑、发布等各个环节，都应严格把关，避免出现虚假新闻、误导性信息等问题。同时，新媒体还应注重提升新闻报道的深度和广度，通过深入调查、专家解读等方式，为受众提供全面、深入的新闻分析。

总之，加强内容创新与质量提升是新媒体新闻传播方式发展的重要方向。只有不断创新、不断提升质量，新媒体才能在激烈的市场竞争中立于不败之地，为受众提供更高质量的信息服务。

（二）利用技术手段提升传播效果

利用技术手段提升传播效果是新媒体新闻传播方式发展的重要策略之一。随着科技的快速发展，新媒体可以利用各种技术手段来优化新闻内容的传播，从而增强受众的参与度和满意度，提高新闻的传播效果。

首先，新媒体可以利用大数据和人工智能技术来精准推送新闻内容。通过对用户的行为、兴趣等数据进行分析，新媒体可以了解受众的需求和偏好，进而根据这些信息进行个性化推荐。这种精准推送不仅可以提高受众的满意度，还可以增加新闻的传播范围和影响力。

其次，新媒体可以运用虚拟现实（VR）、增强现实（AR）等技术来创新新闻报道形式。通过为受众提供沉浸式的新闻体验，这些技术可以使受众更加深入地了解新闻事件，增强新闻报道的吸引力和感染力。

再次，新媒体还可以利用社交媒体平台的算法推荐机制来提高传播效果。通过优化新闻内容的标签、关键词等设置，可以使其更符合社交媒体平台的推荐算法，从而增加新闻内容的曝光量和点击率。

最后，新媒体还可以借助自动化工具和平台进行内容生产和分发。例如，利用自动化写作工具生成新闻稿件，或者通过自动化分发平台将新闻内容快速推送到各个渠道。这些工具可以极大地提高新闻内容的生产效率和分发速度，进一步提升传播效果。

需要注意的是，利用技术手段提升传播效果并不意味着忽视内容质量。相反，技术手段应该与内容创新和质量提升相结合，共同推动新媒体新闻传播方式的发展。只有在保证内容质量的前提下，技术手段才能发挥出最大的作用，实现传播效果的最大化。

（三）强化互动与社交属性

强化互动与社交属性是新媒体新闻传播方式发展的重要方向。随着社交媒体和互联网的普及，用户对于互动和参与的需求日益增强，因此，新媒体应积极探索和采用各种策略来强化其互动与社交属性。

首先，增加用户参与和互动的机会是关键。新媒体可以推出各种互动功能，如评论、点赞、分享等，让用户能够直接参与到新闻内容的生产和传播过程中。此外，通过举办线上话题讨论、投票调查等活动，也能有效激发用户的参与热情，增加新闻内容的传播范围和影响力。

其次，利用社交媒体平台增强社交属性也是一个重要的策略。新媒体可以与各大社交媒体平台进行合作，将新闻内容直接推送到用户的社交网络中，从而增加新闻的曝光度和传播速度。同时，通过社交媒体平台的社交功能，用户可以轻松地将新闻内容分享给自己的朋友或关注者，进一步扩大新闻的传播范围。

最后，注重培养用户社区也是强化互动与社交属性的重要一环。新媒体可以建立用户社区，鼓励用户在社区内交流、分享观点，形成良好的互动氛围。通过社区的力量，新媒体可以聚集更多的用户资源，提升新闻内容的传播效果。

（四）拓展传播渠道与合作伙伴

除了自有平台外，还应积极与其他媒体、平台或机构建立合作关系，实现资源共享和互利共赢。通过与其他媒体平台的互推、互转，扩大新闻的传播范围和影响力。此外，还可以与政府机构、企业等建立合作关系，为新闻报道提供更多的资源和支持。

在拓展传播渠道与合作伙伴的过程中，需要注意以下几点。保持对新兴技术和平台的关注，及时将其纳入传播渠道中；在选择合作伙伴时，要注重其信誉和影响力，确保合作能够带来实质性的效益；建立长期稳定的合作关系，通过持续的合作不断深化双方的了解和信任。

（五）加强品牌建设与公信力维护

新媒体新闻传播应重视品牌建设和公信力维护。通过专业的新闻报道、优质的服务和良好的口碑，树立品牌形象和公信力。同时，要遵守新闻职业道德和法律法规，确保新闻报道的真实性和客观性。

要加强品牌建设与公信力维护，首先应该制定品牌建设规划。结合新媒体自身特点和发展目标，制定明确的品牌建设规划，确保品牌建设工作的系统性和持续性。然后，加强内容审核把关。建立严格的内容审核机制，对发布的新闻内容进行严格把关，确保新闻的真实性和专业性。最后，强化与受众的互动。通过举办线上线下活动、开展话题讨论等方式，加强与受众的互动和沟通，增强受众对新媒体的认同感和归属感。

（六）培养高素质新闻人才

新媒体新闻传播需要具备创新思维、技术能力和专业素养的新闻人才。因此，应注重人才培养和引进工作，为团队注入新的活力和创意。通过定期培训、交流学习等方式，提升团队成员的专业技能和综合素质。

第二节　新媒体环境下新闻传播的主体

一、传播主体与新闻传播主体

（一）传播主体

传播主体是指在传播过程中主动发出信息的一方，是传播行为的发起人，也是传播内容的生产者。传播主体可以是人，也可以是组织或机构。

1. 传播主体的类型

（1）个人

社会活动家、知名专家等个人作为传播主体，在现代社会中具有特殊而重要的地位。他们不仅拥有广泛的社会影响力和深厚的专业知识，而且通常具有敏锐的社会洞察力和高度的责任感，使得他们在信息传播过程中能够发挥独特的作用。

首先，社会活动家和知名专家往往能够针对社会热点和关键问题，提供深入、专业的分析和解读。他们的观点往往具有权威性和说服力，能够引导公众对复杂问题进行理性思考和判断。通过他们的传播，人们可以更加深入地了解社会现象背后的原因和本质，增强对社会问题的认识和理解。

其次，社会活动家和知名专家通常具有较强的社会责任感和使命感，他们积极参与社会公共事务，关注弱势群体和公共利益。通过他们的传播，可以唤起更多人的社会责任感和公益意识，推动社会进步和发展。同时，他们也可以利用自己的影响力和资源，为公益事业和弱势群体发声，争取更多的支持和关注。

最后，社会活动家和知名专家在传播过程中也注重与公众的互动和交流。他们善于倾听公众的意见和需求，通过举办讲座、参加访谈、撰写文章等方式与公众进行沟通和交流。这种互动不仅有助于增强传播效果，还能够促进公众对专业知识的了解和掌握，提高整个社会的文化素养和知识水平。

然而，作为传播主体，社会活动家和知名专家也需要注意一些问题。他们需要保持客观、公正的态度，避免因为个人立场和情感倾向而误导公众。同时，他们也需要不断提高自己的专业素养和道德水平，确保所传播的信息真实、准确、可靠。

（2）媒体组织

报社、电视台、广播电台、网络媒体等媒体组织作为传播主体，在现代社会中扮演着至关重要的角色。它们不仅是信息的传递者,还是社会舆论的引导者和塑造者,对社会、政治、文化等多个领域产生着深远影响。

首先,媒体组织具备强大的信息采集、整合和传播能力。它们拥有专业的新闻团队和先进的技术手段,能够迅速、准确地获取各种信息,并通过多种渠道进行广泛传播。这使得媒体组织成为公众获取新闻和资讯的主要来源,对于满足人们的知情权、参与权和表达权具有重要意义。

其次,媒体组织在引导社会舆论方面发挥着关键作用。它们通过报道、评论和解读等方式,对社会热点问题进行深入剖析和呈现,帮助公众形成正确的价值观和判断力。同时,媒体组织还可以通过设置议程、塑造话题等方式,引导公众关注社会问题和公共事务,推动社会进步和发展。

最后,媒体组织还具有文化传承和创新的功能。它们通过报道和传播各种文化现象和艺术作品,促进不同文化之间的交流和融合,推动文化的多样性和创新性发展。同时,媒体组织还可以通过创新报道形式和手段,推动传媒行业的变革和发展。

然而,媒体组织作为传播主体也面临着一些挑战和问题。一方面,随着新媒体的崛起和传统媒体的转型,媒体组织需要不断适应新的传播环境和受众需求,提高传播效果和影响力。另一方面,媒体组织在报道和传播过程中也需要遵守职业道德和法律法规,确保信息的真实性和客观性,避免虚假新闻和不良信息的传播。

(3)政府机构

政府机构作为传播主体,主要通过公报、通告、门户网站、向媒体提供新闻稿等方式进行传播,以公开政务信息,引导社会舆论。它们不仅是政策制定者和执行者,还是信息的权威发布者和传播者,对社会、经济、文化等多个领域产生深远影响。

首先,政府机构作为传播主体具有权威性和公信力。它们通过发布政策、公告、报告等官方文件,向公众传达政府的决策和意图,这些信息具有高度的权威性和公信力,对公众的行为和决策产生重要影响。同时,政府机构还通过媒体、网络等渠道进行广泛传播,确保信息能够及时、准确地传达给公众。

其次,政府机构作为传播主体具有广泛的社会影响力。政府机构的传播行为不仅涉及政策解读、宣传普及等方面,还关系到社会稳定、公共安全等重大问题。因此,政府机构在传播过程中需要充分考虑公众的需求和关切,积极回应社会热点和关切,以维护社会稳定和促进和谐发展。

最后,政府机构作为传播主体还具有引导社会舆论的功能。通过对社会问题的深入剖析和解读,政府机构可以帮助公众形成正确的价值观和判断力,引导公众理性看待社会问题,避免盲目跟风或产生误解。同时,政府机构还可以通过设置议程、引导话题等方式,影响媒体的报道方向和公众的关注点,从而实现对社会舆论的引导和塑造。

然而,政府机构作为传播主体也面临着一些挑战和问题。一方面,随着新媒体的崛起和社交媒体的普及,信息传播的速度和范围都在不断扩大,政府机构需要不断提高自身的传播能力和应对能力,以应对复杂多变的传播环境。另一方面,政府机构在传播过程中也需要遵守法律法规和职业道德,确保信息的真实性和客观性,避免虚假信息和误导性信息的传播。

（4）非政府组织

非政府组织如教会、国际红十字会、国际邮政联盟等,在特定领域或全球范围内开展传播活动,以推动特定议程或目标。它们以其独特的传播方式、广泛的社会影响力和专业性,为信息传播、文化推广、社会议题倡导等方面带来了新的活力和可能性。

首先,非政府组织在传播过程中具有独特的方式和策略。它们往往能够针对特定的目标群体或议题,制订个性化的传播方案,采用多样化的传播手段,如社交媒体、公开讲座、研讨会等,以吸引公众的关注和参与。同时,非政府组织也善于运用故事化、情感化的传播手法,将复杂的议题以简单易懂、引人入胜的方式呈现给公众,增强信息的传播效果和影响力。

其次,非政府组织具有广泛的社会影响力。它们通常关注社会热点问题，积极发声，为弱势群体和公共利益争取权益。通过广泛的传播活动，非政府组织能够唤起公众的关注和同情，推动社会问题的解决和改善。此外，非政府组织还通过与其他社会组织和政府机构的合作，共同推动社会进步和发展。

最后，非政府组织在文化传播和推广方面也发挥着重要作用。它们通常具有深厚的文化底蕴和专业知识，能够深入挖掘和传承本土文化，推动文化的多样性和创新性发展。通过举办文化展览、演出、交流等活动，非政府组织将本土文化呈现给更广泛的受众，增强公众对文化的认知和认同。

然而，非政府组织作为传播主体也面临着一些挑战和问题。一方面，由于资金、人才等方面的限制，非政府组织的传播能力可能受到一定制约。另一方面，非政府组织在传播过程中也需要遵守法律法规和道德规范，确保信息的真实性和客观性，避免误导公众或产生负面影响。

随着新媒体技术的发展和应用，传播主体的范围和形式也在不断扩大和变化。例如，自媒体、社交媒体等平台使得个人和组织能够更便捷地成为传播主体，这也对传播主体提出了更高的要求和挑战。

2. 传播主体对社会活动的影响

传播主体在传播过程中扮演着重要角色，他们负责生产、加工和传播信息，通过不同的传播渠道和方式，影响受众的认知、态度和行为。同时，传播主体也需要遵守法律法规和道德规范，确保传播内容的真实性和公正性。以下是对传播主体在社会活动中影响的详细探讨。

传播主体通过发布和传播信息，引导社会舆论和公众态度。无论是政府、媒体还是个人，其发布的信息都可能对公众的观点和行为产生显著影响。例如，政府通过官方渠道发布政策信息，能够引导公众对政策的理解和接受程度；媒体则通过报道新闻事件和社会问题，塑造公众对社会现象的认知和看法；而个人在社交媒体等平台上的言论，也可能引发广泛的讨论和关注。

传播主体能够推动社会议题的发展和解决。当某个社会问题或议题受到传播主体的关注并广泛传播时，它更有可能引起政府、社会组织或公众的注意和行动。传播主体通过揭示问题、提出解决方案或呼吁公众参与，能够推动社会议题向前发展，促进社会的进步和改变。

传播主体还能够塑造社会文化和价值观。媒体和其他传播主体通过传播特定的文化符号、价值观念和行为规范，能够影响公众的文化认同和价值取向。例如，电影、电视剧等文化产品通过塑造角色和讲述故事，传递特定的文化价值观；而广告则通过宣传商品和服务，塑造公众的消费观念和生活方式。

当然，传播主体在社会活动中的影响并非全然积极。有时，由于信息失真、误导性传播或不良价值观的传播，传播主体也可能对社会产生负面影响。因此，传播主体在发布和传播信息时，应遵守法律法规和伦理规范，确保信息的真实性和公正性，积极履行社会责任。

（二）新闻传播主体

新闻传播主体指的是在新闻传播活动中主动发起、生产和传播新闻信息的一方。新闻传播主体可以是个人，如记者、编辑等新闻工作者，也可以是组织或机构，如报社、电视台、广播电台、网络媒体等。

1. 新闻工作者

新闻工作者是指从事新闻报道、宣传等工作的专业人员，他们在新闻传播活动中扮演着重要的角色。新闻工作者的职责和使命是确保新闻信息的真实性、准确性、及时性和公正性，为社会公众提供高质量的新闻报道，引导社会舆论，促进社会的和谐与发展。

新闻工作者的职责是以真相为旗帜，行使新闻监督权。他们需要深入基层，走街串巷，进社区，下农村，进行全方位的采访和报道，以获取第一手资料，确保新闻的真实性和准确性。同时，他们还需要履行好历史记录者的光荣使命，记录社会发展的重要事件和变迁，为后人留下宝贵的历史资料。

新闻工作者需要具备较高的新闻素养和职业道德。他们需要具备敏锐的观察力和深刻的思考能力，能够准确判断新闻的价值和意义，及时发现和报道重大事件和社会问题。同时，他们还需要遵守法律法规和新闻职业道德规范，坚守真实、客观、公正的原则，避免传播虚假信息或误导公众。

此外，新闻工作者还需要不断学习和提高自己的专业技能。随着新媒体技术的发展和应用，新闻传播的方式和手段也在不断变化。新闻工作者需要掌握各种新媒体技术和传播工具，以适应不断变化的新闻传播环境。同时，他们还需要关注社会热点和民生问题，积极反映民众的声音和需求，为公众提供及时、准确的新闻信息。

在履行职责和使命的过程中，新闻工作者也面临着一些挑战和困难。例如，新闻采访和报道可能受到各种因素的干扰和限制，需要他们具备坚定的意志和勇气去应对。同时，新闻工作者也需要承受较大的工作压力和舆论压力，需要保持良好的心态和职业操守。

总之，新闻工作者是新闻传播活动中的重要力量，他们的工作对于社会的和谐与发展具有重要意义。我们应该尊重和支持新闻工作者的工作，为他们提供必要的工作条件和保障，以促进新闻事业的健康发展。

2. 新闻传播组织与机构

新闻传播组织与机构包括多种类型，如报社、电视台、广播电台、网络媒体等。它们各自具有不同的特点和优势，通过不同的传播渠道和方式，将新闻信息传递给受众。这些新闻传播组织与机构在运营过程中，需要遵守相关的法律法规和道德规范，确保新闻传播的公正性、客观性和中立性。它们还需要不断适应新技术和新媒体的发展，创新传播方式和手段，提高新闻传播的质量和效率。同时，新闻传播组织与机构也承担着社会责任和公共职能。它们需要关注社会热点和民生问题，积极反映民众的声音和需求，为公众提供及时、准确的新闻信息。在重大事件或危急时刻，新闻传播组织与机构更是需要发挥舆论监督作用,揭露事实真相,维护公众利益和社会公正。

（1）报社

报社是采集、编辑和出版报纸,并以报纸为传播媒介向一定区域的受众提供新闻信息服务的大众传播机构。它不仅是新闻生产和传播的核心环节,更是社会舆论的重要引导者。

报社作为大众传播机构的重要组成部分,具有其独特的优点,但也存在一些不足之处。优点主要表现为:

① 权威性和公信力。报社往往拥有悠久的历史和专业的新闻采编团队,能够确保新闻信息的真实性和准确性。这使得报社在读者中享有较高的权威性和公信力,其发布的新闻和观点往往能够引起广泛关注。

② 深度报道和分析。报社通常能够对新闻事件进行深入报道和分析,为读者提供更为全面、深入的信息。这种深度报道不仅有助于读者了解事件的来龙去脉,还能引导读者进行深入思考。

③ 品牌影响力和广告效应。报社作为传统媒体,其品牌影响力和广告效应往往较为显著。对于广告主来说,在报社投放广告可以获得较高的曝光率和关注度,有助于提升品牌形象和促进产品销售。

缺点主要表现为:

① 时效性相对较差。相较于新媒体,报社在新闻时效性方面可能稍逊一筹。由于报纸的出版和发行需要一定的时间,一些重大事件或突发新闻可能在报纸上无法得到及时报道。

② 互动性和个性化服务不足。报社在互动性和个性化服务方面相对较弱。虽然一些报社已经开始尝试通过社交媒体等方式与读者进行互动,但整体上仍无法满足读者对于实时互动和个性化信息的需求。

③ 受众群体局限。报社的受众群体可能存在一定的局限性。随着新媒体的普及,越来越多的年轻人选择通过互联网获取新闻信息,而传统报纸的读者群体可能逐渐老龄化。

随着新媒体的快速发展，传统报社面临着巨大的挑战。新媒体以其传播速度快、互动性强等优势，吸引了大量年轻受众。因此，传统报社需要不断创新和改进，以适应新的传播环境。例如，许多报社已经开始探索数字化转型，通过开设网站、移动应用等方式，拓展其传播渠道和受众群体。

（2）电视台

电视台指通过无线电信号、有线网络或互联网播放电视节目的媒体机构。它是现代传媒的重要组成部分，具有广泛的影响力和传播力。电视台的优点主要体现在以下几个方面：

① 视觉与听觉的双重享受。电视台通过图像、声音、文字等多种元素的结合，为观众提供丰富多样的视听体验，使得信息传播更为直观、生动。

② 覆盖范围广。电视台的节目可以通过卫星、有线网络等多种方式进行传播，覆盖的地域范围广泛，能够触及大量的观众。

③ 品牌效应强。电视台作为主流媒体，其品牌影响力和公信力较高，对于广告商和节目制作者来说，具有较高的吸引力。

然而，电视台也存在一些缺点和不足：

① 制作成本高。电视台节目的制作需要投入大量的人力、物力和财力，包括拍摄、剪辑、特效制作等多个环节，成本相对较高。

② 播出时间限制。电视台节目的播出时间受到严格限制，无法像网络媒体一样实现随时随地的观看，这在一定程度上限制了其灵活性。

③ 互动性相对较弱。虽然电视台也在努力加强与观众的互动，但相较于网络媒体，其互动性仍然相对较弱，无法及时获取观众的反馈和意见。

随着科技的发展，电视台也在不断探索新的传播方式和业务模式，以适应日益变化的市场需求。例如，许多电视台已经开设了网络直播、点播等服务，以拓展其受众群体和提升传播效果。同时，电视台也在加强与新媒体的融合，通过跨界合作、内容共享等方式，实现资源共享和互利共赢。

（3）广播电台

广播电台是通过无线电波或导线传送声音新闻、教育、娱乐节目等的传播机构。它是广播事业的重要组成部分，是大众传播的重要工具之一。

广播电台可以分为不同的类型，例如新闻综合广播和音乐广播等。新闻综合广播主要以新闻立台，传播时事新闻，同时也增加了许多综合性的节目，如音乐类、体育类以及贴近百姓的生活化节目。音乐广播则主要满足公众对音乐的需求，调节人们的身心，提供精致的生活享受。

广播电台作为一种重要的传播工具，既有其独特的优点，也存在一些缺点。其优点主要表现在：

① 覆盖面广。广播电台通过无线电波传播，不受地域限制，可以覆盖广泛的地域，使信息能够快速、广泛地传播。

② 即时性强。广播电台可以实时报道新闻和事件，尤其在突发事件发生时，广播电台可以迅速传递最新信息，满足听众的即时需求。

③ 互动性好。广播电台可以通过热线电话、短信等方式与听众进行互动，收集听众的反馈和意见，提高节目的质量和针对性。

④ 成本低廉。相较于电视和网络媒体，广播电台的制作和运营成本相对较低，使得广播电台能够更灵活地适应市场变化。

缺点主要表现在：

① 传播形式单一。广播电台只能通过声音进行传播，缺乏视觉元素，对于需要形象展示的内容可能不够直观。

② 信息保存性差。广播电台的内容是线性传播的，一旦错过就无法回溯，对于需要重复收听或查阅的信息不够方便。

③ 受众局限性。虽然广播电台覆盖广泛，但受众群体可能存在一定的局限随着科技的发展，广播电台也在不断创新和改进。例如，一些广播电台已经实现了与网络的融合，通过在线直播、点播等方式，让听众可以更加便捷地收听节目。

（4）网络媒体

网络媒体通常被称为第四媒体，是相对于报纸（第一媒体）、广播（第二媒体）、电视（第三媒体）而言的，专指以数字化、网络化、多媒体技术为核心的国际互联网络媒体。它是利用互联网来实现传统媒体传播信息、提供娱乐等功能的文化载体[①]。

网络媒体具有一系列独特的特点和优势。首先，其传播范围极广，可以跨越地区限制，全球范围内的几亿 Internet 用户都可以访问。其次，网络媒体的保留时间长，一旦信息进入 Internet，可以全天候、常年不间断地展示。此外，网络媒体信息数据庞大，涉及各行各业，信息类型丰富，包括影像、动画、声音、文字等。同时，网络媒体操作方便简单，交互性、沟通性强，用户可以随时随地进行信息检索、复制，制作成本低、效益高。

然而，网络媒体也存在一些不足之处。例如，网络安全问题难以解决，传播速度有待提高，网络信息垃圾大量存在，网络传播可能成为发达国家经济、文化侵略的工具，以及网络媒体的知识产权保护薄弱等。

从传播角度看，网络媒体主要有两种基本形式。一种是上网媒体，即传统媒体与网络的结合，如电子杂志、网络电视等。另一种是交互式传播，利用互联网的特性实现信息的双向或多向交流。

3. 新闻传播主体的重要作用

新闻传播主体在新闻传播活动中扮演着多重角色。他们不仅是新闻信息的生产者和传播者，还是社会舆论的引导者和公众利益的守护者。

首先，新闻传播主体是新闻信息的生产者和传播者。他们负责采集、整理、编写和发布新闻信息，确保新闻内容的真实性、准确性和及时性。通过专业的新闻素养和严谨的工作态度，新闻传播主体将各种新闻事实转化为受众易于理解和接受的信息形式，进而实现新闻的有效传播。

其次，新闻传播主体是社会舆论的引导者。他们通过对新闻信息的筛选、加工和传播，影响受众的认知、态度和行为。新闻传播主体需要客观公正地报道新闻事实，避免传播虚假信息或误导公众。同时，他们还需要积极引导社会舆论，传播正能量，促进社会稳定和进步。

---

① 邱沛篁. 新闻传播手册［M］. 成都：四川大学出版社，2004.

此外，新闻传播主体还是公众利益的守护者。他们需要关注社会热点和民生问题，积极反映民众的声音和需求，为公众提供及时、准确的新闻信息。在重大事件或危急时刻，新闻传播主体更是需要发挥舆论监督作用，揭露事实真相，维护公众利益和社会公正。

必须遵守法律法规和道德规范，确保新闻传播的公正性、客观性和中立性。他们不能随意捏造或歪曲事实，也不能因为个人立场或利益而偏袒某一方。

二、新闻传播主体与接受主体的关系演变

（一）传播主体和接受主体不分的朦胧关系

在新闻传播活动中，传播主体与接受主体之间的关系在某一阶段确实存在一种朦胧不分的状态。这种状态的存在，主要源于当时社会对于新闻传播主体概念的认识尚未清晰，导致传播主体与接受主体之间的界限模糊。

形成这种朦胧关系的原因有多方面。首先，在新闻传播活动发展的初期，人们对于传播和接受的定位缺乏清晰的标准，使得两者在功能和角色上存在一定的重叠。新闻传播活动与其他类型的传播活动也没有进行积极的划分，这进一步加剧了传播主体与接受主体之间的界限模糊。其次，新闻传播主体本身对于新闻传播的职业性认识也存在局限性。在早期，新闻传播可能更多地被视为一种信息的传递和共享，而较少关注其作为一种专业活动所应具备的特性和规律。这种局限性也导致了传播主体与接受主体之间的关系没有得到足够的重视和明确。

然而，随着新闻传播活动的发展和社会对于新闻传播认识的深入，传播主体与接受主体之间的界限逐渐变得清晰。新闻机构的出现和专业新闻工作者的兴起，使得新闻传播活动逐渐脱离了混沌状态，传播主体与接

受主体之间的关系也开始得到明确的界定。

在现代新闻传播中，传播主体通常是专业的新闻机构或新闻工作者，他们负责采集、编辑和传播新闻信息。而接受主体则是广大受众，他们通过接收新闻信息来了解社会动态、获取知识和娱乐等。两者之间存在着明确的互动关系，传播主体通过向接受主体传递新闻信息来满足其需求，而接受主体则通过接收和反馈新闻信息来影响传播主体的行为和内容。

因此，可以说新闻传播主体与接受主体之间的关系从最初的朦胧不分逐渐走向清晰明确。这种转变不仅反映了新闻传播活动的专业化进程，也体现了人们对于新闻传播认识的不断深化。

（二）传播主体和接受主体分立的对应关系

在西方文明出现后，传播主体和接受主体分立的对应关系逐渐显现并固化。这一变化是随着社会的分工和专业化、技术的不断进步以及文化观念的演变而逐渐形成的。

首先，西方文明强调个体独立性和理性思维，这为传播主体和接受主体分立提供了思想基础。在个体主义的影响下，人们开始意识到传播者和接受者是两个独立的角色，各自拥有不同的职责和权利。传播主体被赋予了传递信息、引导舆论的职责，而接受主体则拥有选择、理解和反馈信息的权利。

其次，西方文明的发展推动了社会分工的深化，新闻传播也逐渐成为一种专业化的职业活动。专业的新闻机构和新闻工作者出现，他们负责采集、编辑和传播新闻信息，形成了明确的传播主体。与此同时，随着教育水平的提高和信息渠道的多样化，接受主体也逐渐成为一个相对独立、具有自主选择能力的群体。

最后，技术的进步也为传播主体和接受主体分立提供了物质基础。印刷术的发明和普及使得新闻信息可以大规模复制和传播，报纸、杂志等大众媒介的兴起进一步扩大了新闻传播的范围和影响力。这些技术变革使得传播主体能够更有效地传递信息，而接受主体也能够更便捷地获取信息。

需要注意的是，虽然传播主体和接受主体在西方文明中逐渐分立，但它们之间的关系并不是完全割裂的。两者之间存在互动和反馈机制，传播主体需要关注接受主体的需求和反馈以调整传播策略和内容；而接受主体则通过接收和反馈新闻信息来影响传播主体的行为和内容。这种分立对应关系在保持新闻传播的独立性和客观性的同时，也促进了新闻传播活动的健康发展。

（三）传播主体和接受主体和谐的一体化关系

新媒体时代的到来，极大地改变了传播主体与接受主体之间的关系，推动了两者走向和谐的一体化关系。这种一体化关系主要体现在以下几个方面。

新媒体技术为传播主体和接受主体提供了更多的互动机会。社交媒体、短视频平台等新媒体渠道使得信息传播更加实时、便捷，传播主体可以迅速获取接受主体的反馈，而接受主体也能更加积极地参与到传播过程中，发表自己的观点和意见。这种互动性使得传播主体和接受主体之间的界限逐渐模糊，两者更加紧密地联系在一起。

新媒体时代的信息传播更加多元化和个性化。传播主体可以根据接受主体的兴趣和需求，提供定制化的信息内容，而接受主体也可以根据自己的喜好选择接收哪些信息。这种个性化的传播方式使得传播主体和接受主体之间的对应关系更加和谐，两者之间的关系更加紧密。

新媒体时代还推动了传播主体和接受主体之间的角色转换。传统的传播主体在新媒体环境下可能转变为接受主体，而接受主体也可能成为信息的传播者。这种角色的灵活转换使得传播主体和接受主体之间的界限更加模糊，两者之间的关系更加平等和互动。

在和谐的一体化关系中，传播主体和接受主体共同参与到信息的传播和反馈过程中，形成了一个良性的互动循环。传播主体更加关注接受主体的需求和反馈，不断调整传播策略和内容，以满足接受主体的期望。而接受主体则更加积极地参与到传播过程中，为传播主体提供宝贵的意见和建议，推动新闻传播活动的不断发展和完善。

需要指出的是，和谐的一体化关系并不意味着传播主体和接受主体之间的完全融合。两者在角色和功能上仍然存在差异，需要保持一定的独立性和专业性。同时，也需要警惕新媒体时代可能带来的信息泛滥和虚假传播等问题，确保传播主体和接受主体之间的关系健康、有序地发展。

三、新媒体发展对新闻传播主体的影响

（一）呈现的内容形式趋向视频化和简短化

新媒体时代，内容形式的确呈现出了视频化和简短化的明显趋势，这背后有多重因素的共同推动。

从技术进步的角度来看，视频制作和分享的技术门槛逐渐降低。无论是专业的摄影设备还是智能手机，都具备了拍摄高质量视频的能力。同时，视频编辑软件也越来越易于操作，使得更多的人能够参与到视频内容的创作中。此外，互联网带宽的提升和移动网络的普及，使得视频内容的传输和观看变得更加流畅和便捷。

观众的需求也在发生变化。在信息爆炸的时代，人们的注意力变得更为分散，对于信息的获取更加追求快速和高效。简短的视频内容恰好满足了这一需求，能够在短时间内传递核心信息，吸引观众的注意力。同时，视频内容相较于文字或图片，更加生动直观，能够给观众带来更加丰富的感官体验。

社交媒体和视频平台的兴起也为视频内容的传播提供了广阔的舞台。这些平台通过算法推荐等方式，能够将视频内容精准地推送给目标观众，从而扩大视频内容的影响力和传播范围。同时，观众也可以在平台上进行

互动和分享，进一步推动视频内容的传播。

综合以上因素，新媒体时代的内容形式趋向视频化和简短化是不可避免的趋势。这也为内容创作者提供了新的机遇和挑战，需要不断创新和提升创作能力，以创作出更加优质、有趣、具有吸引力的视频内容。同时，也需要关注观众的需求变化，不断调整和优化内容策略，以适应新媒体时代的发展要求。

（二）新媒体的传播渠道向社会化网络模式发生转变

新媒体时代，传播渠道的确正在经历向社会化网络模式的转变，这一转变体现了信息传播方式的深刻变革，并对信息传播的效果和影响力产生了深远影响。

首先，社会化网络模式以其高度互动性和用户参与性，成为了新媒体传播的重要渠道。传统的传播渠道往往是单向的，而社会化网络则使得信息的传播变得双向和多元。用户可以通过点赞、评论、分享等方式参与到信息传播过程中，与传播者形成互动，这种互动不仅增强了用户的参与感和归属感，也提高了信息的传播效率和影响力[1]。

其次，社会化网络模式具有强大的连接性和扩散性。通过社交网络，用户可以轻松地将信息分享给自己的朋友、家人和同事，形成信息的裂变式传播。这种传播方式能够迅速扩大信息的覆盖范围，使信息在短时间内传播到更广泛的受众群体。

此外，社会化网络模式还具备精准定位和个性化推荐的功能。基于用户的兴趣、行为和社交关系等数据，社交网络可以实现信息的精准推送，为用户提供个性化的内容。这不仅提高了信息的匹配度和用户满意度，也增强了信息的传播效果。

需要注意的是，社会化网络模式的转变也带来了一些挑战。例如，信息的真实性和可信度问题、网络舆论的引导和监管问题等。因此，在利用

---

① 袁萍萍. 互联网思维下传统媒体融合发展探讨［J］. 中国地市报人，2023（11）：31-32.

社会化网络进行信息传播时，需要注重信息的筛选和审核，加强网络舆论的引导和监管，确保信息的传播符合法律法规和社会道德规范。

（三）新媒体转入整合式的传播状态

新媒体时代，传播渠道和方式的多样化与复杂化使得单一的传播方式难以满足现代社会的需求，因此，新媒体逐渐转入整合式的传播状态，这是一种必然趋势。

整合式传播的核心在于将各种传播渠道、传播方式和传播内容进行有机融合，形成一个统一、协调的传播体系。这种传播方式不仅能够有效提升传播效果，还能更好地满足受众的多元化需求。

整合式传播充分利用了各种新媒体渠道的优势。新媒体渠道包括社交媒体、短视频平台、直播平台等，每种渠道都有其独特的传播特点和受众群体。通过整合这些渠道，可以实现信息的快速传播和广泛覆盖，提高传播的效率和影响力。

整合式传播注重内容的个性化与定制化。通过对受众的兴趣、需求和行为进行深入分析，可以制定出更加精准的传播策略，为受众提供个性化的内容。这种定制化的内容不仅能够更好地满足受众的需求，还能增强受众的黏性和忠诚度。

此外，整合式传播还强调了传播过程中的互动与参与。通过搭建互动平台、开展线上线下活动等方式，可以吸引受众的积极参与，增强传播的互动性和趣味性。这种互动式的传播方式不仅能够提升受众的参与感和体验感，还能为品牌或产品带来更多的曝光和口碑效应。

然而，整合式传播也面临着一些挑战。例如，如何确保不同渠道之间的信息一致性和协调性，如何有效管理和运营多个渠道，如何确保传播内容的质量和创新性等。因此，在进行整合式传播时，需要制定科学的传播策略，加强团队协作和创新能力，不断提升传播效果和质量。

四、新媒体时代新闻传播主体的转变

（一）传播本位的改变

新媒体时代，传播本位的改变是一个显著且重要的现象。这种改变主要体现在传播主体与接受主体之间的关系上以及传播策略和传播内容的调整上。

传统媒体的传播本位往往是以传播者为中心的，传播者掌握着信息的主导权，决定传播什么、如何传播。然而，在新媒体时代，传播主体与接受主体之间的关系逐渐平等化，接受主体不再是单纯的信息接收者，而是成为了信息的参与者、传播者，甚至在某些情况下成为信息的创造者。这种变化使得传播本位从传播者转向了传播主体与接受主体之间的共享和互动。

新媒体时代的传播策略和内容也发生了改变。为了适应受众的需求和习惯，传播者需要更加注重受众的参与和体验，通过多元化的传播方式和内容形式来吸引受众的注意力。同时，传播者也需要更加关注受众的反馈和互动，及时调整传播策略和内容，以满足受众的需求和期望。

新媒体时代的传播本位改变还体现在对传播效果的重视上。传统的传播效果评估往往关注于传播的范围和覆盖面，而新媒体时代则更加注重传播的效果和影响力。传播者需要通过对受众行为的跟踪和分析，来评估传播的效果，从而调整传播策略和内容，提高传播的效果和影响力。

总的来说，新媒体时代的传播本位改变是一个必然的趋势，它要求传播者更加注重受众的需求和体验，加强与受众的互动和沟通，实现传播主体与接受主体之间的平等和共享。这种改变不仅有助于提升传播的效果和影响力，也推动了整个传媒行业的动态调整和发展。

（二）传受双方端点的转移

新媒体时代，传播与接受双方端点的转移是一个显著的现象，它反映了信息传播方式的深刻变革。这种转移不仅改变了传统的传播模式，也带来了诸多新的挑战和机遇。

首先，新媒体技术的快速发展使得传播与接受的端点发生了转移。传统的传播方式往往依赖于特定的媒介或渠道，而新媒体则打破了这种限制，使得信息可以在各种终端设备上自由流动。无论是智能手机、平板电脑还是其他智能设备，都可以成为信息传播的起点和终点。这种转移使得信息的传播更加灵活、便捷，同时也为接受者提供了更多的选择和参与空间。

其次，社交媒体的兴起进一步推动了传播与接受端点的转移。社交媒体平台以其强大的互动性和连接性，成为了人们获取、分享和交流信息的重要场所。在社交媒体上，每个人都可以成为信息的传播者，通过发布状态、分享文章、评论互动等方式参与到信息传播的过程中。同时，接受者也可以通过关注、点赞、转发等动作表达自己的态度和意见，从而影响信息的传播路径和效果。这种双向的、互动的传播方式使得传播与接受的端点更加模糊，双方的角色也更加灵活多变。

最后，个性化推荐算法的应用也加速了传播与接受端点的转移。新媒体平台通过收集和分析用户的行为数据，能够精准地推送符合用户兴趣和需求的信息内容。这种个性化的传播方式使得接受者能够更加主动地选择自己感兴趣的信息，同时也使得传播者能够更加精准地定位目标受众，提高传播效果。

然而，传播与接受端点的转移也带来了一些挑战和问题。例如，信息的真实性和可信度问题、网络舆论的引导和监管问题等都需要引起足够的重视。在享受新媒体带来的便捷和多样性的同时，我们也需要保持理性和警惕，避免被虚假信息或不良内容所误导。

（三）传播主体多元化的发展

新媒体时代，传播主体呈现出多元化的发展趋势，这一变化不仅改变了信息传播的传统格局，也深刻影响了社会文化的交流与传播。

新媒体平台的崛起为多元化的传播主体提供了广阔的舞台。微博、微信、抖音等社交媒体平台使得个人、组织、企业等都能够成为信息的发布者和传播者。这些平台具有开放性和互动性强的特点，使得传播主体能够更直接地与受众互动，实现信息的快速传播和扩散。

多元化的传播主体带来了信息来源的多样化。在传统媒体时代，信息传播主要依赖于专业的新闻机构和媒体人。而在新媒体时代，个人、自媒体、行业专家等都可以成为信息的传播者，他们可以从不同的角度和立场出发，提供多样化的信息内容，使得受众能够获取到更加全面和丰富的信息。

此外，多元化的传播主体还促进了信息传播的民主化和去中心化。在新媒体环境下，每个个体都有机会成为信息的传播者，打破了传统媒体对信息传播的控制和垄断。这种去中心化的传播方式使得信息更加分散和多元化，也增强了受众的参与感和表达权。

传播主体多元化也带来了一些挑战和问题。例如，信息的真实性和可信度问题变得更为突出，因为多元化的传播主体中不乏一些不负责任或带有偏见的信息发布者。此外，多元化的信息来源也可能导致信息的重复、冗余和混乱，使得受众难以分辨和筛选有用的信息。

因此，在传播主体多元化的发展趋势下，我们需要加强信息监管和自律机制的建设，确保信息的真实性和可信度。同时，受众也需要提高媒介素养和信息筛选能力，以便更好地利用多元化的信息来源获取有价值的内容。

五、新媒体环境下新闻传播主体转变带来的影响

（一）对新闻理论的影响

新媒体环境下新闻传播主体的转变对新闻理论产生了深远的影响。这一转变不仅改变了新闻传播的方式和渠道，也引发了新闻理论的重新思考和审视。

新闻传播主体的多元化和去中心化使得新闻的来源和形式更加多样。传统的新闻机构不再是唯一的新闻生产者，个人、自媒体、社交平台等都成为了新闻的传播者。这导致了新闻的定义和类型发生了较大的变化。新闻不再仅仅是传统的报道形式，而是涵盖了各种形式的信息传播，如短视频、直播、社交媒体帖子等。这种变化使得新闻理论需要重新审视新闻的定义和分类，以适应新媒体时代的发展需求。

新闻传播主体的转变也改变了新闻传播者和新闻收受者之间的关系。在新媒体环境下，新闻收受者不再是被动的接受者，而是成为了积极的参与者和互动者。他们可以通过各种渠道表达自己的观点、参与新闻的讨论和分享，对新闻产生直接的影响。这种互动性和参与性的增强使得新闻传播变得更加复杂和多元，也要求新闻理论更加关注收受者的需求和反馈。

新媒体环境下新闻传播主体的转变还促进了新闻理论的创新和发展。传统的新闻理论往往侧重于新闻的事实性和客观性，而新媒体时代则更加注重新闻的传播效果和社会影响。因此，新闻理论需要更加注重受众的接受心理和传播效果的研究，以更好地指导新闻传播实践。

这种转变也带来了一些挑战和问题。随着新闻传播主体的增多和形式的多样化，如何确保新闻的真实性和可信度成为了一个重要的问题。同时，新媒体环境下信息的快速传播也增加了虚假新闻和谣言的扩散风险。因此，新闻理论需要在适应新媒体环境的同时，加强对新闻真实性和可信度

的研究和探索。

（二）对新闻把关的影响

新媒体环境下，新闻传播主体的转变对新闻把关产生了深远的影响。新闻把关作为确保新闻质量、维护新闻真实性和客观性的重要环节，在新媒体时代面临着新的挑战和机遇。

新闻传播主体的多元化使得新闻来源更加广泛，但同时也增加了信息筛选和把关的难度。传统的新闻机构拥有专业的新闻采编团队和严格的审核流程，能够对新闻进行较为全面的把关。然而，在新媒体时代，个人、自媒体等成为新闻传播的重要力量，他们可能缺乏专业的新闻素养和把关能力，导致虚假新闻、不实信息的传播风险增加。因此，新闻把关需要更加严格和细致，以确保新闻的真实性和可信度。

新媒体环境下新闻传播的即时性和互动性对新闻把关提出了更高的要求。新媒体平台如微博、微信、短视频等使得新闻能够迅速传播，受众也能实时参与讨论和反馈。这就要求新闻把关者需要具备更高的敏锐度和反应速度，及时对新闻进行核实和审查，避免不实信息的扩散。同时，新闻把关者还需要积极与受众互动，听取他们的意见和反馈，不断优化把关标准和流程。

此外，新媒体时代的技术手段也为新闻把关提供了新的可能性。大数据、人工智能等技术的应用使得新闻把关可以更加智能化和精准化。例如，通过数据分析可以识别虚假新闻的传播特征和规律，利用算法对新闻内容进行自动筛选和过滤等。这些技术手段的运用可以有效提高新闻把关的效率和准确性，减少人为因素导致的错误和偏差。

值得注意的是，虽然新媒体环境下新闻传播主体的转变给新闻把关带来了挑战，但同时也为新闻行业的创新和发展提供了新的机遇。新闻把关者需要适应新环境的变化，不断更新观念和技能，提升专业素养和综合能力。同时，还需要加强行业自律和监管，建立健全的新闻把关机制和规范，确保新闻行业的健康发展。

（三）对新闻工作者采编的影响

新媒体环境下，新闻传播主体的转变对新闻工作者的采编工作产生了深远的影响。这种转变不仅改变了新闻采编的流程和方式，也对新闻工作者的能力和素质提出了更高的要求。

首先，新闻传播主体的多元化使得新闻来源更加广泛，新闻工作者需要面对海量的信息进行筛选和甄别。这要求新闻工作者具备更强的信息筛选和鉴别能力，能够快速准确地判断信息的真实性和价值，从而选取有价值的新闻线索进行深入的报道。

其次，新媒体环境下，受众的参与度和互动性大大提高。新闻工作者需要更加注重与受众的互动和交流，及时回应受众的反馈和需求。这要求新闻工作者具备更强的沟通能力和互动意识，能够与受众建立良好的互动关系，获取更多的新闻线索和观点，丰富报道的内容和形式。

再次，新媒体环境下新闻传播的即时性和快速性也对新闻工作者的采编速度提出了更高的要求。新闻工作者需要更加迅速地采集、编辑和发布新闻，以满足受众的即时需求。同时，他们还需要对新闻事件进行深入的调查和分析，确保报道的准确性和深度[①]。

最后，新闻传播主体的转变也促进了新闻工作者在报道方式和内容上的创新。为了适应新媒体环境下受众的需求和习惯，新闻工作者需要更加注重报道的多样性和个性化，采用更加生动、直观的形式进行报道，如短视频、直播等。同时，他们还需要关注受众的反馈和意见，不断优化报道的内容和形式，提升报道的质量和影响力。

（四）对主流媒体监督作用的影响

新媒体环境下，新闻传播主体的转变对主流媒体监督作用产生了显著

---

① 郑小燕. 新闻编辑记者提高新闻敏感性思考 [J]. 科技传播，2019（11）：9-10.

的影响。这一转变不仅改变了新闻传播的格局和方式,也为主流媒体监督带来了新的挑战和机遇。

首先,新闻传播主体的多元化使得新闻来源更加广泛,信息传播更加迅速和便捷。这为主媒体提供了更多的监督对象和内容,使其能够更全面地了解社会现象和问题。同时,新媒体平台上的互动性和参与性也增强了受众对新闻事件的关注和参与度,使得主流媒体更容易获取受众的反馈和意见,从而更准确地把握社会舆论的走向。

其次,新媒体环境下,新闻传播的速度和效率得到了极大的提升。这为主媒体提供了更及时的监督机会。主流媒体可以迅速获取新闻线索,对事件进行实时跟踪和报道,及时揭露和批评不良现象和行为。同时,新媒体平台上的信息传播也具有更强的扩散力和影响力,主流媒体可以通过这些平台将监督信息迅速传播给更广泛的受众,形成强大的舆论压力,促使相关部门和机构及时回应和处理问题。

当然,新闻传播主体的转变也给主流媒体监督带来了一定的挑战。新媒体平台上信息的多样性和复杂性使得主流媒体在筛选和甄别信息时需要更加谨慎和细致。同时,新媒体环境下虚假新闻和谣言的传播也更为容易,这要求主流媒体在监督过程中需要具备更强的辨别能力和公信力,以避免被不实信息误导或利用。

此外,新媒体环境下受众的参与度和互动性增强,也使得主流媒体在监督过程中需要更加注重与受众的沟通和互动。主流媒体需要积极回应受众的关切和质疑,及时解答他们的疑问和困惑,以增强自身的公信力和影响力。

(五)对受众媒介素养的影响

新媒体环境下,新闻传播主体的转变对受众媒介素养产生了深远的影响。这种影响不仅体现在受众获取新闻的方式和渠道上,更深刻地改变了受众对新闻的认知、理解和使用方式。

首先，新闻传播主体的多元化使得新闻来源更加广泛，受众可以通过多种渠道获取新闻信息。这既为受众提供了更多的选择，也要求受众具备更高的媒介素养，能够判断新闻来源的可靠性和新闻内容的真实性。受众需要学会筛选和甄别信息，避免被虚假新闻或误导性信息所误导。

其次，新媒体环境下，新闻传播的速度和互动性大大增强。新闻事件往往通过社交媒体、短视频等平台迅速传播，受众可以实时参与讨论和互动。这种即时性和互动性要求受众具备更高的媒介素养，能够理性参与讨论，避免情绪化或偏激的言论。同时，受众也需要学会从多角度、全面地看待新闻事件，避免片面或偏见的理解。

最后，新媒体环境下新闻传播主体的转变也促进了受众对新闻的深度参与和互动。受众不再仅仅是新闻的接收者，也可以通过评论、分享、转发等方式参与新闻的传播和讨论。这种参与式的新闻传播方式要求受众具备更高的媒介素养，能够积极表达自己的观点和看法，同时尊重他人的意见和多样性。

需要指出的是，当前部分受众的媒介素养还有待提高。在新媒体环境下，一些受众容易受到不实信息或谣言的影响，缺乏独立的判断和思考能力。因此，加强受众媒介素养教育显得尤为重要。媒体机构、教育机构和社会组织应共同努力，通过开设相关课程、举办讲座、开展实践活动等方式，提高受众的媒介素养水平，使他们能够更好地适应新媒体环境下的新闻传播主体转变。

（六）对网络环境管理的影响

新媒体环境下，新闻传播主体的转变对网络环境管理产生了显著的影响。这种转变不仅改变了新闻传播的方式和速度，也对网络环境管理的理念、策略和手段提出了新的挑战和要求。

首先，新闻传播主体的多元化导致信息传播的碎片化和复杂化。个人、自媒体等新型传播主体的兴起，使得信息来源更加广泛，传播渠道更加多样。这虽然丰富了网络内容，但也使得网络环境变得更加复杂。虚假信息、谣言、不良内容等在网络中大量传播，给网络环境管理带来了极大的困难。因此，网络环境管理部门需要加强对信息的筛选和甄别，建立健全的信息审核机制，确保网络信息的真实性和合法性。

其次，新媒体环境下新闻传播的速度和效率大大提高，新闻的即时性和互动性也显著增强。这要求网络环境管理部门具备更高的反应速度和应对能力。一旦出现不良信息或网络舆情事件，管理部门需要迅速采取行动，进行干预和引导，防止事态扩大和恶化。同时，管理部门还需要与新闻传播主体和受众建立良好的互动关系，及时了解他们的需求和反馈，优化管理策略和手段。

最后，新闻传播主体的转变也促进了网络舆论的多元化和复杂化。在新媒体环境下，受众可以通过各种渠道表达自己的观点和看法，形成多样化的舆论场。这既有利于民主监督和社会进步，也增加了网络环境管理的难度。管理部门需要加强对网络舆论的监测和分析，及时发现和处理不良舆论，维护网络空间的稳定和秩序。

针对以上挑战，网络环境管理部门需要采取一系列措施来加强管理和引导。首先，建立健全的网络信息管理制度，规范信息传播行为，打击虚假信息和谣言的传播。其次，加强技术研发和应用，利用大数据、人工智能等技术手段对网络信息进行实时监测和分析，提高管理的效率和准确性。同时，加强与网络传播主体和受众的沟通和互动，建立有效的反馈机制，及时了解他们的需求和意见，优化管理策略。

第四章　新媒体环境下新闻传播工作者

在新媒体环境下，新闻传播工作者扮演着关键的角色。他们以敏锐的洞察力和专业的报道技巧，应对信息爆炸的挑战，通过社交媒体、新媒体平台和移动应用等多元化渠道，及时传递新闻信息，引导舆论导向，促进信息流通。面对不断变化的技术和观众需求，新媒体传播工作者不断创新报道方式，提升专业水平，以适应新媒体时代的要求。

第一节　新闻传播工作者的角色定位

一、新闻信息的守门人

在传播学领域，一个重要的概念是"守门人"。这个词的学理意义可以追溯到美国社会心理学家、传播学奠基人之一库尔特·卢因。他在1947 年的文章《群体生活的传播管道》中提出了这个概念。他指出，信息总是沿着一些包含"门区"的管道流动，而这些门区可以根据公正无私的规定，或者根据守门人的个人意见，决定信息或商品是否允许进入管道或继续在管道里流动。

到了 1950 年，传播学者怀特将这个概念引入了新闻传播的研究中。他发现，在新闻报道中，新闻机构组织实际上成为了守门人，他们对新闻信息进行取舍，决定了哪些内容最终与受众见面。在新闻传播领域，守门人扮演着至关重要的角色。他们不仅决定了哪些新闻被报道，而且决定了如何报道这些新闻，以及以何种方式呈现给受众。这种选择和决定对于公众的认知和理解具有重大影响，因此，守门人的行为不仅仅是个人的选择，更是对社会信息流动的塑造和引导。他将这一模式用下列简单的示意图表示出来，如图 4-1 所示。

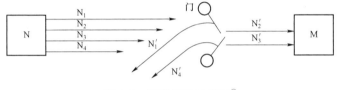

图 4-1　管道流动示意图[①]

这一模式为新闻机构的新闻稿选择过程提供了初步的研究基础，然而，它也因过于简单而遭到批评。有人认为，这种模式给人一种印象，似乎新闻在流动时具有广泛的自由度，而选择仅仅是根据某些报纸的偏好进行的。换句话说，这个模式只考虑已经成型的新闻稿件的选择，而没有充分考虑事件在成为新闻的过程中所必须经过的选择。

事实上，新闻的选择过程远比简单的稿件取舍要复杂得多。在新闻成形之前，新闻事件经历了一系列的选择和加工过程。这些选择包括新闻价值的评估、消息来源的可靠性、信息的真实性和公众利益等多个因素。因此，仅仅关注最终的新闻稿件选择并不足以完整地理解新闻的生产过程。

尽管如此，这一模式对"守门人"概念的运用仍然产生了深远的影响。它强调了新闻机构作为信息的守门人的角色，他们负责决定哪些新闻值得报道，以及如何呈现给受众。尽管这种简化的模式存在缺陷，但它在强调

① 陈霖. 新闻传播学概论. [M]. 4 版. 苏州：苏州大学出版社，2013.

新闻机构的责任和权力方面起到了积极的作用。

麦克内利于 1959 年提出的新闻流动模式在怀特之后进一步发展了"守门人"概念，将新闻传播过程中守门人的角色和复杂性考虑得更加全面。这个模式强调了多级守门人的存在，以及守门人与接收者之间角色的互换，同时也扩展了守门人的任务范围，不仅包括选择或拒绝新闻，还涉及到反馈的因素（图 4-2）。

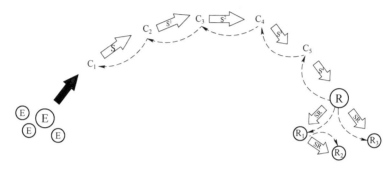

图 4-2　新闻流动模式

新闻流动模式对新闻传播活动过程的分析更为细致，丰富和拓展了"守门人"概念。然而，这一模式仍存在一些局限性。与怀特的模式类似，新闻流动模式也将"有新闻价值"视为理所当然的，没有充分考虑到新闻传播者对事实本身最初选择的影响。通讯社的记者往往被视为主要的信源，但这并不能完全描述新闻传播过程的全貌。

因此，尽管新闻流动模式在"守门人"概念上有所完善和丰富，但仍需要进一步考虑新闻价值的形成和选择过程，以更准确地理解新闻传播的复杂性。随着时间的推移，随着新闻传播环境的变化，我们需要不断地审视和完善这些模型，以更好地解释和应对新闻传播的挑战和机遇。

1965 年，盖尔顿和鲁奇在前人的研究基础上开创性地分析了社会事件被选中并传播至传媒与受众之间的过程。他们强调了守门人在日常事件转化为新闻报道时所采用的标准，这些标准并非主观或随意的，而是具有客观依据和系统性。盖尔顿和鲁奇指出了九个因素，这些因素影响了守门人的决策过程，决定了哪些事件被选中成为新闻，哪些被排除（图4-3）。他们的研究模式对前述模式的不足提供了有效补充，特别是关注了守门人选择行为的复杂性，从而启发了对新闻价值的更深入研究。然而，这个模式也存在一些局限性，因为它并未涉及守门人的其他方面。

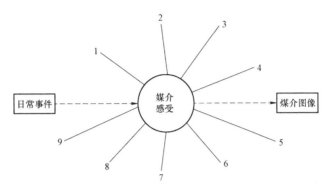

图 4-3　盖尔顿和鲁奇的守门人模式
1—时间跨度：2—强度：3—明晰度：4—文化接近或相关；
5——致性：6—突发性：7—连续性：8—构成：9—社会文化价值观念

这些研究不仅为了解新闻传播过程提供了更深入的理解，也为新闻产业和传播学提供了重要的启示。它们强调了在新闻选择过程中守门人的关键作用，并凸显了这一角色的复杂性和重要性。未来的研究可以进一步探讨守门人在新闻选择中的影响因素，以及如何更好地理解和应对这些因素对新闻传播的影响。

巴斯在 1969 年提出的新闻流动的"双重行动模式"为我们理解新闻传播的过程提供了重要的视角。这一模式将新闻传播分为了两个关键阶段：新闻采集和新闻加工，同时着重关注了守门人在这一过程中的差异和作用（图 4-4）。首先，新闻采集者扮演着第一道守门人的角色，将客观发生的事件转化为新闻稿。这一阶段的关键在于将事件报道为新闻的形式，这些新闻稿在经过采集者的筛选和处理后，成为了第一阶段的成品。然后新闻加工者作为第二道守门人，对新闻稿进行修订和加工，形成报纸、广播或电视节目中的最终新闻产品。这一阶段的重要性在于对新闻内容进行挑选、修改和剔除,确保最终呈现给公众的是经过加工处理的精华内容。

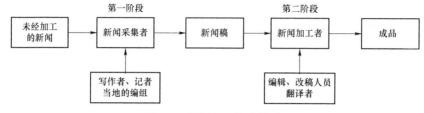

图 4-4　巴斯的守门人模式

　　巴斯的双重行动模式为我们理解新闻传播者在整个传播过程中所扮演的角色提供了清晰的框架。这一模式凸显了新闻传播者的责任与义务,因为他们不仅是信息的传递者,更是新闻内容的守门人。他们的选择和决策直接影响着社会公众接收到的信息,进而影响着公众的认知和行为。

　　以上对守门人的研究揭示了一个重要的现象:守门人的角色不仅仅是简单地传递信息,还是在一个高度控制的组织结构中执行和完成的。在整个新闻传播过程中,守门人必须遵循特定的指令,以确保特定形式和内容的信息能够传播到受众那里。这种系统性的执行方式凸显了现代新闻传播者的高度组织化特征。

　　守门人与新闻传播的整套程序密切相关。他们在新闻采集和加工的过程中起着关键作用,通过筛选、编辑和修订,塑造着最终呈现给公众的新闻内容。他们所在的组织结构为他们提供了指导和支持,使他们能够有效地履行自己的角色。

　　需要强调的是,对新闻传播者守门人角色的理解应该限制在新闻传播活动内部。这意味着,尽管守门人在传播过程中扮演着重要的角色,但他们的行动和决策应该受到一定的限制和约束,以确保信息的真实性、客观性和公正性。

　　在一个开放、民主的社会中,新闻传播者作为守门人的行为应该受到监督和审查,以防止滥用权力或传播虚假、误导性的信息。这需要建立有效的监管机制和道德标准,确保新闻传播者能够履行自己的社会责任,并为公众提供准确、全面的信息。因此，对新闻传播者守门人角色的理解和把握不仅仅是学术研究的范畴，更是社会治理和民主建设的重要组成部分。只有通过对新闻传播者行为的监督和规范，才能够确保信息传播的公正性和有效性，从而维护社会的稳定和进步。

二、生存环境的监测者

在人类原始社会，生存环境的恶劣和生产工具的简陋使得人类无法单独生存，必须依靠集群生活以应对采集、狩猎和战争等生产劳动和社会性活动。在这样的背景下，人们需要随时了解并交流外部信息，以便协调行动、趋利避害，更好地生存和发展。因此，新闻传播活动应运而生。可以说，新闻传播者最初就扮演着环境监测者的角色，随着社会的发展和变化，这一角色的作用愈加突出。

在动物社会里，社会成员扮演着专业分工的角色。有些成员负责环境的监视，担任"哨兵"角色，在距离动物群较远的地方活动，警戒着周围的环境。一旦发现威胁，就会立刻发出警报，促使动物群体迅速应变。在人类社会中，扮演这种"哨兵"角色的就是新闻传播者。他们通过报道事件、传递信息，充当着社会的耳目，帮助人们了解外部环境的变化，以便采取相应的行动。

现代新闻传播者不仅负责报道事件，还承担着更加重要的社会责任。他们是社会的守护者和见证者，通过报道事实、揭露真相，监督着社会的运行和发展。他们收集各种新事实的信息，将其呈现在报纸上，通过批评和分析，引导公众的思考和行动。没有这样的耳目，人们的思维将变得局限，社会的发展也将受到影响。

因此，新闻传播者作为生存环境的监测者，在社会中扮演着不可或缺的角色。他们不仅传递信息，还引导思想，促进社会的进步。在信息时代，新闻传播者的作用愈发重要，他们是社会进步的推动力量，也是人类文明的守护者。我们应该珍惜他们的工作，支持他们的报道，共同建设一个更加美好、更加公正的世界。

（一）对影响人类生活的各种灾难及时地记录和报告

在当今世界，新闻传播者对各种灾难保持着高度的敏感性和警觉性。无论是战争的爆发、地震的发生、恐怖袭击的发生，还是台风的来临，各大新闻机构总是竭尽所能派遣记者赶赴事件现场，了解真相、关注事件进展，并及时发回报道。无论是通过电视、报纸还是互联网，我们都可以看到新闻传播者们在报道世界各地的灾难，为公众提供及时准确的信息。

战争的爆发常常带来无数的破坏和悲剧，新闻传播者努力将战场上的情况传达给全世界，他们冒着生命危险，前往冲突地区，记录下每一份珍贵的信息，为世界了解战争的真实情况提供了重要的资料；地震的发生常常导致重大的人员伤亡和财产损失，新闻传播者迅速赶赴灾区，报道灾情、救援进展，引导公众关注并提供援助；而台风等自然灾害的来临，新闻传播者及时发布预警信息，引导人们采取防范措施，减少灾害造成的损失。

新闻传播者的努力不仅令人感慨，更为社会的稳定和进步做出了重要贡献。他们的报道不仅让公众了解到灾难的发生和影响，更唤起了人们的关爱和行动。在信息时代，新闻传播者的作用更加突出，他们是社会的守护者和见证者，为我们呈现了一个更加真实、客观的世界。

（二）对可能到来的危机进行预警

早在 2011 年 8 月 6 日和 10 月 3 日，中国大陆东部沿海地区遭受了强台风"梅花"和"尼格"的袭击，引起了社会的广泛关注和警惕。面对这种自然灾害的威胁，各新闻媒体密切配合气象部门，及时发布台风预警信息，包括台风的路径、强度以及应对措施等，为公众提供了重要的安全保障和指导。

《东方早报》2011 年 8 月 6 日的报道中提到，"今年第 9 号强台风'梅花'正携狂风暴雨逼近浙江沿海",并强调了预计将给上海市带来严重风雨影响的警报。上海中心气象台早在前一天就发布了台风警报,并预计该警报将升级为紧急警报。同时,中央气象台也将台风的预警级别从黄色提升至橙色,加强了对公众的警示和防范意识。

而在 2011 年 10 月 3 日,中国新闻网报道了第 19 号强热带风暴"尼格"逐渐逼近的情况。中国国家防总紧急启动了国家防汛防台风Ⅳ级应急响应,并派出工作组前往海南、广东和广西等地,协助指导地方做好防御工作。这些措施的迅速响应和有效执行,有力地保障了当地居民的生命财产安全。

这些报道不仅突出了新闻媒体在应对自然灾害中的重要作用,还反映了社会对灾害预警和防范工作的高度重视。新闻传播者通过及时发布预警信息,提高了公众的风险意识,促使人们采取必要的防护措施,减少了灾害造成的损失。同时,这也彰显了新闻评论在社会危机应对中的作用,通过深入分析和评价,为公众提供了更加全面和深入的信息,增强了社会的凝聚力和应对能力。

随着社会的不断发展,各种潜在的危机随时可能出现,而新闻工作者则扮演着预警和守护的重要角色。他们通过深入调查和及时报道,向公众传递可能到来的危机信息,促使社会各界采取相应措施,防范危机的发生,保障社会的安全与稳定。

危机预警是指在危机发生之前,通过对各种迹象和信息的分析和研判,及时发出预警信号,以便采取相应的措施来避免或减轻危机的影响。新闻工作者作为信息传递的重要渠道,承担着及时向公众传递危机信息的责任,以提醒社会各界注意可能出现的风险和问题,促使相关部门和个人采取有效的措施应对危机,保障人民群众的生命财产安全,维护社会的和谐稳定。

新闻工作者可以通过多种方式进行危机预警,包括但不限于以下几种。

1. 深度调查报道

通过深入调查和采访，发现各种潜在的危机隐患和问题，及时向公众披露真相，引起社会的重视和关注。

2. 分析评论文章

利用专业知识和分析能力，对各种危机事件进行深入分析和评论，揭示事件背后的原因和可能带来的后果，为社会各界制定有效的预防和应对策略提供参考。

3. 舆论引导和倡导

运用舆论引导的力量，通过新闻报道、社论评论等方式，向公众普及危机意识和应对知识，提高公众的防范意识和自救能力，减少危机事件造成的损失。

4. 专题报道和系列报道

针对某一特定领域或问题，进行连续性的专题报道和系列报道，全面深入地分析和展示问题的各个方面，引起公众的重视和警惕。

新闻工作者作为社会的守护者，肩负着及时预警和警示社会各界可能到来的危机的重要责任。他们通过各种形式的报道和分析，提醒公众注意可能存在的风险和问题，促使社会各界采取有效的措施加以防范和化解。

（三）实施新闻舆论监督

新闻舆论监督在当代社会中扮演着至关重要的角色。其根源可以追溯到古代，如中国古代的"舆人之论"，如《左传·僖公二十八年》有"晋侯患之，听舆人之诵"，《晋书·王沈传》有"自古贤圣，乐闻诽谤之言，听舆人之论"。表达了普通老百姓对社会现实问题的共同意见。《三国志·魏·王朗传》："设其傲狠，殊无入志，惧彼舆论之未畅者，并怀伊邑。"其后见于《梁书·五帝记》："行能臧否，或素定怀抱，或得之舆论。"在西方，18 世纪正式使用"舆论"一词后，它成为民主政治思想中的重要概念，被认为是世界之王、民意的体现。

新闻舆论监督的本质在于通过新闻传播者及媒体的报道、评论，揭露和批评国家、政党、公职人员及社会团体的公务行为，以及任何违法、违背道德的行为。这种监督机制的优势在于其公开透明、快速及时、影响广泛、揭露深刻等特点。虽然新闻舆论监督本身并没有强制力，但其在政治、经济和社会生活中却具有极大的影响力。

在一个民主政治的国家里，新闻舆论监督发挥着至关重要的作用。它促使政府和公职人员保持廉洁，防止腐败和滥用权力的发生。同时，它也为社会各界提供了一个表达意见、监督权力的平台，保障了公民的知情权和言论自由。通过曝光和批评社会上的不良现象，新闻舆论监督促进了社会的进步和改革。

新闻舆论监督也面临着一些挑战和问题。例如，部分媒体可能受到政治、经济或其他利益的影响，导致报道不客观、不公正；另外，信息的传播可能会受到限制或审查，影响舆论监督的效果。因此，建立健全的法律法规和监督机制，保障新闻媒体的独立性和公正性，对于有效推动新闻舆论监督的发展至关重要。

三、社会交往的中介者

社会交往是人类社会性的显著表现和存在方式。马克思在《政治经济学批判》导言中深刻指出："人是最名副其实的政治动物，不仅是一种合群的动物，而且是只有在社会中才能独立的动物。孤立的个人在社会之外进行生产这是罕见的事。"[①]这一观点揭示了人类社会性的本质，以及个体在社会中的依赖和存在状态。相比之下，18 世纪的鲁滨逊故事则被认为是缺乏想象力的虚构，因为它无法反映人类社会性的真实情况。

---

① 徐坚译. 马克思政治经济学批判［M］. 北京：人民出版社，1957.

在现代社会中，新闻传播者扮演着重要的角色。他们通过选择、加工和传播新闻信息，犹如血液流经人的心血管系统一样流过社会系统，为整个社会组织服务。这一功能使得新闻传播者成为社会交往的中介者。英文中的"媒介"一词本身就暗示了中介、协调和调和的含义，而作为新闻媒介的执掌者，新闻传播者的中介角色和功能至关重要。

新闻传播者作为社会交往的中介者，首先体现在他们收集、加工和传播社会各个系统、各个阶层的信息资源，使得社会各个系统之间能够相互沟通和联系。在现代社会，分工越来越细，但各个领域之间的关联也越来越密切。任何一个领域的变化都会对其他各个部门产生影响，因此各系统和部门需要及时了解其他系统和部门的情况，以便更好地协调、合作和应对新情况，从而确保整个社会系统均衡、良性地运作。

由于各个系统不可能完全独立地收集其他系统的信息，这一重任便落在了新闻传播者的身上。他们作为中介，起着桥梁和纽带的作用，促进社会沟通和联系。一方面，新闻传播者依赖和运用社会系统中的新闻资源来维持自身的存在。另一方面，他们被视为有力工具，成为各个社会系统和社会力量的主要公关对象。

新闻工作者在当代社会中扮演着重要的角色，他们不仅是信息的传递者，更是社会交往的桥梁与中介者。通过各种形式的报道和分析，他们连接着不同群体之间的沟通，促进着社会的交流与发展。

新闻工作者通过各种媒介形式，如报纸、电视、新媒体等，将各类信息传递给社会大众。无论是国际新闻、国内时事，还是社会热点、人文艺术，他们都致力于将最新、最重要的信息及时准确地传达给公众，为人们的生活提供了重要参考和指导。

新闻工作者不仅传递信息，更重要的是促进思想交流与文化互动。通过报道各种社会事件、文化活动、学术讨论等，他们搭建了一个交流平台，让不同的声音得以表达和传播。这种开放的交流环境有助于促进人们的思想碰撞与文化交流，推动社会的进步与发展。

新闻工作者在报道事件的过程中，往往会对事件进行解读和评论，引导舆论和舆情的走向。他们通过深入的调查和分析，客观公正地呈现事实，帮助公众正确理解事件的来龙去脉，形成合理的判断和观点，从而引导舆论走向积极向上的方向。

作为社会的中流砥柱，新闻工作者肩负着传递正能量、弘扬社会正气的重要责任。他们通过报道正能量的事迹、社会公益活动等，激励人们向上向善，促进社会的和谐稳定。同时，他们也对社会问题、不正之风进行揭露和批评，督促社会各界改进工作，推动社会进步和发展。

四、民众生活的服务者

新闻传播者在任何时候，不论是扮演守门人、监察者还是中介者的角色，实质上都是为人民服务的。中央提出了"三贴近"的重要要求，即贴近实际、贴近生活、贴近群众。这一要求成为了宣传思想战线改进和加强自身工作的一项重要指导原则。

"三贴近"原则指引着新闻媒体从事新闻报道，要求其在报道过程中紧密贴近实际情况、民众生活和群众心理。这不仅使新闻报道更贴近人民群众的需求和利益，也有助于正确引导舆论，塑造高尚的精神风貌，激励人们追求卓越，同时也有助于稳固新闻媒体在舆论阵地的地位。

"三贴近"并非空洞的口号，而是一种科学方法论，其内核是贯彻马克思主义新闻观。它要求新闻传播者以实际情况为基础，以民众生活为出发点，以群众需求为导向，从而创造出更加贴近人民群众生活的新闻产品。因此，我国新闻工作者的职业道德准则强调，新闻工作的根本宗旨是为人民服务。只有紧密贴近实际、生活和群众，才能真正发挥新闻媒体的作用，服务好人民群众，为社会发展和进步贡献自己的力量。

为人民服务，除了体现于上述各个角色功能外，还突出体现于新闻传播者对民众生活的直接服务，它具体表现为如下三个方面①。

（一）提供生活信息

在当今信息爆炸的时代，新闻传播工作者扮演着连接社会、传递信息的重要角色。作为信息的收集者、编辑者和传播者，他们为民众提供着丰富多彩的生活信息，为社会的发展和进步贡献着力量。

新闻传播工作者通过各种媒介形式，报道和呈现着人们日常生活中的方方面面。无论是社会新闻、娱乐八卦、科技前沿，还是文化活动、生活技巧，都是他们报道的对象。他们以客观公正的态度，将生活中的点滴变化、重大事件、社会趋势及时地呈现给大众，让民众了解世界、认识自己，为生活提供更多的选择和可能。

除了报道生活信息，新闻传播工作者还承担着解读、分析、评价的责任。他们通过专业的报道和评论，帮助民众理解生活中发生的事件，掌握事件背后的原因和影响，引导公众正确理解和判断。例如，在疫情期间，新闻媒体不仅报道疫情最新动态，还解读疫情防控政策、科学知识，提供防疫知识和心理疏导，为民众提供了及时、准确、可信的信息支持。

新闻传播工作者还通过采访、报道、调查等方式，反映民众的声音和诉求，关注民生热点、社会问题，促进问题解决和社会进步。他们不断走进社区、基层，倾听民意，了解民情，将民众的心声传递给决策者和社会，推动问题的解决和社会的改善。

除了传递生活信息外，新闻传播工作者还通过专栏、特稿、微信公众号等形式，分享生活经验、传授生活技巧，启发人们的生活智慧。例如，健康养生、家庭教育、职场攻略等内容，为民众提供了实用的生活指南，帮助人们更好地生活、工作、学习。

从湖南都市频道的《都市1时间》到北京电视台的《第七日》，再到

---

① 陈滢. 基于个性化推荐技术的"新闻客户端"的使用与满足研究［D］. 广州：暨南大学，2015.

江苏城市频道的《南京零距离》、安徽经济频道的《第一时间》，以及江西卫视的《都市现场》等节目相继推出，这些节目通过更多的时间和画面关注百姓的生活，反映百姓的真实生活状态，引起了较大的社会反响。这股"民生新闻热"波及了整个新闻业界和新闻学界，许多报纸也纷纷辟出了"民生新闻"板块，使"民生新闻"这一概念得到了热切关注和热烈讨论。

（二）提供知识信息

新闻传播者在报道时不仅是简单地呈现事件的经过，更是提供相关领域的知识，使受众在了解新闻事件的同时也能够获得新的知识。这种做法不仅有助于民众的知识更新，还能够帮助他们更好地理解新闻的背景和意义。通过专家访谈、背景资料、专题讨论等方式，新闻传播者传达最新的知识信息，涵盖方针政策、法律法规、科技新成果以及现代生活的各个方面。

在信息时代的浪潮中，新闻传播工作者扮演着至关重要的角色，不仅是信息的传递者，更是知识的守护者和传播者。通过不懈的努力，他们为民众提供了广泛、多样的知识，推动着社会的进步与发展。

新闻传播工作者不仅关注新闻事件的发生，更致力于从各个领域收集、整理知识。他们深入调查、采访专家、查阅文献，确保所传递的信息准确可信。无论是科技、医学、经济、文化等领域的知识，都在他们的报道中得到了充分展现，为民众提供了丰富的学习资源。

除了收集整理知识，新闻传播工作者还通过各种媒介形式将知识传播给民众。无论是报纸、电视、广播，还是互联网、社交媒体，都是他们传播知识的渠道。他们以通俗易懂的语言，将专业知识转化为生活化的内容，让更多的人能够轻松理解和接受，从而提高民众的知识水平和素质。

在复杂多变的社会环境中，新闻传播工作者不仅传递知识，更致力于对知识进行解读和引导。他们通过分析评论、专题报道等形式，帮助民众理解知识背后的含义和影响，引导公众正确对待信息，培养批判性思维和科学精神，从而提升社会的文明程度和科学素养。

除了传播知识外，新闻传播工作者还通过专栏、特稿、栏目等形式，为民众提供知识服务和教育。例如邀请专家学者撰写专栏文章，开设教育类栏目，推出科普节目，帮助民众了解专业知识、学习科学技术、提升个人素养，为民众的全面发展和社会的进步贡献着力量。

（三）提供娱乐信息

文化娱乐在人类生活中扮演着不可或缺的角色。随着物质生活水平的提高，人们对精神生活的需求和追求也日益增长，对文体娱乐的兴趣愈发浓厚。在现代新闻传播中，传播者们利用各自的特点，大显身手，满足受众的娱乐需求。纸介媒体以其文字表达和易于保存的优势，通过副刊、文娱专版、体育栏目等形式，成功地满足了读者在文化娱乐方面的需求。《足球报》《体坛周报》等媒体更是在体育报道领域创造了新闻业的奇迹。

新世纪创刊的一些报纸和杂志同样非常重视文体娱乐新闻。《东方早报》《新京报》等媒体在文体娱乐新闻报道上形成了自己独特的风格。广播电视对体育比赛、文化演艺、明星生活等方面的报道更具吸引力。NBA、意甲、德甲、欧洲杯、世界杯等体育赛事的报道已成为新闻传播机构的常规内容。不仅仅在中国，全球各国的新闻传播都十分重视提供娱乐信息，特别是体育报道。例如，在阿尔及利亚，各种报刊都非常重视体育报道，每份报纸都设有1～2版的体育专栏。而在经济发达的资本主义国家，体育报道更是备受关注，比如日本的《读者新闻》，其编辑部设有专门的体育部，每天都有大量的体育新闻报道。

新闻传播工作者积极收集各类娱乐消息，包括电影、音乐、明星动态、综艺节目等内容。他们通过广泛的渠道，如采访、调查、社交媒体等，获取最新、最热的娱乐资讯，并进行筛选、编辑，确保信息的准确性和可信度。一旦获得娱乐消息，新闻传播工作者将其通过各种媒介传播给广大民众。无论是通过电视节目的报道、报纸上的专栏评论，还是在社交媒体上的分享转发，他们都努力将娱乐消息传递给更多的人群。通过专业的报道和深度的分析，他们让民众更好地了解娱乐行业的动态和趋势。

除了传播娱乐消息，新闻传播工作者还对其进行解读和评论。他们通过撰写专栏文章、开设节目栏目等形式，对娱乐产业的现状、发展趋势进行深入分析，引导公众正确看待娱乐现象，提升公众的审美水平和文化素养。

第二节　新闻传播工作者的教育

一、新媒体背景下新闻人才培养路径

（一）增强新闻工作者的新闻意识与人文理念

新闻工作者肩负着传播新闻事实真相、匡扶社会正义的重责大任。在信息爆炸的互联网时代，每个人都可能成为信息传播的参与者，这就更加凸显了新闻工作者应具备的新闻意识和人文理念的重要性。

新闻工作者应时刻铭记传播新闻事实真相、匡扶社会正义的原则，将追求新闻真实性与坚守正义作为职业生涯的不懈追求。无论面对何种诱惑，都要严格要求自己，不为牟取利益而传播虚假新闻，更不能随意传播真假不明的信息。只有坚守职业道德，才能确保新闻报道的公正、客观和可信度。

新闻工作者应不断提升自身的专业水平，不仅包括新闻采写技能的提升，还包括对社会、政治、经济等领域的深入了解和分析能力。只有具备了扎实的专业知识和技能，才能更好地辨别新闻信息的真假，准确报道事件的来龙去脉，为公众提供可靠的信息服务。

新闻工作者应具备批判性思维能力，对信息进行深入分析和评估，不盲从于表面现象，不轻信传言，而是通过深入调查和客观分析，揭示事实真相。同时，要善于辨别各种信息来源的可信度，避免被虚假信息所误导，保持独立思考的能力。

除了追求新闻事实真相，新闻工作者还应具备人文关怀的精神。在报道过程中，要关注社会弱势群体的声音，关注社会不公正现象的揭露和改变，为社会正义发声，引导公众关注社会热点问题，推动社会进步和发展。

（二）使用新式培养新闻传播人才的方案

随着媒介融合的不断深化，新闻传播领域面临着前所未有的挑战与机遇。为了培养适应时代需求的新闻工作者，必须制订并实施新式培养方案，充分考虑时代特征，注重时代性与专业性的结合，以满足新媒体时代的需求。

新时代的新闻工作者需要具备时代性与专业性的双重素养。在制订新式培养方案时，首要任务是及时优化改革新闻课程，使其紧跟时代潮流，反映新媒体发展趋势。这包括引入新媒体技术、数字化新闻生产工具等内容，以培养学生在数字化环境下的工作能力和创新意识。

新闻传播人才的培养不能只局限于技术层面，更要关注人文科学的融合。在课程设置上，应促进人文科学与新技术的交叉，使学生在专业知识的同时，也具备人文素养和社会责任感。例如，将新闻伦理、新闻法律等人文课程与新媒体技术课程相结合，培养学生的全面素养。

新媒体技术的快速发展对新闻传播人才提出了新的要求。在培养方案中，应重点关注新信息科技及新媒体的发展趋势，为学生提供与时俱进的教育内容和培训项目。这包括但不限于数据新闻、虚拟现实报道、社交媒体传播等方面的培训，以使学生能够灵活运用新技术进行新闻报道与传播。

针对媒介融合带来的新需求，应优化与完善人才具体培养方案。这意味着不断调整课程设置，加强实践环节，提供更多的实习机会和产学合作项目，使学生能够在真实的工作环境中学以致用，增强其实践能力和竞争力。

新媒体时代的到来给新闻传播人才的培养提出了新的挑战，也带来了新的机遇。只有注重时代性与专业性的结合，融合人文科学与新技术，关注新媒体发展趋势，并不断优化人才培养方案，才能培养出适应时代需求、具备全面素养的新闻传播人才，为新媒体行业的发展贡献力量。

（三）开设社会实践课程

新闻传播行业以其极强的实践性而著称，因此，将实践教学置于关键位置是不可或缺的。为了提升新闻传播的实践教学效果，必须采取一系列措施，其中包括引进优秀的、实践能力强、专业能力强的教师，以及开设大量的社会实践课程。

优秀的教师是实践教学的关键。他们不仅具有丰富的行业经验和专业知识，还能够将理论与实践相结合，引导学生在真实环境中学习和探索。因此，专业院校应该主动引进更多这样的教师，以确保学生接受到高质量的实践教育。

社会实践课程是培养学生实操技能的有效途径之一。通过参与社会实践，学生可以接触真实的新闻报道和传播环境，提升自己的实践能力和应对能力。因此，专业院校应该开设大量的社会实践课程，涵盖新闻采访、编辑、摄影、视频制作等多个方面，以满足学生的不同需求和兴趣。

为了确保实践教学的质量，专业院校需要提供先进的新媒体操作设施和新闻摄影设备。这些设施和设备不仅能够帮助学生熟练掌握新媒体技术，还能够提升他们的创作能力和专业水平。此外，学校还可以与新闻媒体展开合作，共享实践资源，为学生提供更多实践机会和实践基地，进一步提升他们的实操技能。

开设社会实践课程是提升新闻传播教育质量的关键一步。通过引进优秀教师、开设社会实践课程,提供先进设施与设备,专业院校可以为学生提供更加丰富和实用的教育资源,帮助他们更好地适应新闻传播行业的发展需求,成为具有竞争力的新闻传播人才。

(四)学科建设国际化

在经济全球化的时代,信息传播也完成了全球化的变革,各国及各地区间的联系变得愈发紧密,新闻传播已不再局限于某个地区或国家,而是已然走出国门。因此,国际化成为各国新闻传播学科建设不可回避的重要主题。国际化的新闻传播定位与我国全方位融入世界体系以及构筑全球一流大学和一流学科的目标完全一致。

在国际化的背景下,现代新闻传播的人才需要具备极高的英文水平,以便能够学习借鉴其他国家新闻传播教学的模式,弥补我国新闻传播培养人才机制的不足之处。此外,增进新闻传播学术领域国际的交流合作,切实实现平等对话,将有助于我国新闻传播学者在国际学术界中发挥更大的影响力。

随着媒介融合的发展,新闻传播领域正在经历着巨大的变革,教育也需要相应进行改革。媒介融合不仅改变了新闻传播的形式和内容,也对传播教育提出了新的要求。新闻传播教育需要更加注重跨媒体的能力培养,培养学生具备面向未来的综合传播能力,适应媒介融合时代的发展需求[1]。

二、新媒体背景下新闻传播变革与新闻教育改革的发展趋势

(一)新闻工作者工作能力更高

在传统和现代的新闻工作中,信息敏感的嗅觉能力是工作者必备的关

---

① 彭广林. 媒介融合背景下的新闻传播人才培养定位探析:基于对媒介融合内涵的理解[J]. 科教文汇(下旬刊),2015(9):38-39.

键技能。随着信息量的爆炸性增长，新闻工作者不仅需要具备处理大量信息的能力，更需要在信息筛选和整合方面有着高超的技巧。

有效地处理信息，首先要提高信息筛选的能力。在海量信息中找到关键信息，抓住重点，是新闻工作者的基本功。一段文字要能够精准地表达中心意思，文章更需做到"短精全"，即用简短的篇幅概括新闻要点，确保信息的传达高效而不失准确性。

在媒介融合的时代，新闻传播教育也面临着新的挑战与机遇。教育改革对新闻工作者提出了更高的要求。在新闻传播媒介融合的大背景下，教育需要着重培养新闻工作者的信息处理能力。这包括提升学生对信息的敏感度和分析能力，培养他们快速准确地从海量信息中筛选出关键内容的能力。

此外，教育还应该引导学生学习如何将各种看似杂乱无章的信息有机地组织起来。新闻工作者需要具备整合不同信息源的能力，将其编排成连贯、有逻辑的报道，从而使读者能够清晰地理解复杂事件的来龙去脉。

（二）新闻工作者的职业责任更高

在信息时代，新闻工作者承担着重要的社会责任，他们的报道不仅影响着公众的认知和看法，也直接影响着社会的发展和进步。因此，新闻工作者在提供信息时有着诸多责任，包括保证内容真实有效、符合社会发展趋势、内容健康有营养、公开公正等方面。

首先，新闻工作者应确保所提供的信息真实有效。信息的真实性是新闻工作的核心要求之一，只有真实的信息才能为公众提供准确的认知和判断。同时，信息的有效性也至关重要，新闻报道应具有时效性和权威性，确保信息及时传递给公众，并且具有可信度。

其次，新闻报道应符合社会发展的整体趋势。新闻工作者应紧跟时代的步伐，关注社会的发展变化，将新闻报道与社会进步相结合，积极传播正能量，引导公众正确理解社会现象，推动社会向更加美好的方向发展。

再次，新闻内容应健康有营养。作为信息传递者，新闻工作者应注重报道内容的健康性和教育性，避免过度渲染负面情绪和暴力内容，而是应该倡导积极向上的生活态度，为公众提供有益的知识和启发。

最后，新闻报道应该公开公正。新闻工作者应当遵循客观公正的原则，对待新闻事件不偏不倚，不受个人立场或利益的影响，客观地呈现事实真相，让公众能够获取全面、客观的信息，自行进行判断和评价。

通过以上种种努力，新闻工作者可以树立起职业发展的理念，赢得广大群众对其的认可与尊重。只有坚守职业道德，履行好自身的社会责任，才能够赢得公众的信任和支持，为新闻事业的健康发展贡献力量。

第三节　新闻传播工作者的职业素养

一、政治素养

在当今信息时代，新媒体新闻媒体已经成为了人们获取信息、表达意见、参与讨论的重要平台，其地位与传统媒体不相上下。无论是传统媒体还是新媒体新闻媒体，都承担着宣传党和人民意愿的使命，是舆论引导的重要力量。然而，尽管二者都具备新闻宣传的功能和任务，但在具体实施过程中，新媒体与传统媒体存在着明显的差异。

在传统媒体的信息传播过程中，党的路线、方针、政策等可以由媒体直接传达，信息的传播路径相对集中，受众相对积极地接受信息。而新媒体传播空间则呈现出空前开放的局面，不仅传播者，受众也可以参与到信息传播的环节中，使得传播呈现出发散式的网状结构。在新媒体空间中，各种各样的言论和信息都在网上发布和交流，其传播速度之快、覆盖面之广，远超传统媒体。

正是由于新媒体传播的开放性和自由性，新媒体在信息和舆论引导方面面临着更大的挑战和难度。与传统媒体相比，新媒体更加容易受到不实信息、谣言，甚至是有害信息的干扰和传播。同时，新媒体空间中的言论自由使得各种声音都有机会得到表达，而这也增加了新媒体引导舆论的难度。因此，新媒体新闻工作者需要具备更高的政治素质和职业道德，才能够保证新媒体新闻传播沿着正确的方向前进，将网上舆论引导到正确的道路上来。

在新媒体传播时代，作为党和人民的喉舌，新媒体新闻媒体的责任重大。只有通过加强自律、提高专业素养，新媒体新闻工作者才能够胜任这一重任，确保新媒体空间中的信息传播健康、有序、向着正确的方向前进。同时，政府和相关部门也应当加强对新媒体新闻行业的监管和引导，共同构建一个清朗的新媒体信息环境，为社会的和谐稳定和发展作出积极的贡献。

作为信息传递的中介和舆论引导的重要力量，新闻传播工作者的政治素养至关重要。他们不仅是信息的传递者，更是社会发展和民主进程的推动者。在这个信息爆炸、舆论多元的时代，新闻传播工作者的政治素养更加凸显其重要性。

新闻传播工作者应该了解国家的政治体制、法律法规以及相关政策，明白各种政策的背景、意图和影响，以便在报道中准确传递信息。

政治素养的一部分是对时事政治的敏感度和关注度，及时把握社会热点事件和政治变化，为公众提供及时准确的信息。在报道政治新闻时，新闻传播工作者应当保持客观公正的立场，不偏不倚地传递事实真相，不为个人或团体利益偏袒。

作为舆论的引导者，新闻传播工作者应该尊重民意，代表公众利益，为社会稳定和谐发展发挥积极作用。政治素养还包括辨别真伪信息的能力，要抵制谣言和不实信息的传播，确保新闻报道的准确性和可信度。

在当今信息时代，新闻传播工作者的政治素养显得尤为重要。首先，政治素养是新闻工作者承担舆论引导责任的基础。只有具备了深刻的政治认识和准确的政治判断，才能够更好地引导舆论，推动社会进步。其次，政治素养也是新闻从业者提高专业素质的关键。了解政治体制和政策法规，关注时政热点，有助于提高新闻从业者的专业水平和报道质量。最后，政治素养还是新闻工作者提升社会责任感的表现。在新闻报道中，尊重事实、客观公正地传递信息，是对社会的一种负责任的态度，也是对公众的一种尊重。

政治素养是新闻传播工作者的基本素养之一，关乎新闻报道的客观性、准确性和公正性，也关乎社会舆论的健康和稳定。新闻传播工作者应该不断提升自己的政治素养，不断学习、思考、实践，为社会的进步和发展作出更大的贡献。

二、理论素养

长期以来，新闻工作者的新闻理论修养并未得到足够的重视，人们总是认为新闻工作是以实践为主，所以注重的是采访、写作、编辑等这样一些具体的业务技能，新闻理论似乎无足轻重。尤其到了网络时代，由于网络媒体在发展的最初阶段，主要是依靠高科技的支撑，解决技术难题是网站工作的首要任务。到后来才有了网络新闻等内容的传播，人们的一个普遍意识就是网络新闻工作者最需要的是关于网络方面的技能，对于新闻的发布，只要能写能编并会进行网络新闻的转载、粘贴就行，新闻理论似乎可有可无。随着网络新闻传播的日益成熟，这些认识上的偏颇就逐渐显露出种种弊端。

事实上，一个缺乏新闻理论修养的人，是难以真正把握网络新闻传播规律的，也是难以推进网络新闻事业不断发展的。从新闻事业的发展历程看，人们在长期的新闻实践中总结出了新闻理论，新闻理论又反过来指导着新闻实践。不论是传统媒体的新闻工作者，还是网络媒体的新闻工作者，都必须具备基本的新闻理论修养。就网络新闻工作者而言，更应加强新闻理论学习，提高新闻理论水平。

在网络媒体将触角伸向新闻传播业的今天，大量的信息充斥着人们的日常生活。媒体技术的发展，传媒内容的多样化，使我们面对着大量往往是片段的、万花筒似的信息，感受到"信息爆炸"的巨大冲击。面对这些处于"爆炸"状态的信息，人们开始从对资讯数量上的渴求转为更加深入的思考：究竟有多少新闻信息可以被用以指导人们生活、工作、学习呢？互联网能否提供满足网友需求的新闻？要解决这些问题，网络新闻工作者不具备相当的新闻理论修养，显然是不行的。

由于网络媒体主要是以新技术为发展契机的新媒体形态，其从业人员多为技术型人才，他们对网站的内容主要是进行简单的分类与编辑，如摘抄新闻，将其粘贴到网页上就大功告成。由于缺乏对"新闻"的真正理解，缺乏对新闻传播规律的充分认识，这样的网络新闻工作者很容易在新闻传播过程中缺乏专业理念和迷失专业方向。比如，为充分发挥网络"快"的优势，往往无暇顾及新闻的真实性、准确性而导致新闻失实，这样的例子并不少见。网络新闻的相互转载也是人们对其信息的真实性持怀疑态度的原因之一。这些现象的出现，在很大程度上就是由于没有充分理解和掌握"新闻报道必须真实"这一基本准则而造成的。真实是新闻的生命，不真实的内容，是不能以新闻的面貌出现在媒体上的。

对于每天发生的大量新闻信息，如何去选择、去发现有价值的新闻，这是.网络新闻工作者必须面对的首要任务。粘贴、转载的新闻说到底还是别人的东西，更为详细的资料、更为独特的视角、更有深度的报道需要网络新闻工作者自己去发现，自己去创作。而在这时，就必然涉及新闻价值理论。那些有着重要性、显著性、接近性、趣味性的新闻，需要记者去发掘，做出独特的报道。只要浏览新华网、人民网等媒体网站的新闻，我们可以发现其中的内容虽然有对相同新闻事件的报道，但有不少内容是各自独有的。如果他们的网络新闻工作者没有对新闻价值理论的透彻把握，将其与新闻实践相结合，则很难做到用有深度的、能满足人们需要的新闻去吸引受众。

三、业务素养

新闻传播工作者的业务素养是其职业生涯中至关重要的一环。除了政治素养和道德素养，对于新闻传播者来说，具备丰富的知识、善于思考、学识渊博是必不可少的。随着社会的变迁和科技的发展，对于新闻传播者的业务素养提出了更高的要求，并且涌现出了新的因素。

首先，新闻传播者应当具备广泛的知识储备和洞察力。他们所报道的内容涉及社会生活的各个领域，因此必须对各个领域有尽可能深入的了解。这包括天文地理、自然科学、人文科学以及社会风土人情等方面的知识。对于新闻传播者来说，知识的广度和深度越大，就越能够胜任各种类型的报道工作。

其次，优秀的新闻报道往往源自于对特定领域的深刻理解。体育、卫生、金融、经济、文化、教育、科技、军事、法律、文学、艺术等方面的报道，需要新闻传播者具备相应领域的专业知识和见解。因此，新闻传播者除了掌握新闻学的理论知识外，还应该努力拓展自己的专业知识背景，以更好地适应不同领域的报道要求。

再次，新闻传播者应当具备扎实的调查研究能力。采访实际上就是一种调查研究的过程，而成功的新闻作品往往建立在扎实的调查研究基础之上。因此，无论是个人新闻传播者还是机构的新闻团队，都应该将调查研究作为最基本的能力和工作环节来进行。

最后，对于新闻教育和新闻传播从业者来说，应该重视业务素养的培养和提升。现代新闻教育虽然注重新闻传播专业技能的培养，但在应对社会生活变化的广度和深度以及适应不同领域的学识要求上，仍然存在不足之处。因此，新闻教育应该反思并进行相应调整，同时新闻从业者也应该有意识地在本专业学习之外，涉足更多学科领域，积累相关知识并培养思考的习惯和能力。

第四节　新闻传播工作者的职业道德

一、新闻职业道德在新媒体传播中面临的冲击

（一）新闻信息的可靠性受到质疑

在现代社会，随着新媒体的普及和信息的快速传播，网上发布的信息不仅具有巨大的影响力，同时也带来了一系列的问题和挑战。一个经典的例子就是发生在 1998 年的美国国会众议院，当时多数派领袖迪克·艾米在国会演讲时突然宣布好莱坞著名谐星鲍勃·霍普去世的消息，但实际上霍普本人却健康地坐在家中观看电视。这一荒谬的情景不仅让政界笑料百出，连世界三大通讯社之一的美联社都因此发布了一篇回顾霍普生平的特稿，后来不得不发布撤销声明，正式纠正了这一错误。

这个例子生动地展示了网上发布虚假信息可能带来的后果。虚假信息不仅让受众误解事实真相，还会对被报道的对象造成不必要的伤害。造成这种现象的原因之一是一些从业者缺乏对新闻真实性的深刻认识，而新媒体又为他们提供了一个匿名传播的平台。此外，新媒体的超强时效性也让一些新闻工作者不愿花足够的时间去进行调查研究，导致大量未经实践检验的信息在网上广泛传播。

另一方面，新媒体传播虽然为传受双方提供了平等交流的空间，但也为一些非新闻从业者发布所谓的"新闻"提供了便利。这些非新闻从业者往往缺乏基本的新闻职业道德观念，他们发布的信息中既有真实有价值的内容，也掺杂着大量虚假信息，给受众带来了困惑和误导。

在这样的情况下，新媒体新闻工作者面临着巨大的挑战，很难准确判断信息的真实性。为了应对这一挑战，需要加强对新闻真实性的认识和培训，提高新闻从业者的专业素养和职业道德水平。同时，也需要建立更加严格的信息审核机制，加强对新媒体信息的监管，以确保新媒体空间的清朗和健康发展①。

（二）新媒体传播中的新闻侵权问题

在传统的新闻传播中，新闻侵权问题一直备受业界关注。而随着新媒体空间的扩大和新媒体传播的普及，利用新媒体传播所构成的新闻侵权问题也日益凸显。新媒体空间被认为是自由开放的，然而，如果新媒体新闻工作者缺乏职业道德观念，对新闻素材不加核实，或者有意侵害他人的名誉权等权利，那么新闻侵权问题就可能频频出现。

在如今信息爆炸的时代，每时每刻都有无数信息在网上传播，其中包括一些涉及个人隐私的内容。新媒体新闻工作者，尤其是新媒体编辑，每天的工作大部分是转载、摘录其他网站或传统媒体的新闻信息。如果未经允许就擅自转载内容，这将涉及知识产权的侵权问题。这种现象在新媒体传播中已经十分普遍，并且引起了业界的广泛关注。

与传统媒体相比，新媒体的影响范围更广。一旦新媒体新闻传播构成侵权，其影响将不仅局限于传统媒体的主要传播区域，而是会扩大至全球范围。因此，新媒体新闻传播的广泛性和普及率使得一旦侵权，对被报道对象可能造成难以挽回的损失。例如，曾有报道披露法国前总统密特朗的健康档案，这一行为被巴黎法院判定为侵犯隐私权，然而这一报道在互联

---

① 安文宇. 传播模式下新媒体的分类和定义研究［J］. 新闻传播，2021（14）：36-37.

网上广泛传播，甚至有人将其翻译成英文，进一步扩大了其影响范围。

因此，要解决新媒体新闻侵权问题，需要加强新媒体新闻从业者的职业道德教育，提高其对知识产权和个人隐私权的尊重意识。同时，也需要建立更加严格的法律法规，加强对新媒体新闻内容的监管，以保护公民的合法权益和社会的稳定发展。

（三）新媒体新闻工作者的把关人地位受到挑战

新媒体时代的到来彻底改变了新闻传播的格局，对于传统媒体的把关模式提出了前所未有的挑战。在传统媒体中，新闻工作者被视为信息的把关人，他们代表着不同利益集团的立场，对信息进行挑选和过滤。在互联网的迅速发展下，这种传统的把关模式已经变得难以维持。

首先，互联网的发散性和多向性使得信息传播变得更加自由和多样化。受众不再被动地接受由把关人选择的信息，而是能够自主地在新媒体上搜索信息，或者直接在各种社交平台、论坛、博客等传播信息。这种自由传播的模式大大增加了新媒体新闻传播过程的把关难度，使得新闻工作者无法对所有信息进行严格把关。

其次，互联网作为一个匿名传播的空间，为一些不良信息提供了传播的机会。这些信息往往能够绕过传统媒体的把关人，直接进入传播领域，并在社会上造成不良影响。因此，新的媒体技术对于新媒体新闻工作者的把关人地位提出了巨大挑战。

面对这种挑战，新闻工作者也面临着更高的要求。虽然互联网的发展使得信息失控成为可能，但这并不能否定新闻工作者的把关职能。在新媒体信息爆炸的情况下，受众面临着大量信息的选择，而他们的判断力往往受到个人思维方式、社会背景等因素的影响。因此，新闻工作者需要更加注重对新媒体新闻的筛选和把关，确保传播的信息准确、客观、合法①。

---

① 田钰佳. 新媒体语境下青少年的信息接收特点［J］. 青年记者，2020（17）：31-32.

二、新媒体新闻传播道德观的特点

（一）新媒体新闻道德观的多样性

新媒体新闻的兴起带来了传播空间的多元化，同时也呈现出了新闻道德观的多样性。从新媒体新闻传播的初期，就有各种各样的参与者，不仅包括专业的新媒体新闻工作者，还有许多在网上发表新闻评论、提供新闻线索的普通网民。这些个体在能力、素质、文化程度等方面存在着差异，因此对新闻有着不同的认知和解读，形成了多样化的新闻道德观。

一个突出的例子是德拉吉创办的"德拉吉报道"。虽然该报道每周吸引了超过600万网民的关注，但许多严肃的新闻工作者对其大量报道流言和丑闻的方式深感不满。然而，德拉吉却认为所有的事实都源于传言，这种对事实和道德的解读与传统新闻伦理观存在着明显的分歧。

在新媒体中，每个人都可以根据自己的意愿进行信息的接受与传播，但同时也会受到某种新闻道德观的影响。要将这些不同的新闻道德观统一起来，形成一种完善的并得到人们认同的新闻道德观，却是一项艰巨的任务。因此，在新媒体传播的交互性空间里，新闻道德观呈现出多样性的特点，这也反映了新媒体新闻传播的复杂性和多元性。

面对这种多样性，我们需要尊重不同个体的观点和价值取向，同时也需要保持对新闻传播的责任和专业性。在新媒体新闻时代，新闻从业者需要不断反思和调整自己的行为准则，以适应多元化的新闻道德观，并且在维护言论自由的同时，始终坚守新闻真实、客观、公正的原则，为公众提供可靠的信息和观点。这样，才能更好地促进新媒体新闻传播的健康发展，为社会进步和民主建设做出积极贡献。

（二）虚拟空间与现实世界的道德差异

新媒体空间的崛起给人们带来了一个与现实世界截然不同却又紧密相连的虚拟空间。在这个新媒体世界中，人们可以像在现实中一样工作、学习和社交。新媒体的虚拟性质也为人们提供了一个展现另一面的平台，他们可以以完全不同于现实身份出现，并通过这个虚拟的空间影响着他人的现实生活。

新媒体空间与现实世界之间的道德观存在着明显的差异。在现实世界中，人们往往受到法律和伦理规范的约束，不太可能违背公认的道德准则。在新媒体世界中，许多人认为这只是一个虚拟的空间，他们以匿名或其他身份出现，享有自由而不受限制的环境，因此可以有不同于现实世界的法律和伦理观念。这种认知差异导致了新媒体世界中出现了大量不良信息。

一些人在新媒体空间中从事的不道德行为在现实生活中未必会出现，但新媒体这个前所未有的便利空间为他们提供了另一种道德观。面对新媒体空间与现实世界的道德差异，我们需要认识到新媒体行为也应受到道德和法律的约束，并且需要建立起适应新媒体环境的道德准则和规范。新媒体治理需要更加严格的监管和规范，以保障新媒体空间的健康发展和社会的稳定。同时，个人也应自觉遵守新媒体道德，尊重他人的权利和尊严，共同维护一个和谐、文明的新媒体环境。

三、新媒体新闻工作者的职业道德要求

大体上，新媒体新闻工作者的职业道德要求主要包括以下几个方面的内容。

（一）保证新闻的真实性

在当今信息爆炸的时代，新闻传播工作者扮演着至关重要的角色。

他们不仅是信息的传递者，更是社会舆论的引导者和公众意识的塑造者。然而，随着信息技术的发展和传播渠道的多样化，新闻真实性面临着挑战和质疑。因此，保证新闻的真实性成为了新闻传播工作者的首要使命和责任。

新闻的真实性是其生命线所在。作为新闻传播工作者，他们的首要任务就是确保报道的准确、客观和真实。只有真实的新闻才能够为公众提供客观全面的信息，帮助他们做出理性的判断和决策。而一旦新闻失去了真实性，就会失去了公信力，甚至引发社会不稳定和舆论混乱。

保证新闻的真实性是新闻传播工作者的使命和责任。他们不仅要追求新闻的独家性和时效性，更要坚守新闻的核心价值观——真实性。这意味着他们需要不断努力，确保所报道的信息来源可靠、内容准确、观点客观，并对新闻报道进行全面、深入的调查和核实。只有如此，才能够真正做到言之有据、信之可靠。

在新媒体空间中，任何人都可以通过各种渠道发布信息，包括论坛、社交媒体以及聊天室等，这其中既有真实的新闻线索，也有大量未经核实或编造的假新闻。因此，作为新媒体新闻工作者，我们必须尽最大努力核实新闻来源的可信度。不仅如此，对于转载他人的新闻，也应该进行深入调查和研究，避免轻信虚假信息，尽量选择权威新闻网站如新华网、人民网等作为信息来源。

更为重要的是，新媒体新闻工作者在采写新闻报道时必须保持真实和客观。我们应该认真把握采写过程的每一个环节，不因新媒体空间的自由而草率从事。因为一旦发布虚假或不实的新闻，不仅会损害我们自身的信誉，也会影响整个新媒体新闻媒体的可信度和声誉。

新闻的真实性原则是所有新闻媒体和新闻工作者都应该坚持的基本原则。尽管在互联网初期，由于管理上的无序性，导致大量新媒体假新闻的出现，但我们不能因此而放任不管。为了确保新媒体新闻媒体和传统媒体一样具有新闻发布的权威性，新媒体新闻工作者必须树立正确的新闻道德观念，对受众负责，对被报道对象负责。

通过共同努力，我们可以建立起一个真实、客观、可信的新媒体新闻空间，为公众提供准确、及时的信息，推动社会的健康发展和进步。

（二）拒绝报道不健康内容

在当今数字时代，互联网已经成为了人们获取各种信息的主要途径，其中包括了新闻内容。然而，与此同时，美国匹兹堡大学的马丁·瑞姆教授的调查显示，互联网上色情内容的传播现象十分普遍，无论是在全球范围内还是在美国境内，都有大量的色情材料的消费者。更为令人担忧的是，在一些西方国家，某些传播色情内容的行为甚至被视为受到所谓"言论自由"的保护，只要在网页前面添加了一些警告语或对浏览者年龄的限制性说明，色情材料就可以合法传送出去。

互联网上的色情与暴力内容的传播，往往受两方面因素的影响。首先是接受者的需求，如果某些人对这类信息有需求，那么就为传播者提供了一个潜在的受众群体。其次是传播者本身，如果其素质不高或者存在某些不纯的动机，往往会迎合受众的需求，传播不健康的内容。在互联网的自由环境中，我们无法强制受众不接受此类信息，因为他们的选择完全取决于个人意愿。

尽管我们无法控制受众的选择，但我们可以通过提高新媒体新闻工作者的素质和道德标准来过滤掉不健康的内容。这意味着在选择新闻素材和进行采访报道时，应该尽量避免涉及色情、暴力等不良内容，而是多报道与人们生活密切相关的国际国内大事，为受众提供有益的娱乐和生活资讯。只有这样，才能够营造一个健康的传媒环境，让受众在浏览新媒体新闻时感受到真实、客观且积极向上的信息。

（三）尊重知识产权，加强版权意识

在追逐新闻热点的过程中，一些新闻从业者可能忽视了知识产权，导致侵犯他人的版权，这不仅违反了职业道德，也损害了新闻行业的形象和信誉。因此，新闻从业者有责任尊重知识产权，加强版权意识，为构建健康的新闻生态贡献自己的力量。

首先，尊重知识产权是新闻从业者的基本职业操守。新闻报道涉及各种信息和素材，如文字、图片、视频等，这些都可能涉及他人的知识产权。因此，新闻从业者在采集、编辑和使用这些素材时，应该严格遵守知识产权法律法规，尊重原作者的权益，不得擅自使用、篡改或盗用他人作品。

其次，加强版权意识有助于提升新闻从业者的专业素养。新闻报道的真实性、客观性和权威性是其核心竞争力，而这些往往与素材的来源和使用息息相关。只有尊重知识产权，规范使用版权素材，才能保证报道的准确性和可信度，树立起新闻从业者的良好形象和声誉。

同时，加强版权意识也是新闻行业健康发展的重要保障。在信息爆炸的时代，版权保护已成为全球范围内的重要议题，各国政府和组织都在加强版权保护和打击侵权行为。新闻从业者如果忽视版权意识，侵犯他人版权，不仅容易遭受法律制裁，也会受到公众的谴责和行业的惩罚，最终损害自己和所在媒体的利益。

为了加强新闻从业者的版权意识，可以从以下几个方面入手：一是加强新闻伦理和法律法规的培训，提高新闻从业者对版权问题的认识和警惕性；二是建立健全的版权管理制度，规范素材的采集、编辑和使用流程，确保符合版权法律法规的要求；三是加强行业自律，倡导媒体和新闻从业者自觉遵守版权原则，共同维护行业的良好秩序和形象。

（四）树立团结合作的业务精神

新媒体新闻传播环境的构建离不开各个新媒体实体的参与，它们共同促进了信息的流动和传播，但与此同时，也存在着因自身发展而带来的激烈竞争。我们必须认识到，仅靠竞争是无法真正实现传播新闻、服务受众的宗旨的。如果没有一定的约束机制，这种竞争很可能会走向不利的方向，导致传播秩序的混乱和恶化。

因此，新媒体新闻工作者应当树立起与其他媒体从业者进行合作的业务理念。在新闻传播的过程中，他们需要避免侵犯其他媒体的权益，而是应该维护彼此的利益。无论是在获取新闻线索还是发布新闻信息的各个环节，建立合作机制都是至关重要的。只有通过合作，才能共同营造一个既竞争又合作的传媒环境。

在这个竞争激烈的新媒体新闻行业，合作不仅是一种选择，更是一种必然趋势。通过互相尊重、共同合作，新媒体新闻工作者可以更好地利用资源，提高新闻报道的质量和深度，为受众提供更丰富、更有价值的信息内容。同时，这种合作也有助于规范新媒体新闻传播秩序，防止信息的恶意篡改和不实传播，维护社会公共利益。

总之，只有在竞争与合作并存的环境中，新媒体新闻传播才能实现其本质意义，为受众提供准确、客观、及时的新闻信息，促进社会的进步与发展。因此，新媒体新闻工作者应当以开放的心态，积极主动地寻求与其他媒体的合作，共同推动新媒体新闻行业的健康发展。

（五）加强新媒体新闻工作者的自律

在当今社会，新闻传播是信息传递和社会互动的重要方式之一，然而，由于竞争以及各种社会原因，新闻传播过程中往往会出现一些违反社会道德、侵犯国家、社会以及他人权利和利益的行为。这些行为的存在需要公众的监督和法律规范的约束，同时也需要广大媒体从业者的自律。

首先，新媒体新闻工作者应该坚守新闻职业道德。作为信息传递者和舆论引导者，他们应该秉持客观、公正、真实的原则，不偏不倚地报道事实，不加以歪曲或断章取义。在面对诱惑和压力时，他们应该保持清醒的头脑，不受利益驱使，始终以公共利益为先。

其次，新媒体新闻工作者应该提升自身的专业素养。新闻报道涉及广泛的领域,需要新闻工作者具备扎实的专业知识和敏锐的观察力。他们应该不断学习,保持对新闻行业发展的敏感度,提升自己的写作能力和采访技巧,以更好地满足公众的需求。

再次,建立健全的自律机制也是加强新媒体新闻工作者自律的重要途径。可以通过成立新闻行业协会、设立自律委员会等方式,对新媒体新闻从业者的行为进行监督和约束,制定行业规范和准则,明确职业道德底线,加强对不当行为的惩戒和处理,提升行业的整体素质和声誉。

最后,加强对新媒体新闻工作者的培训和教育也是必要的。通过举办专业培训班、开展职业道德教育等方式,帮助新闻工作者树立正确的新闻观念,强化对职业操守的认识,培养良好的职业素养和道德情操,提高他们应对复杂局面和诱惑的能力[1]。

---

① 张萍. 新媒体与新闻传播发展研究 [M]. 北京:北京工业大学出版社,2021.

第五章　新媒体环境下新闻传播受众

在新媒体环境下，新闻传播受众的角色与特征发生了深刻变化。数字化媒体的兴起使得受众不再是被动接收信息的对象，而是具有互动性和参与性的主体。他们通过社交媒体、在线论坛等平台积极参与新闻话题的讨论和传播。受众的多样性和个性化需求也成为新闻传播的重要考量因素。

第一节　受众概述

一、何谓受众

在传播学中，"受众"是一个关键概念，通常用来描述接收和理解特定信息的人群。这个术语源自英文"audience"，最初随着西方传播学的引入而进入中国。在港台地区，"audience"通常被翻译为"阅听人"或"阅听众"。然而，一些人认为这个翻译在某种程度上淡化了"受众"概念中所蕴含的被动色彩，因为"受"字暗示了信息接收者的被动性。相比之下，"阅听人"或"阅听众"这样的翻译更加强调了信息接收者的主动性。

传统观念中，受众被视为接受信息的被动对象，是大众传播过程中的靶子或受体。随着数字新媒体时代的到来，这种观念发生了根本性的变化。数字新技术，尤其是互联网技术的发展，赋予了受众参与内容生产和信息传播的自主性，从而极大地改变了受众的角色和功能。

在过去，传统的受众角色主要表现为被动的信息接受者、消费者和目标对象。随着数字新媒体的兴起，这一角色被赋予了更多的主动性和多样性。受众不再只是简单地接受信息，而是成为了信息搜索者、咨询者、浏览者、反馈者、对话者，甚至是交谈者等多种角色中的任何一个。

今天的受众已经不再局限于传统媒介如报纸、广播和电视等的读者、听众和观众。他们也不再只是单纯的信息接受者，而是数字新媒体中充满活力的用户或网民，是主动的信息传播者。

因此，新媒体新闻的受众不再仅仅是被动地接受信息，而是积极地获取和塑造新消息，从而成为信息传播过程中不可或缺的重要角色。在这个数字时代，受众已经不再是被动的对象，而是信息传播的积极参与者和推动者。

二、受众的特征

（一）众多

在当今信息时代，新闻传播的受众群体规模庞大，其特征之众多，呈现出多样化和复杂化的趋势。以中国为例，尽管确切的统计数据尚未得到确认，但根据广播电视媒体的覆盖情况可以推断，我国的受众规模是相当庞大的。

2024 年 2 月 29 日，国家统计局发布 2023 年国民经济和社会发展统计公报。统计公报显示，2023 年年末，我国有线电视实际用户 2.02 亿户，其中有线数字电视实际用户 1.93 亿户，年末广播节目综合人口覆盖率为

99.7%，电视节目综合人口覆盖率为99.8%。全年生产电视剧156部4632集，电视动画片93811分钟。生产故事影片792部，科教、纪录、动画和特种影片179部。这是世界上最大的单一市场受众群之一。这个庞大的受众群体涵盖了各个年龄段、不同地域、不同文化背景和社会地位的人群，具有极为多样化的特征。

对于国际传播而言，国际传媒机构面对的是更为复杂的跨国受众群体。这些受众涵盖了不同国家和地区的人群，拥有不同的语言、文化、价值观念和生活习惯。尽管受众之间存在差异，但其总体规模同样庞大，需要传播者更加细致入微地了解和把握。

在新闻传播过程中，了解受众的特征对于传播效果至关重要。不同的受众群体可能对同一信息有不同的接受程度和理解方式。因此，针对不同受众群体制定差异化的传播策略至关重要。这包括选择适合不同受众的传播渠道、采用不同的语言和表达方式，以及针对特定受众需求定制内容等方面。

（二）混杂

大众传播的受众群体是一个充满多样性和混杂性的群体，他们涵盖了各个年龄段、性别、文化背景、教育水平和社会地位。从广播到电视，再到国际传播，这种多样性和混杂性在不同的传播媒介中表现得尤为突出。

首先，在广播和电视等传统媒体中，受众的多样性体现在各个方面。无论是男性还是女性，无论是年轻人还是老年人，都可能成为这些媒体的受众。他们可能来自不同的文化背景，拥有不同的教育水平和社会经济地位。例如，在观看春节联欢晚会或特别节目时，我们会看到各个年龄段的人群聚集在一起，不分长幼、无论尊卑，共同享受节日的氛围。即使有针对特定对象的节目或专业性媒体存在，但其目标受众的构成和兴趣也不可能完全相同，因为受众群体的多样性决定了他们的需求和偏好各不相同。

其次，国际传播的受众更是呈现出了极大的多样性和混杂性。在国际传播中，受众来自不同的文化背景、不同的语言圈子和不同的国籍。这意味着传播者需要考虑到不同文化之间的差异，以及语言和传播方式上的障碍。在跨文化传播中，适当地理解和尊重受众的文化背景和价值观是至关重要的。只有这样，才能更好地实现跨文化传播的目标，避免误解和冲突的发生。

（三）分散

大众传播作为一种重要的信息传递方式，将受众分散在全球各地，形成了一个分散但又紧密相连的网络。这种分散性不仅体现在地域上，也包括了社会背景、文化认同等多个方面，构成了一个复杂多样的受众群体。

首先，大众传播的受众分布广泛，涵盖了全国乃至全球的各个地区。无论是东南西北，还是边疆内陆，无论是城镇还是乡村，都有受众的身影。这些受众彼此之间可能互不相识，分隔在不同的地域，没有直接的接触，但却因为大众传播的存在而形成了一种特殊的联系和群体感。

其次，大众传播连接了世界的每个角落，使得信息可以在不同地域、不同文化之间自由流动。通过电视、广播、互联网等传播媒介，人们可以跨越地域的限制，获取来自世界各地的新闻、信息和文化内容。这种全球化的传播使得受众能够了解和关注到全球范围内的事件和议题，促进了跨文化交流和理解。

最后，大众传播的分散性也促进了社会的多元化和包容性。不同地域、不同文化背景的受众可以通过传播媒介获取到各种不同的信息和观点，从而形成了更加多元化的社会意识和认知。这有助于打破地域的局限性，促进了社会的交流和融合，使得社会更加开放和包容。

（四）隐匿

大众传播中的"传—受"模式使得传播者和受众之间存在着信息的不对称性，同时也带来了受众的匿名性。这种隐匿性使得传播者往往无法准确了解受众的具体特征和需求，而受众则对传播者了如指掌，这在一定程度上影响了传播的效果和效率。

首先，大众传播中的信息传递是不对称的。相比于人际传播中的面对面交流，大众传播中的传播者往往无法直接了解受众的反馈和需求。即使通过反馈机制能够提供受众群的整体概况，但仍难以反映个体受众或者分众的具体详情。这种信息的不对称性导致了传播者在制定传播策略时难以精准地把握受众的需求和反应，从而可能影响传播效果的达成。

其次，大众传播中的受众往往处于匿名的状态。传播者虽然身处明处，但对于受众的具体特征和身份却了解有限。受众可能身在暗处，匿名隐藏，传播者无法确切地了解到他们的年龄、收入、兴趣爱好等个人资料。相比之下，受众对于传播者的信息却可能了如指掌，包括其身份、年龄、职业等。这种信息的不对称性使得传播者很难根据受众的个性化需求来进行精准的传播，而受众则对传播者的背景和动机存在着更多的了解和猜测。

（五）相对自由

在新闻传播中，受众的特征之一就是相对自由。传播者与受众之间的关系是松散而弹性的，受众具有一定的自主性和自在性，可以根据个人意愿在不同的时空、传媒和内容之间自由选择和流动。这种相对自由的特征既体现了受众的主动性和能动性，也为传播者提供了挑战和机遇。

首先，传播者对受众的信息接受没有强制力和约束力。受众可以在任何时空条件下自愿选择接受任何传播内容，而传播者不能强制或半强制受众接受其传播的信息。这意味着受众在新闻传播过程中具有一定的自由度，可以根据自己的兴趣和需求选择性地接受或拒绝信息，从而保持了信息传播的自主性和多样性。

其次，传播者与受众之间的关系是松散、弹性和有张力的。虽然受众在信息传递中处于比较被动的接收端，但并不意味着他们完全受制于传播者。受众可以根据自己的意愿和需求自由选择传播内容,而传播者则需要通过提供能够满足受众兴趣和需求的内容来吸引受众,从而取得一定的传播效果。这种相对自由的关系使得传播者需要更加注意受众的反馈和需求,以适应受众的选择性和多样性。

受众的自主性与自在性在新闻传播中得到了充分展现。他们可以根据自己的意愿和需求在不同的时空、传媒和内容之间自由流动和选择,这也是他们发挥主动性和能动性的前提之一。传播者需要认识到受众的这种自由性,通过不断提升内容质量和吸引力来赢得受众的青睐和信任。

(六)与传播者时空分离

在新闻传播领域,传播者与受众之间存在着一种与面对面人际传播不同的特殊关系,即时空分离。传播者与受众不可能同时共处于同一时空,他们在时间和空间上相互分离。这种分离并非是传播过程中的阻碍,而是为受众在不同时空、传播渠道和内容之间自由流动提供了基础。

随着传播技术的发展,尤其是录制和存储技术的不断进步,传播内容可以被对象化为纸质或电子化的物质,使其自在于时间的流逝。即使是现场直播,也不完全能实现"零时间差",通常都会存在一定的延时。这种技术进步不仅使传播者能够摆脱面对面传播的空间限制,而且为他们提供了更广阔的传播疆域,使他们的触角能够伸得更远。

传播者与受众的时空分离,为受众提供了在不同时间、空间和传播渠道中自由选择和流动的机会。无论受众身处何地,都可以通过各种媒介接触到传播内容。这种自由流动的特征使得受众能够根据个人兴趣和需求,灵活选择他们感兴趣的信息和渠道进行接收。

受众的自由流动不仅使他们能够获得更广泛的信息,也为传播者提供了更大的传播机会和挑战。传播者需要通过不同的传播渠道和内容吸引受众的注意力,从而获得更好的传播效果。在这种时空分离的背景下,传播者需要不断创新和改进传播策略,以适应受众的多样化需求和选择。

　　总之，新闻传播受众的特征之一是与传播者时空分离。这种分离不仅为受众提供了自由流动的机会，也为传播者提供了更广阔的传播平台。在传播者与受众时空分离的背景下，双方都需要不断调整和适应，以实现信息传播的有效性和良好效果[①]。

三、新闻传播受众的差异性

　　传播学早已深刻探讨了信息传递与受众接受之间的关系，而克劳斯提出的受众分层观点更是在这一领域中引起了广泛的关注和讨论。根据克劳斯的观点，受众可以划分为三个层次，每个层次都呈现出不同的特征和影响程度。

　　首先，克劳斯将受众的第一层次定义为特定国家或地区内能够接触到传媒信息的人群。这一层次的受众具有最广泛的范围，涵盖了整个国家或地区内的人口，仅仅接触到传媒信息并不意味着他们就会被其影响。因此这一层次的受众更多地体现了传播的潜在覆盖面，而非实质性影响。

　　其次，克劳斯提到了对特定传媒保持定期接触的人，比如定期阅读报纸或观看特定电视节目的观众。这类受众在传播过程中扮演着更为积极的角色，他们通过频繁的媒介接触建立了稳定的关系，成为了传媒的定期受众。这些人对传媒信息的接受程度更高，可能会在一定程度上受到其影响。

　　最后，克劳斯将第三层次的受众定义为在态度或行动上实际接受了媒介影响的人。这部分受众被视为有效受众，因为他们在行为或态度上展现出了明显的媒介影响。这可能表现为他们对某一主题或观点的态度转变，或是他们采取了与媒介信息相关的具体行动。这些受众体现了传播的实质性效果，是传媒传播成功的重要标志。

　　受众的差异性主要体现在个人的背景、文化、心理、生理和地域等诸多方面。不同的个体在接受媒介信息时会有不同的态度和反应，这一差异性决定了传播效果的多样性和复杂性。因此，对受众的深入了解和分析对

---

① 李良荣. 新闻学概论 [M]. 7 版. 上海：复旦大学出版社，2021.

于媒介传播的成功至关重要，只有通过深入挖掘受众的特征和需求，才能更好地实现信息传递的有效性和精准性。

（一）受众的背景差异

每个受众都是一个复杂而独特的个体，其接受新闻传播的方式和态度受到诸多因素的影响。这些因素包括但不限于年龄、个人观念、兴趣爱好、阅历经验、经济收入和社会经验，以及民族、地域、阶级、宗教和职业等背景因素。这些方面的综合影响塑造了受众的多样化心理和行为特征。

深入了解受众、掌握其心理和行为特点，是新闻报道的必然要求。现代受众生活在工业化文明的环境中，他们在日常生活中受到各种物质欲望的影响，同时也承受着社会环境对个体和群体的影响。在这样的背景下，受众的观念和态度受到个体因素和群体影响的调节。

在当今数字化、全球化的社会中，新闻传播受众的背景差异愈发显著。这些差异不仅来自于地理位置、文化习惯，还涉及社会经济地位、教育水平等多方面因素。

地理位置和文化背景是塑造受众观念和态度的关键因素之一。不同地区的人们生活在不同的文化氛围中，他们对于新闻事件的关注点、理解方式和态度可能截然不同。例如，西方国家和东方国家对于同一事件的看法可能存在巨大差异，这反映了地域文化的影响力。

社会经济地位也是塑造受众背景的重要因素。相比之下，高收入阶层可能更倾向于关注商业新闻、科技进展等与他们经济利益息息相关的话题，而低收入阶层则可能更关心社会福利、劳工权益等问题。因此，新闻媒体在选择报道内容时需要考虑到不同社会经济地位人群的需求。

教育水平直接影响了受众对于新闻事件的理解和评价。受过高等教育的人可能有更强的批判性思维和信息处理能力，他们更可能深入分析新闻报道，形成独立的观点。相反，教育水平较低的人可能更容易受到媒体的影响，容易被情绪化或偏见所左右。

种族和宗教也是影响受众背景的重要因素。不同种族和宗教群体可能有着不同的价值观和信仰体系，这将直接影响他们对于新闻事件的态度和看法。例如，在涉及宗教冲突或种族歧视的报道中，受众可能会出现明显的分歧和偏见。

新闻传播受众的背景差异是一个复杂而多维的问题，需要媒体和新闻从业者充分认识并加以应对。在报道新闻时，应该充分考虑到不同受众群体的需求和特点，避免片面或偏颇的报道，提高新闻传播的针对性和有效性，促进社会的理解和和谐。

（二）受众的文化差异

受众的文化差异在新闻传播领域中扮演着重要角色。人们所处的文化环境不仅塑造了他们的价值观和认知模式，也影响着他们对信息的接受和理解方式。研究表明，教育程度与新闻偏好之间存在密切关系。通常来说，受过高等教育的人更倾向于阅读严肃的专栏文章和深度报道，而较少关注娱乐性内容。此外，年龄也是影响受众选择新闻内容的重要因素，年长者更偏好接触严肃、深度的新闻，而年轻一代则更倾向于娱乐性和轻松的内容。然而，尽管教育程度和年龄是影响受众偏好的主要因素，但个体差异仍然存在，因为每个人的文化涵养和生活经历都是独一无二的。另外，随着社会的不断发展和变迁，人们的生活方式也在不断多元化，这进一步加深了受众之间的文化差异。

在全球化和多元化的时代背景下，新闻传播受众的文化差异日益凸显，这一现象在媒体与数字技术的发展中愈加显著。文化差异影响着受众对信息的接受、理解和反应，对新闻媒体和内容提供者提出了更高的要求和挑战。

语言是文化的核心载体之一，不同地区、民族和国家的受众使用不同的语言进行交流。因此，新闻媒体在传播过程中需要考虑到不同受众群体的语言习惯，提供多语种的报道和服务。此外，不同文化背景下的表达方式和隐喻也会影响受众对信息的理解和接受程度。

不同文化背景下的受众可能有着不同的价值观和信仰体系，这直接影响了他们对新闻事件的态度和看法。例如，在某些宗教文化中，对于道德、家庭和社会责任的理解可能与西方文化有所不同，因此对同一事件的评价也可能存在差异。

社会习惯和传统也是文化差异的重要表现形式。不同地区和国家的受众在面对新闻报道时可能会受到自身传统文化的影响，对于报道内容的接受和评价存在差异。例如，在一些保守的社会中，对于性、政治等敏感话题的报道可能会受到限制或谴责。

不同文化背景下的受众对媒体的消费习惯也存在差异。例如，一些地区的人们更习惯于通过电视新闻获取信息，而另一些地区的受众则更喜欢通过社交媒体或网络新闻平台获取信息。这种差异不仅影响了媒体的传播方式，也影响了内容的呈现形式和选择。

（三）受众的心理差异

受众的心理差异在信息传播中起着至关重要的作用。每个人都有独特的个性心理特征，这些心理因素会影响他们对信息的接受和理解方式，从而导致受众之间的能力差异。举例来说，一些人可能比较固执，对自己的观点坚持不懈，而另一些人则更容易接受他人的意见和劝说，愿意调整自己的观点。此外，个体的性格特征也对信息处理产生影响。内向的人可能更倾向于接受他人的劝说，而爱固守传统的人则更难接受外界观点的改变。

在信息爆炸的时代，新闻传播的重要性愈发凸显。然而，不同的受众群体在接收、理解和反应新闻时存在着显著的心理差异。这些差异不仅影响着受众对新闻内容的感知，还直接影响着他们对社会事件的态度和行为。因此，了解和研究新闻传播受众的心理差异具有重要的理论和现实意义。

人们在处理信息时存在不同的认知风格，包括对细节的关注程度、对整体的把握能力以及善于逻辑思维还是直觉思维等。一些人更倾向于深入思考和分析，而另一些人则更注重整体把握和直觉判断。这种认知风格的差异影响着受众对新闻事件的理解和评价。

情绪状态对新闻传播受众的影响不可忽视。人们在不同的情绪状态下对同一事件可能会有不同的看法和反应。例如，在愤怒或焦虑的情绪下，人们更容易对负面新闻产生共鸣和反应，而在愉快或放松的情绪下，人们更愿意接受积极正面的新闻。

个体的心理特质也会影响其对新闻的接受和反应。比如，一些人更具有开放性和探索性，更愿意接受新鲜事物和多样化的信息，而另一些人则更倾向于保守和稳定，更愿意接受传统和熟悉的信息。

人们的社会身份和认同也会影响其对新闻的看法和反应。不同的社会群体可能对同一事件有不同的解读和评价，这与其所处的社会地位、文化背景以及社会认同密切相关。

这些心理差异决定了受众在信息选择和处理上的不同偏好，影响着他们对信息的选择和解读。因此，了解受众的心理差异，对信息传播者而言至关重要。只有充分了解受众的心理特征，才能更好地针对不同群体提供信息，并采取有效的传播策略，以确保信息的传达和接受效果最大化。

（四）受众的生理差异

不同年龄和性别的人在选择新闻报道时确实存在明显的差异。各个年龄层的受众都有着独特的文化心理特点和需求，以老年人为例，一般来说，他们养成的视听阅读习惯较为稳定，难以改变。大多数的老年受众都习惯关注新闻，将其视为维系社会联系、了解世界动态的重要途径。这种关注新闻的好传统，不仅反映了老年人对社会发展的关注和责任心，也反映了他们对信息获取的渴求和需求。相对而言，老年受众可能更倾向于关注与生活息息相关的社会新闻、健康医疗信息以及家庭生活等内容，而对于时事政治等较为复杂的议题可能关注度较低。

此外，性别也是影响新闻偏好的重要因素之一。一般而言，男性可能更倾向于关注政治、经济、科技等硬性新闻，而女性则更注重家庭、社会、文化等软性新闻。这只是一般趋势，个体差异仍然存在，因为每个人的兴趣爱好和需求是不同的。

因此，针对不同年龄和性别的受众，新闻传播工作者应该根据其特点和需求，提供多样化、丰富化的新闻内容，以满足受众的阅读需求，实现信息的精准传达和接受。

（五）受众的地域差异

地域文化差异对受众群体的影响是显而易见的。这种差异主要源于地域形成的文化模式和地理环境的差异，而最显著的体现在城乡差异和东西部差异上。

首先，城乡差异是地域文化差异的重要表现之一。在城市地区，人们通常生活节奏快，信息获取和娱乐需求较高。他们更倾向于关注时事新闻、社会动态以及文化娱乐等多元化内容。相比之下，农村地区的生活节奏较为缓慢，人们对信息的需求相对较低，更注重传统生活方式和社区关系。

其次，中国东西部存在着明显的地区差异，这也导致了受众对新闻报道的需求有所差异。在东部发达地区，人们对信息消费和娱乐的要求较高，更倾向于接触时尚、科技和经济类新闻。而在中西部相对欠发达地区，生活节奏较为缓慢，人们更注重传统价值观和日常生活，对于新闻的关注度可能相对较低。

不同地域的文化差异使得受众对新闻报道的需求有所不同，因此，对地域文化差异的正确认识是优化传播效果的关键。新闻传播工作者需要深入了解不同地区受众的文化特点和需求，有针对性地进行内容选择和传播方式的调整，以确保信息能够精准地传达到受众，从而提升传播效果和影响力。

四、新闻传播受众的重要性

（一）受众是新闻信息传播的目的地与新闻价值的实现者

在当今信息爆炸的时代，新闻作品不仅仅是为了报道事实，更是为了传达价值和观点。这其中蕴含着新闻的双重价值：一是新闻事实本身的价值，二是新闻工作者所创造的价值。这些价值的实现并非自然而然，而是需要依靠受众的参与与接受。新闻报道的价值体现在其内容所包含的事实真相和新闻工作者所付出的努力之中。这些价值只有在进入受众的视野，经他们阅读、收看、收听后，才能得以实现。受众在新闻传播过程中扮演着至关重要的角色，他们的接受与参与决定了新闻价值的最终实现[1]。

如果一篇新闻报道不能被受众接受，无论其内容多么真实、有价值，都将无法实现其价值。因此，新闻传播活动中的传播者和接受者紧密相连，受众成为信息传播的主要方面，同时也是决定信息传播内容与形式的关键因素。

受众的接受与参与不仅仅意味着阅读、观看或收听，更包括了对新闻内容的理解、反思和回应。在数字化时代，受众不再是被动的信息接收者，他们更多地参与到新闻报道的生产和传播中。社交媒体、网络论坛等平台为受众提供了表达观点和意见的渠道，使他们成为新闻报道的互动参与者。

因此，要想实现新闻价值，就必须重视受众的需求和反馈，充分考虑他们的阅读习惯、兴趣爱好和文化背景。新闻工作者应该不断地调整报道的内容和形式，以更好地满足受众的需求，增强他们的参与感和认同感。

---

① 张文红. 新媒体时代下的新闻出版教育研究 [M]. 北京：中国传媒大学出版社，2017.

（二）受众是主动"寻觅者"

在当今信息爆炸的时代，新闻传播已经不再是单向的信息传递，而是一种双向互动的过程。受众不再是被动接收信息的对象，而是具有独立性和主动性的主体，他们成为了主动"寻觅者"，对传播媒介和内容进行选择、接收和判断。

受众在新闻传播中扮演着至关重要的角色，他们不再盲目地接受所有信息，而是有选择地接收，从而展现了其独立性和主动性。随着受众文化水平的提高，他们对信息传播的选择意识也越来越强。他们更加注重获取具有价值和可信度的信息，对于带有明显教化意味的信息则表现出强烈的抵触。

现代受众不再被动地接收信息，他们更倾向于主动地寻找符合自身需求和兴趣的内容。他们会通过不同的渠道获取信息，如社交媒体、新闻网站、电视节目等，然后进行筛选和判断。只有当信息与他们所认同的观点、价值观相符时，传播活动才能够发挥其影响力。

因此，新闻传播者需要更加关注受众的需求和偏好，不断调整传播内容和形式，以吸引受众的注意力并赢得他们的信任。同时，新闻媒体也需要不断提高自身的专业水平和公信力，确保所传递的信息真实、准确、客观，从而赢得受众的认可和支持。

（三）受众是媒介自身生存发展的保障

随着新闻传播业的市场化发展，受众的角色逐渐由被动的信息接收者转变为媒介生存发展的关键保障。在这个信息爆炸的时代，受众的多样化需求和消费形态不断演变，使得大众传播成为一种越来越被人们接受的产业观念。

传播者的经济利益与受众之间建立了直接联系，这使得受众的地位从过去的消极的教育对象转变为被服务的主体。不仅在同一种类的媒体内部存在着近乎白热化的竞争，不同类型的媒体如广播、电视、报纸和网络等也在争夺受众的注意力和支持。

在这种情况下，将受众置于传播活动的核心地位变得至关重要。那些不以受众为本位进行传播活动的媒体，可能会失去受众的支持，进而丧失其自身存在的价值。因此，新闻传播者需要不断适应受众的需求和变化，制定更加精准的传播策略，以吸引受众的关注和认可。

受众的多样性意味着传播媒介需要更加灵活地调整自身内容和形式，以满足不同受众群体的需求。这也促使媒体更加关注内容的品质和真实性，提升自身的竞争力和吸引力。只有真正理解并尊重受众，才能够在激烈的市场竞争中立于不败之地，保障媒介的生存和发展。

第二节　新媒体环境下受众理论分析

一、"大众"受众观

在现代工业化社会中，大众（mass）这一概念代表着脱离了传统纽带的、相互依赖却又陌生的群体形态。大众具有规模庞大、分散、匿名和无根性的特点，与有组织性的社会群体、松散的群集以及具有政治自觉意识的公众有所区别。美国社会学家赫伯特·布卢默将"受众"视为一种新型集合体，称之为"大众"，强调其形成是现代社会各种因素相互作用的结果。这一大众受众观也面临着传统观念与现代挑战的交汇。

传统观念中的"大众"受众常常被理解为一个相对统一、集中的群体，其特征主要是大规模、同质性和被动性。这种观念源自于早期大众传媒时代，当时传播媒介主要是报纸、广播和电视，信息的传递是单向的，受众的选择和参与度较低。因此，"大众"受众被认为是容易被操纵和控制的对象，其行为和观念容易受到外部信息的影响。

随着信息技术的快速发展和互联网的普及，传统的"大众"受众观正在经历着深刻的变革。现代社会中的受众更加多样化和分散化，他们拥有不同的兴趣、需求和价值观，参与度和选择权也得到了大幅提升。互联网和社交媒体等新兴媒介使得信息传播变得更加多样化和去中心化，受众可以自主选择他们感兴趣的内容，并通过各种方式进行互动和参与。

因此，现代"大众"受众不再是一个单一的群体，而是由各种不同群体和个体组成的复杂网络。他们之间存在着多样性和差异性，同时也具有一定的主动性和参与性。这种多样性和分散化给传统的"大众"受众观带来了挑战，使其不再适用于解释和理解现代受众的行为和特征。

传统大众受众观认为，受众像盘散沙一般呈现原子态，处于单向、非人格传播的接收端，容易被操纵和控制。早期的传播效果理论，如"魔弹论""皮下注射论"，强调大众传播具有强大的影响力，将受众视为被动接受信息的对象，缺乏自主性。在批判学派看来，大众受众常被贬抑为丧失个性、缺乏自我意识的群体，受制于传媒的"心理无知"。然而，后期文化研究学派则否认了受众的绝对被动性，强调受众具有一定的主动性和选择能力，能够解读媒介文本并构建意义。

现代传播环境的变化进一步挑战着传统的大众受众观。互联网和社交媒体的兴起使得信息传播更加多样化和去中心化，受众可以自主选择感兴趣的内容，并参与互动。这种多样性和分散化的受众群体使得传统的大众受众观显得不够全面和准确。因此，我们需要重新审视和思考大众受众观的内涵和意义，更加重视受众的多样性和个体差异性，以及他们的主动性和参与性。

正如 R. 威廉姆斯所言，真正的问题不在于大众是否存在，而在于将人们视为似乎他们就是大众的一种趋势。因此，我们需要在传播研究中更加关注受众的多样性和主动性，不断探索和创新，以更好地理解和应对现代社会中日益复杂和多元化的受众需求。只有如此，我们才能更好地适应传播环境的变化，实现传播理论与实践的有效结合。

在面对这种变革和挑战的同时，我们也需要重新审视和思考"大众"受众观的内涵和意义。虽然传统的"大众"受众观在一定程度上仍然具有参考价值，但我们也需要更加注重受众的多样性和个体差异性，更加重视他们的主动性和参与性。只有这样，我们才能更好地理解和应对现代社会中不断变化的受众特征和需求。

二、"群体成员"受众观

20世纪40年代，传统的大众受众观开始受到挑战，人们逐渐认识到受众并非被动接受媒体信息的无知群体，而是受到所处社会环境和群体影响的复杂个体。拉扎斯菲尔德等人进行的著名的"伊里调查"是这一转变的重要标志。在这项调查中，研究团队原本假设大众传媒对人们的投票意向具有直接影响力，但调查发现人际传播在选民投票意向形成中发挥着重要作用。只有极少数受访者因大众传播而改变了投票意向，而更多的是受到人际传播的影响。这一发现揭示了大众传播并非唯一左右受众的力量，受众具有一定的主动性，从而引发了媒介效果有限论的讨论。

进一步分析发现，人们倾向于选择接触与自己既有政治立场和态度一致或相近的内容，而避开与自己相悖或冲突的内容。这种"选择性接触"机制反映了人们在信息获取中的偏好，而这种偏好往往受到其所属群体的价值观和规范的影响。拉扎斯菲尔德等人通过"既有政治倾向指数"（IPP指数）的分析发现，人们更倾向于接触与自己群体价值观相符的内容，这进一步加深了人们对媒介效果有限性的认识。

因此，人们的投票立场并非简单受到大众传播的影响，而是受到多种因素的综合作用。社会环境、人际传播以及个体所属群体的价值观和规范都在塑造着人们的政治态度和行为。这种对受众的重新认识不仅拓展了对大众传播效果的理解，也为政治传播和社会心理学领域提供了新的研究视角和方法。

马克思曾深刻地指出，人的本质在于各种社会关系的总和。这一观点揭示了人作为社会动物的本质，强调了个体与社会的紧密联系。从这个角度来看，受众并非孤立存在，而是分属于各种不同的社会群体，拥有各自独特的家庭背景和社会关系。这些社会群体可以按照不同的标准进行分类，包括人口统计特征如性别、年龄、籍贯、民族、职业、学历等，以及社会关系如家庭、单位、团体、政治经济和文化阶层、宗教信仰等。

不同的社会群体对传播媒介和内容有着不同的偏好和理解。在选择大众传媒和接触媒介内容时，受众往往会受到其所属群体的归属、利益和规范的制约。换句话说，社会群体的特征和价值观会影响受众对信息的接受和解读，从而塑造了他们的态度和行为。

正如传播学者丹尼斯·麦奎尔所指出的，人们的意见、态度和行为往往更多地受到所处社会环境的影响，而不是简单地受到大众传播的说服。在许多情况下，社会群体、社会关系和人际传播的作用甚至比大众传播更为有效。这表明了信息传播的复杂性和多样性，强调了社会环境对个体思想和行为的塑造作用。

因此，要深入理解受众对信息的反应和行为，不仅需要考虑大众传播的影响，还需要关注个体所处的社会环境以及其所属的社会群体。这一综合性的视角有助于我们更好地理解信息传播的机制，为传播实践和理论研究提供了重要的启示[1]。

三、"市场"受众观

随着传播技术的不断发展和传媒业的蓬勃发展，受众在传媒生态系统中的地位日益凸显，被视为传媒信息产品的消费者和市场，这就是所谓的"市场"受众观。这种观点的萌芽可以追溯至 19 世纪 30 年代，当时廉

---

① 哈罗德·拉斯韦尔. 社会传播的结构与功能 [M]. 曹静生，译. 北京：人民日报出版社，1983.

价报纸的出现催生了"新闻商品"和"读者市场"观念。从此，办报纸便不再仅仅是一项传播活动，而更像是经营工厂或企业一样，按照市场规律经营，将读者视为商品销售的对象。

在全球范围内，不同国家的传媒体制各有不同。报纸大体上分为国营和民营两种模式，而广播电视则以公共广播体制和商业广播体制为代表。美国作为全球最大的商业广播体制国家，其大众传媒一直以私人企业的形式经营，完全实行商业化操作。基本模式是，将信息产品或服务作为商品推向受众，再将所获得的受众"卖给"广告商，以换取市场生存的"养料"。

并非所有国家都采用商业化运作模式。在西欧，曾经长期实行公共广播体制的国家，近年来也开始实行公商并举的双轨制。新兴的商业广播机构以市场为导向，而一些公营广播机构也开始走向市场，将赢利作为其主要目标之一。

要赢利，就需要不断适应和满足市场消费者的各种需求，使产品或服务具备一定的使用价值和交换价值，最终实现收入回报。因此，各广播电视机构竭尽全力追求视听率，尤其是电视收视率。市场竞争十分激烈，争夺的对象自然是市场消费者，也就是传媒的受众。

在这一商业化趋势下，传媒不再仅仅是传递信息的工具，而是信息产品的制造者和销售者。传媒企业需要深入了解受众的需求和喜好，不断创新和调整自己的产品，以满足市场需求并赢得受众的青睐。而受众则成为了传媒业的重要组成部分，他们的选择和反馈直接影响着传媒产品的生产和传播。

在这个信息时代，受众不再只是被动接受信息的对象，而是拥有主动权的市场参与者。他们的喜好和选择塑造着传媒行业的发展方向，而传媒企业的成功与否取决于他们是否能够准确把握受众的心理和需求。因此，"市场"受众观的兴起不仅仅改变了传媒与受众之间的关系，也深刻影响着整个传媒产业的运作模式和发展方向。

从传统媒体向数字化媒体的转变，以及商业化发展趋势下的市场观念，已经深刻地影响了传媒业的运作机制和对受众的理解。在这个背景下，以"数字受众"为特征的商业性反馈机制逐渐占据主导地位，强力作用于传播的各个环节。这种市场化的受众观念所体现的效果意识，更多地偏向于满足于了解一般认知层面的效果，比如多少人观看了某个内容，因为这是传媒资本所关注和重视的。然而，这种观念也存在一些不足和问题。

首先，将受众简单地视为市场，容易将传媒与受众的关系简化为生产者与消费者之间的交易关系。这样一来，复杂的社会传播关系被简化为单纯的买卖关系，受众往往被视为媒介资本和广告商的"打工仔"，而忽略了受众作为社会中具有独立意识和行为的个体。

其次，将受众仅仅看作具有购买力和消费特征的人口统计学属性，也是这种观念的局限之处。这样的观点往往只关注于受众的数量和特征，而无法反映出受众内部更深层次的社会关系、文化认同和意识形态等方面的特征。这就导致了传媒在传播过程中往往忽略了受众群体的多样性和复杂性。

另外，将受众视为市场的观点也容易将传播成功与否仅仅看作是商品销售量或者收视率的高低。这样的标准往往会忽视公益性和社会效益等更为重要的指标，使得传媒在追求商业利益的同时，忽略了对社会责任和价值观的考量。

因此，我们需要更加全面地理解受众，不能简单地将其视为市场中的消费者。传媒业应该更多地关注于受众的多样性、个体特征以及社会意识形态等方面，从受众的角度出发审视问题，注重公共领域和社会关系中的受众，而不仅仅是市场化的数字受众。只有这样，传媒才能更好地履行其社会责任，实现良性发展与社会效益的双赢[①]。

四、"权利主体"受众观

在传统的传媒理论中，传媒常常被视为拥有话语权和控制权的主体，

① 陈丽芳. 新媒体时代新闻传播研究 [M]. 沈阳：辽宁人民出版社，2020.

而公众则被视为被动接受信息的客体。然而，随着信息时代的来临和社会的发展变迁，这种传统观念正在逐渐被挑战和重新审视。

传统上，传媒被视为主导着公众舆论和思想的形成，而公众则被动接受传媒所呈现的信息。然而，在"权利主体"受众观中，受众不再仅仅是信息的接受者，而是拥有话语权和选择权的主体。这意味着受众有能力参与信息的生产、传播和解读过程，能够通过各种渠道表达自己的观点和诉求，从而影响传媒的行为和态度。

信息技术的快速发展为"权利主体"受众观的兴起提供了重要支撑。互联网、社交媒体等新兴技术使得信息传播的门槛大幅降低，任何人都可以成为信息的生产者和传播者。这种去中心化的传播格局赋予了受众更多的权利和话语权，同时也挑战着传统传媒的话语权和控制权，推动着传媒与受众之间的关系发生深刻变革。

随着信息社会的到来，媒介素养的提升变得至关重要。媒介素养不仅仅是指对传媒技术的掌握和运用，更包括对信息的辨识、分析和评价能力，以及对自己在信息传播中的角色和责任的认识。通过提升媒介素养，可以培育公众的"权利主体"意识，使他们能够更加积极地参与到信息传播的过程中，推动传媒与受众之间的互动和对话。

"权利主体"受众观的兴起标志着传媒与受众之间关系的重新定义和重构。未来，传媒应该更加重视受众的需求和意见，建立起与受众的良好互动机制，实现传媒与受众的共生共赢。同时，受众也需要不断提升自身的媒介素养，积极参与到信息传播的过程中，发挥自己的话语权和选择权，共同推动社会信息的健康发展。

（一）传播权

在信息时代，传播权是一个备受关注的重要概念。它涉及信息传播的渠道、方式以及控制权的问题，对于社会发展和个人权益都具有重要意义。

传播权指的是控制和影响信息传播的权利和能力。在过去,传播权主要由少数媒体机构或政府掌握,他们通过报纸、电视、广播等传统媒体渠道来传播信息。随着互联网的普及和新媒体的崛起,传播权的格局发生了巨大的变化。现在,任何人都可以通过社交媒体、博客、视频平台等渠道来发布信息,这使得传播权更加分散和民主化。

传播权的变化对社会产生了深远的影响。首先,它加速了信息的传播速度和范围。通过互联网和社交媒体,信息可以在瞬间传播到全球各地,使得人们可以更快地获取和分享信息。其次,传播权的民主化使得更多声音得以表达。传统媒体主导的传播格局被打破,个人、小组和非传统媒体也有了发声的平台,这有助于促进言论自由和多元化。然而,传播权的分散也带来了一些问题,例如信息的真实性难以保证、信息过载导致信息质量下降等。

随着传播权的变化,一些相关的议题也日益凸显。首先是信息监管和治理的问题。如何平衡言论自由和信息的质量、真实性成为了亟待解决的难题。其次是数据隐私和信息安全的问题。在信息爆炸的时代,个人的隐私和数据安全面临着越来越大的挑战,如何保护个人信息成为了亟待解决的问题。最后是信息传播的公平性和公正性问题。在传播权民主化的过程中,如何保障信息传播的公平性,防止信息被操纵和篡改,成为了一个需要思考和解决的问题。

总之,传播权是信息时代的重要概念,它影响着信息传播的方式、速度和范围,对社会发展和个人权益都具有重要意义。在传播权的变化过程中,我们需要不断思考和探索,以促进信息传播的健康发展和社会的进步。

(二)知情权

知情权,又称知的权利,是指社会成员获取有关社会生活的各种有用信息的权利。从广义上讲,这意味着人们可以获取到满足他们在社会中生活所需的各种信息。而狭义上,知情权则指的是公民对于国家的立法、司法和行政等公共权力机构活动,以及国内外重大事件和其他社会公共信息所拥有的知情和知悉的权利，被视为公民的一项基本政治权利。

"知情权"这一概念最初由美国合众社总经理肯特·库珀（Kent Cooper）于 1945 年提出。在他于 1953 年出版的《人民的知情权》一书中，他将知情权定义为民众通过新闻媒介了解政府工作情况的法定权利。知情权与传播权相对应，被认为是从传播权即言论自由权中引申出来的一项"潜在"的权利。这两项权利都源于 17 至 18 世纪资产阶级革命时期的"天赋人权"和"主权在民"学说，成为了现代社会人权与民主原则的重要内容。

总的来说，知情权在现代社会中具有重要的意义。它不仅保障了公民对政府和其他公共机构活动的监督，也促进了社会的透明度和公开性。知情权的实现需要依靠各种传播媒介的作用，包括新闻媒体和社交媒体等。因此，保护和促进知情权的实现，对于建设信息公开、民主和法治的社会具有重要意义。

（三）传媒近用权

传媒作为社会信息传递的重要工具，承载着巨大的权力与责任。近年来,随着科技的进步和传媒行业的快速发展,传媒近用权的话题备受关注。这一议题涉及传媒对信息的选择、呈现和解释，以及其对公众舆论、社会思潮的影响，具有重要的理论和现实意义。

传媒近用权指的是传媒机构或个人在信息传播中所拥有的权力，包括对信息的选择、编辑和呈现方式等方面。在传统媒体时代，传媒的近用权往往集中在少数大型媒体企业或政府控制的机构手中。这种集中式的近用权结构，容易导致信息的单一化和偏颇化，影响了公众获取多元化信息的权利，也可能滋生舆论操纵和信息控制等问题。

随着新媒体技术的兴起，传媒近用权的格局发生了变化。互联网的普及和社交媒体的盛行，使得信息传播的门槛大幅降低，个人和小型组织也能参与到信息传播的过程中。这种去中心化的传播格局,一方面增加了信息的多样性和丰富性,另一方面也带来了信息真实性和可信度的挑战。在这样的环境下,传媒近用权更加分散,但信息的真实性和客观性也更容易受到挑战。

传媒近用权不仅仅是一种权力,更是一项重大的责任。传媒作为信息传递的桥梁和社会舆论的引导者,其言论和行为直接影响着公众的思想观念和行为选择。因此,传媒在行使近用权的同时,必须承担起相应的社会责任和道德义务。这包括尊重事实、客观公正地报道事件、保护公众利益、维护社会和谐等方面。

为了更好地发挥传媒近用权的积极作用,需要从多个方面进行改革和进步。首先,需要加强对传媒从业人员的职业道德和素养培养,提高其意识和责任感。其次,应建立健全的法律法规和行业规范,规范传媒行业的行为准则和标准。同时,还需要加强对传媒机构的监管和监督,确保其行使近用权的合法性和合理性。最后,倡导多元化、开放式的传播环境,鼓励公众参与到信息传播的过程中,实现信息的共享和交流。

传媒近用权是一个复杂而重要的议题,涉及权力与责任、自由与规范、创新与保守等多重因素。唯有在不断完善制度机制、提升从业人员素质、弘扬社会责任意识的基础上,才能实现传媒近用权的良性发展,为社会进步和人民幸福做出更大的贡献。

"权利主体"受众观的强调对传播研究产生了潜移默化的影响,这一观点凸显了受众在传播过程中的权利和参与角色。从有限效果论之后的一些研究中,我们可以略窥一二这种影响所折射出的效果意识。在传播研究领域,诸如议程设置理论、第三人效应等理论的探讨,以及将研究视角从传播者转向受众的使用与满足理论,都反映出了对受众权利主体地位的关注。

特别是,麦奎尔提出的"协商式媒介影响"理论强调了受众对信息的主动解码在传播效果中的重要性。这一理论观点从侧面反映出,传播研究开始注重受众的权利主体地位，并将注意力转向了"社会媒介与受众"之间的多重互动关系。这种转变也导致了对仅将受众视为"大众"或"市场"的观念进行淡化和质疑。

第三节　新媒体环境下受众的心理和定位分析

一、新媒体环境下受众角色的转变

（一）受众的主体意识增强

在传统媒体的时代，受众往往扮演着被动、从众的角色。传统媒体的数量有限，掌握着话语权的媒体可以通过挖掘新闻事实，将信息传递给受众。在这种情况下，受众的角色往往是被动接受的。

随着新媒体的崛起，受众的地位和角色发生了彻底的变革。在新媒体环境下，受众的主体意识得到了极大的增强。他们不再只是被动接收信息，而是具有更多的选择权和主动性。

新媒体的多样性为受众提供了更广泛的信息来源。传统媒体、网络媒体、自媒体等各种形式的媒体都可以为受众提供信息。受众不再局限于单一的媒介渠道，而是可以从多个渠道获取信息。这种多样性为受众赋予了更多的选择权，使他们能够更好地满足自己的信息需求。

在新媒体环境下，受众不再被动地接受信息，而是可以根据自己的兴趣和偏好主动选择感兴趣的内容。他们可以通过搜索引擎、社交媒体、订阅服务等方式获取信息，还可以通过参与讨论、评论、分享等方式参与到信息的传播中去。

除了获取信息外，新媒体还为受众提供了表达自己观点和意见的平台。通过社交媒体和网络论坛，受众可以发表自己的观点，与他人进行交流和互动。这种参与性使受众不仅仅是信息的接收者，更是信息传播的参与者和推动者。

因此，可以说，新媒体的兴起不仅改变了信息的传播方式，也深刻影响了受众的角色和地位。受众不再被动地接受信息，而是成为了信息传播的主体之一。他们的主体意识得到了极大的增强，拥有了更多的选择权和参与权，为新媒体时代的信息传播注入了新的活力和动力。

（二）受众的参与性增强

在传统媒体时代，受众获取信息的途径相对单一，主要通过报纸、电视和广播等有限的媒介渠道。新媒体受众参与的体现就是通过评论、分享和互动等方式来表达自己对新闻事件的看法和观点。通过社交媒体平台，他们可以直接向新闻机构、记者和其他受众发表意见，甚至与他们进行实时的互动。这种参与形式使得受众的声音更加多元化和丰富，也提升了新闻报道的多样性和深度。

受众的参与意识不断增强，也带来了公民意识的觉醒和表达。在新媒体时代，每个人都有权利和机会表达自己的观点，参与公共事务的讨论和决策。这种开放的交流平台为公民参与政治、社会和文化事务提供了更广阔的舞台，有助于推动民主进程和社会进步。

除了参与式的信息传播外，新媒体还为受众提供了更多元化的信息来源和内容选择。通过个性化推荐算法和定制化内容，受众可以根据自己的兴趣和需求获取更加精准和个性化的信息，不再受限于传统媒体的一刀切。这种个性化服务不仅提升了受众的满意度，也促进了信息的多样化和丰富化。

在新媒体环境下，受众愿意参与到新闻信息的传播与整合过程中。他们利用个人微博、贴吧、微信等媒介渠道，发表对新闻事件的看法和评论。虽然在这个过程中存在着个人化倾向，但这也体现了受众参与意识的提升。受众不再被动地接受媒体提供的信息，而是通过自身的行动来参与和影响信息传播的过程。

值得注意的是，在自媒体时代，受众不仅仅是信息的消费者，更可以成为信息的发布者。他们可以将新闻事件的片段与自己的观点结合，发布在个人的社交媒体平台上，从而成为意见领袖和信息传播的源头。这种现象进一步强化了受众的参与意识，也为信息传播带来了更多元化和立体化的视角。

随着受众参与意识的增强，也带来了一些挑战和问题。个人化倾向可能导致信息的片面性和偏颇性，影响公共舆论的形成和传播。此外，受众参与的程度和质量也存在差异，部分受众可能更多地沉浸于情绪化的评论和争论中，而忽略了对事实的客观分析和理性思考[①]。

二、新媒体环境下受众心理的转变

（一）受众从盲信到质疑

在传统的媒体时代，信息的传播主要依赖于有限的渠道，这导致受众在接收新闻时往往缺乏多元化的视角。在这种情况下，受众的判断力容易受到媒体的引导和影响，他们往往盲目地接受媒体的观点，忽略了自身对新闻的独立评判。尽管传统媒体的报道相对较为可靠，但这种盲目从众的心态并没有促进受众价值观的健全形成。

在新媒体时代的到来改变了这一格局。新媒体的出现为受众提供了更多元化的信息获取渠道，使得他们能够从不同的角度获取新闻。在这个过程中，受众的质疑能力和批判精神得到了增强，他们不再盲目地相信单一媒体的报道，而是更愿意对新闻事实进行深入思考和独立判断。这种转变反映了受众心理的积极转变，有助于提升新闻报道的透明度和真实性，

从而净化了整个新闻环境。

更重要的是，随着受众质疑能力的增强，他们也开始更积极地参与到新闻报道中，甚至愿意成为新闻信息的发布者和组织者。这种参与意识的提升使得受众不再沉默，而是通过积极发声，寻求共同的声音，并逐渐形成了一批具有影响力的意见领袖，他们能够引导其他受众更加理性地看待新闻事件，推动舆论的形成与发展。

因此，新媒体时代下受众心理的转变，不仅有助于净化新闻环境，加强对新闻报道的监督，更为重要的是，它促进了受众参与意识的提升，推动了民主社会中舆论的多元发展。这一转变将为新闻传播的健康发展注入更多活力与动力[①]。

（二）受众从沉默到发声

在传统媒体时代，受众往往是被动的、沉默的。面对单一的信息渠道，受众很难找到共同的意见参与者，因此在新闻报道中往往是孤立无援的。然而，随着新媒体的兴起，受众的参与意识得到了极大的提升，他们愿意积极参与到新闻事件的报道中，甚至愿意成为新闻信息的发布者和组织者，这标志着受众心理的积极转变。

在新媒体环境下，受众不再被动接受信息，而是通过各种社交媒体平台积极发声，表达自己的观点和看法。他们可以在微博、微信等平台上留言评论，转发分享新闻报道，甚至撰写博文文章，从而参与到信息传播和讨论的过程中。这种参与形式为受众提供了更广泛、更自由的表达空间，使得他们不再局限于传统媒体所设定的信息边界内，而是能够自由地表达和交流。

更重要的是，在新媒体时代，受众可以通过积极发声和参与，寻求共同的声音，从而组成意见领袖，引导其他受众。一些热点事件往往会在社交媒体上引发热议，受众们通过互相交流和讨论，形成共识，逐渐形成一

---

① 刘文辉. 从"被时代"到"我时代"新媒体语境下受众身份的重构与异化 [J]. 上海交通大学学报：哲学社会科学版，2013（5）：70-75.

定的舆论倾向。这些意见领袖不仅能够影响其他受众的态度和观点，还可以引导舆论的方向和走向，成为信息传播中的重要力量。

不过新媒体时代下受众的积极参与也带来了一些挑战和问题。个人化倾向可能导致信息的片面性和偏颇性，甚至出现谣言和不实信息的传播。此外，受众参与程度和质量的不均衡也可能导致舆论的混乱和失控。因此，在积极参与的同时，受众们也需要保持理性思考和客观判断，以确保信息传播的真实性和有效性。

三、受众角色定位及其研究意义

受众定位是市场营销中的一项关键策略，旨在确定产品或服务的目标受众群体。这个过程涉及分析和理解潜在客户的特征、需求、偏好和行为，以便将营销资源有效地聚焦在最具潜力的受众群体上。通过受众定位，企业可以更精准地针对特定的市场细分，从而提高市场营销活动的效率和效果。这包括确定目标受众的年龄、性别、地理位置、收入水平、兴趣爱好、价值观念等方面的特征，以便设计出更符合他们需求的产品、制定更精准的营销策略，并将资源投入最具潜力的市场细分中去。

5G、虚拟现实（VR）、增强现实（AR）、大数据等互联网技术正深刻地改变着传媒领域的面貌，从传媒生态的供给端到需求侧都带来了巨大的变革。新媒体受众的构成结构、行为特征以及身份认同与传统媒体模式下存在明显差异。这一重大变革对于媒体行业，特别是传统媒体来说，无疑是一次艰巨而迫在眉睫的挑战。

传统媒体面临着来自新兴技术的双重冲击。一方面，互联网技术的发展使得信息传播变得更加便捷高效，新闻传播渠道日益多样化，传统媒体的地位和影响力面临着巨大挑战。另一方面，5G、虚拟现实（VR）、增强现实（AR）、大数据等技术的应用为媒体行业带来了前所未有的发展机遇，但也需要传统媒体不断创新和调整，以适应新时代的需求。

在新媒体时代，受众的行为特征和需求已经发生了根本性的变化。传统媒体习惯于线性的信息传播模式，而新媒体更注重个性化、互动性和参与性。媒体需要重新审视受众，理解他们的兴趣爱好、价值观念、消费习惯等，以更好地满足他们的需求。

在媒体融合的大背景下，精准定位受众成为了新闻产品供给侧必须面对的问题。传统媒体和新兴媒体都需要借助大数据分析等技术手段，深入挖掘受众的特征和行为，精准把握受众的喜好和需求，从而更好地定位自己的定位和策略，以保持竞争优势。

随着数字技术的快速发展和互联网的普及，新媒体已经成为人们获取信息、娱乐、交流的主要渠道之一。在这个充满竞争的新媒体环境下，了解和准确把握受众特征和需求，进行有效的受众定位至关重要。

（一）受众群体的多样性

新媒体的受众群体具有多样性和复杂性。他们涵盖了各个年龄段、职业领域、兴趣爱好和文化背景。因此，进行受众定位时，需要全面了解受众的多样性，包括但不限于年龄、性别、地域、教育程度、收入水平、兴趣爱好等方面的特征。

（二）数据驱动的受众分析

在新媒体时代，大数据技术为受众定位提供了强大的支持。通过数据分析工具和算法，可以深入挖掘受众的行为数据、兴趣偏好和消费习惯，从而更准确地把握受众特征和需求。这种数据驱动的受众分析可以帮助媒体机构更精准地定位目标受众，并为其量身定制内容和服务。

（三）用户画像的建立

建立用户画像是受众定位的关键步骤之一。通过收集和分析用户数据，可以构建出用户的详细画像，包括基本信息、行为特征、兴趣爱好、购买习惯等。这样的用户画像可以帮助媒体机构更好地理解受众，预测其行为和需求，从而精准地制定内容推送和营销策略。

（四）多渠道受众触达

在新媒体环境下，受众的获取渠道多样化，涵盖了社交媒体、视频平台、新闻客户端、博客等多个渠道。因此，媒体机构需要灵活运用多种渠道，实现对目标受众的全方位覆盖和精准触达。同时，还需要根据不同渠道的特点和受众特征，制定相应的推广和传播策略。

（五）持续优化和调整

受众定位是一个动态的过程，需要不断地进行优化和调整。随着时代变迁、科技进步和受众需求的变化，媒体机构需要及时调整受众定位策略，保持与受众的紧密联系。通过持续的数据分析和用户反馈，不断优化内容和服务，满足受众的需求，提升用户体验和黏性。

四、新旧媒体环境下媒体与受众定位差异

据《新媒体蓝皮书：中国新媒体发展报告（2023）》显示，新媒体已经是大众获取新闻信息的主渠道，互联网媒体成为受众获取资讯的首选渠道，移动端正成为媒体争夺用户资源的主赛道。

（一）传播路径之别

在传统媒体时代，信息传播往往是一种线性、单向的模式，媒体拥有对内容选取和传播方向的绝对支配权，而受众只能接受或拒绝这些信息，缺乏更多主动筛选和控制的能力。相较之下，新媒体借助大数据筛选、用户画像等先进技术手段，能够对用户进行精准分类，根据其兴趣爱好和行为特征，实现个性化推送，呈现出多元、多维、多向的显著特征。

以"澎湃新闻"为例,该媒体利用后台数据对用户进行精准画像,通过服务器每日向特定用户客户端推送可能感兴趣的 5 到 6 条新闻。随着用户对这些新闻链接的打开频率和浏览时间的反馈,推送机制进一步优化,从而加强了用户与媒体之间的互动关系,提升了用户的黏性。当重大新闻事件发生时,这一机制能够迅速提高推送的时效性,并扩大推送的覆盖面。

这种个性化推送模式不仅使用户获得了更加符合自身兴趣的信息,也使媒体能够更有效地吸引用户并留住他们的注意力。通过不断优化推送机制,媒体可以更好地理解用户需求,提供更加精准和贴近用户心理的内容,进而增强与用户的互动和信任关系。

总的来说,新媒体借助先进技术手段的个性化推送模式,颠覆了传统媒体的信息传播模式,使传媒与受众之间的关系变得更加紧密和互动,为媒体行业带来了全新的发展机遇。

(二)回馈机制之别

传统媒体长期以来在信息传播中扮演着重要角色,但其供给端与需求侧之间往往缺失反向回馈机制,导致与受众之间存在一定的隔阂。随着新兴技术的不断发展,不少传统媒体开始积极运用新技术手段,力图消弭这一壁垒,但相较于网络新媒体,其与用户之间的互动性仍显不足。

传统媒体,如报纸、电视和广播,通常采用线性传播模式,信息从媒体机构传递到受众,呈现出一种单向性的特征。在这种模式下,媒体对内容的选择和呈现具有相对较大的支配权,而受众只能被动地接受或拒绝这些信息,缺乏对内容的主动筛选和控制能力。传统媒体的互动性较低,往往难以实现与受众的真正交流与互动。

为了弥补互动性的不足,许多传统媒体开始积极探索新技术手段,如社交媒体平台、移动应用程序等,以增强与受众之间的互动性。通过在社交媒体上设立官方账号、开展线上互动活动等方式,传统媒体试图打破一味地单向传播的格局,拉近与受众之间的距离。

相较之下，网络新媒体具有与生俱来的互动性优势。网络新媒体，如网络新闻平台、视频网站、社交媒体等，借助互联网技术，实现了信息的即时传播和受众的大规模互动。用户可以通过评论、分享、点赞等功能，与媒体内容进行直接互动，甚至参与到内容的生成和传播过程中。网络新媒体将用户的互动频率、互动效率作为重要的内部评价指标，不断优化平台体验，提升用户参与度和黏性。

传统媒体与网络新媒体在互动性方面存在明显差异。传统媒体虽然积极运用新技术手段，试图与受众建立更紧密的联系，但其互动性仍受到限制。相比之下，网络新媒体以其天然的互动性优势，能够更加灵活地与用户进行双向交流，并实时调整内容策略，满足用户的需求。未来，传统媒体需要继续加强技术创新和内容个性化，以提升与受众之间的互动性，更好地适应多元化的传播环境。

（三）获取用户之别

传统媒体与新媒体在获取用户方面采取了不同的策略，各自拥有独特的优势与挑战。传统媒体主要依赖于高质量、有深度的产品，这成为其立足的核心竞争力。通过提供深入报道、专业分析和多元化内容，传统媒体赢得了一批忠诚度较高的用户群体。传统媒体的获取效率相对较低，需要时间和资源来建立起用户基础。

相比之下，新媒体则善于利用大数据技术，通过分析用户行为和兴趣，精准锁定目标用户。这种策略使得新媒体可以在短时间内获得大量精准的用户。新媒体在用户忠诚度和内容质量方面面临挑战。虽然能够快速吸引用户，但要保持他们的持续关注和参与，就需要持续提供高质量、吸引人的内容。这也是新媒体的一个短板，因为生产高质量内容需要大量的人才资源和时间投入[1]。

因此，传统媒体和新媒体在用户获取方面各有优势和限制。传统媒体

---

① 安文字. 传播模式下新媒体的分类和定义研究［J］. 新闻传播，2021（14）：36-37.

侧重于品质和深度，建立了较高的用户忠诚度，但获取效率相对较低；而新媒体通过大数据技术可以迅速锁定目标用户，但要保持用户的黏性和参与度，就需要不断提升内容质量和创新力。在这个竞争激烈的媒体环境中，传统媒体与新媒体的结合与互补，或许能够实现更好的发展和持续吸引用户的目标。

（四）生态环境之别

在传统媒体与新媒体的对比中，传统媒体从业者的整体素质较高，拥有丰富的新闻理论积淀和深厚的底蕴。传统媒体的运行机制成熟，规范专业健全，使其整体呈现出更为稳健的运行态势，与受众的关系也更为平和稳定。相比之下，一些新媒体则更注重高效和"夺人耳目"，但往往面临稳定性不足、内容碎片化、同质化、泛娱乐化以及公信力不足等问题。

在众多新媒体中，"澎湃新闻"客户端成为传统媒体成功转型的代表之一。在互联网媒体泛娱乐化的潮流中，"澎湃"独树一帜，专注于深度二次开发时政类新闻，坚持向用户提供更具知识性、专业性的有价值内容。这种坚持让"澎湃"在竞争激烈的市场中立足于竞争"红海"，取得了一定的成就。

传统媒体和新媒体各有优势和劣势。传统媒体注重深度、专业性，但在灵活性和互动性方面稍显不足；而新媒体则更具有创新性和互动性，但在内容质量和公信力方面存在挑战。传统媒体与新媒体的结合，或许能够在内容质量和传播效果上取得更好的平衡。

第六章 新媒体环境下新闻传播的舆论引导

随着新媒体技术的快速发展，新闻传播的方式和效果发生了深刻的变化。新媒体环境不仅为新闻传播提供了更广阔的平台，同时也对舆论引导提出了新的挑战。本章旨在探讨新媒体舆论引导的必要性和复杂性、新媒体环境下网络舆情的发生机制与传播渠道，分析当前舆论引导存在的问题，并提出相应的优化策略。

第一节 新媒体舆论引导的必要性和复杂性

一、新媒体环境下舆论引导的必要性

随着科技的飞速发展，新媒体以其独特的传播方式和广泛的覆盖范围，已经深入我们生活的方方面面。在这个信息爆炸的时代，新媒体舆论引导的必要性日益凸显，下面将详细探讨新媒体舆论引导的必要性。

（一）维护社会稳定的需要

新媒体环境下的舆论场是一个复杂多变的系统，信息源丰富且传播速度快，使得各种声音和观点能够快速交汇、碰撞。这种环境下，信息的真实性、准确性和完整性往往难以保证，不实信息和负面言论的传播也变得更加容易。这些不实信息和负面言论可能引发社会恐慌，加剧社会矛盾，甚至导致社会不稳定因素的增加。在这种情况下，加强舆论引导显得尤为重要。通过正确的舆论引导，可以及时澄清事实真相，消除误解和疑虑，避免不实信息和负面言论的进一步扩散。同时，舆论引导还可以帮助公众理性看待问题，形成正确的价值判断和行为选择，从而维护社会的稳定和谐①。

具体来说，舆论引导可以通过以下方式维护社会稳定。

第一，权威媒体和机构应发挥主导作用，及时发布准确、权威的信息，以正视听，防止不实信息的传播。这些媒体和机构具有较高的公信力和影响力，他们的声音往往能够引导公众舆论的走向。

第二，政府部门应加强与媒体的沟通合作，及时回应社会关切，解释政策意图，消除公众疑虑。通过积极回应和有效沟通，可以增强公众对政府的信任和支持，减少社会不稳定因素。

第三，社会各界也应积极参与舆论引导工作，共同营造积极向上的舆论氛围。这包括专家学者、意见领袖等应发挥专业优势，提供客观、理性的分析和解读；普通网民也应自觉遵守网络道德规范，不传播不实信息和负面言论。

总之，新媒体环境下的舆论引导对于维护社会稳定具有重要意义。通过加强舆论引导工作，可以消除不实信息和负面言论的影响，增强公众对社会的信心和认同感，从而维护社会的稳定和谐。

---

① 赵子贤，吕赫. 新媒体时代网络舆论引导策略探究［J］. 采写编，2024（1）：25-27.

（二）促进社会发展的需要

舆论作为社会发展的晴雨表，在新媒体环境下扮演着愈发重要的角色。舆论的引导不仅能够反映人们对社会现象和问题的看法和态度，更能通过积极、正面的引导，激发人们的积极性和创造力，进而推动社会进步和发展。

（1）正面舆论的引导能够弘扬社会主义核心价值观，凝聚社会共识

在新媒体平台上，通过宣传优秀事迹、传播先进文化，可以引导公众形成正确的价值观念，增强社会凝聚力和向心力。这种价值观的传播和认同，有助于构建和谐社会，为社会发展提供强大的精神动力。

（2）舆论引导可以促进社会创新和发展

通过宣传科技创新、产业升级等方面的成果和进展，可以激发公众的创新精神和创业热情，推动社会经济的持续健康发展。同时，舆论引导还可以关注社会热点和难点问题，提出建设性意见和建议，为政府决策提供参考，推动社会问题的有效解决。

（3）舆论引导可以促进社会环保事业的发展

以近年来备受关注的"垃圾分类"为例，新媒体舆论引导在其中发挥了关键作用。政府通过新媒体平台广泛宣传垃圾分类的重要性和方法，引导公众积极参与。同时，新媒体还积极报道垃圾分类的成功案例和先进经验，激发了公众的参与热情。在舆论的推动下，垃圾分类逐渐成为全社会的共识和行动，有效推动了环保事业的发展。

新媒体环境下的舆论引导还具有传播速度快、覆盖范围广的优势。通过新媒体平台，可以迅速将正面的舆论信息传播到社会的各个角落，形成强大的舆论氛围，推动社会风气的改善和进步。这种广泛的传播效应，有助于提升整个社会的文明程度和道德水平。

（三）提升国家形象的需要

在国际舞台上，新媒体已然成为展示国家形象的重要窗口和关键平

台。随着全球化进程的加速和信息技术的迅猛发展,新媒体的影响力日益凸显,其在塑造和传播国家形象方面的作用不容忽视。

通过加强新媒体环境下的舆论引导,我国可以有效地展示自身的发展成就。借助新媒体平台,我们可以向世界传递我国在经济建设、科技创新、社会进步等方面取得的显著成就,展现我国作为世界第二大经济体的实力和潜力。这不仅有助于提升我国的国际地位,还能增强国民的自豪感和凝聚力。同时,新媒体环境下的舆论引导也是展示我国文化魅力的有效途径。我国拥有悠久的历史和灿烂的文化,通过新媒体平台,我们可以向世界展示我国的传统文化、民族艺术和现代文化创新成果,传递我国的文化价值观和精神内涵。这有助于增进国际社会对我国文化的了解和认同,提升我国的文化软实力。此外,舆论引导还能彰显我国的国际责任与担当。在国际事务中,我国始终秉持和平、合作、共赢的外交理念,积极参与全球治理体系改革和建设。通过新媒体平台,我们可以向世界传递我国在国际合作、全球治理、人道援助等方面的积极贡献和负责任态度,展现我国作为大国的责任与担当。然而,在国际舆论场上,也不时会出现一些针对我国的负面声音和误解。在这种情况下,新媒体环境下的舆论引导就显得尤为重要。通过及时、准确地回应国际关切,澄清事实真相,我们可以有效地消除误解和偏见,维护国家的利益和形象。总之,加强新媒体环境下的舆论引导对于提升国家形象具有重要意义。我们应该充分利用新媒体平台的特点和优势,向世界展示我国的发展成就、文化魅力和国际责任,提升我国的国际地位和影响力。同时,也要积极应对国际舆论中的挑战和负面声音,维护国家的利益和形象。

(四)有助于提升公众素养

新媒体以其独特的传播方式和广泛的覆盖范围,已经成为公众获取信息的主要渠道。然而,新媒体舆论的多样性使得公众在获取信息时面临诸多选择,而并非所有信息都是真实、客观的。因此,加强新媒体舆论引导，对于提升公众的信息鉴别能力和素养，培养公众理性看待各种信息的能力，具有极其重要的意义。

在新媒体环境下，公众可以轻易地接触到各种各样的信息，包括新闻、观点、评论等。然而，这些信息中不乏虚假、夸大或带有偏见的内容。如果公众缺乏足够的信息鉴别能力，就很容易被误导，产生错误的认知和判断。因此，通过加强新媒体舆论引导，我们可以帮助公众提升信息鉴别能力，使他们能够区分真假信息，避免被误导。此外，新媒体舆论引导还有助于提升公众的媒介素养。媒介素养是指公众在使用媒体时应该具备的一种能力和素质，包括了解媒体运作机制、判断媒体信息价值、有效利用媒体资源等方面。通过新媒体舆论引导，我们可以向公众普及媒介知识，帮助他们更好地理解和使用新媒体，提高他们的媒介素养①。

近年来新媒体舆论在其中发挥了重要作用。一些热点事件发生后，各种信息在社交媒体上迅速传播，其中不乏虚假信息和夸大其词的言论。然而，通过加强新媒体舆论引导，一些主流媒体和权威机构及时发布真实、客观的信息，对事件进行了深入报道和分析。这些报道和分析不仅帮助公众了解了事件的真相，还引导他们理性看待事件的发展，避免了不必要的恐慌和误解。

在未来的发展中，新媒体舆论引导将继续发挥重要作用。随着技术的不断进步和新媒体形式的不断创新，我们需要不断探索新的舆论引导方式和策略，以适应时代发展的需求。同时，我们还应关注新媒体舆论引导中的问题和挑战，如虚假信息的传播、网络暴力的滋生等，积极寻求解决方案，确保新媒体舆论引导的健康发展。总之，新媒体舆论引导是当今社会不可或缺的重要组成部分。我们应该充分认识到其必要性，并采取有效措施加强舆论引导工作，为社会的和谐稳定和发展进步提供有力支持。

---

① 赵子贤，吕赫. 新媒体时代网络舆论引导策略探究［J］. 采写编，2024（1）：25-27.

二、新媒体环境下舆论引导的复杂性

新媒体的发展极大地改变了人们获取信息、交流意见的方式。新媒体环境以其开放性、互动性和即时性等特点，为舆论的引导带来了前所未有的机遇，同时也带来了前所未有的挑战，舆论引导的复杂性在新媒体环境下显得尤为突出。

（一）新媒体时代舆论引导者角色的多元化

在新媒体时代，舆论的引导者不再局限于传统的媒体机构和政府部门。随着自媒体和社交媒体的兴起，个人、企业、团体乃至意见领袖都成为了舆论的引导者。他们各自拥有不同的背景、立场和利益诉求，导致舆论场中的声音变得多元化和复杂化。这种多元化不仅体现在舆论主题的广泛性，也体现在对同一事件的不同解读和观点上。这使得舆论引导者需要在各种声音中寻找平衡，以有效地引导舆论走向。

以近年来发生的某明星涉嫌违法事件为例，这一事件迅速成为社会舆论的热点。在这一事件中，舆论引导者角色的多元化表现得尤为突出，导致了舆论引导的复杂性。首先，传统媒体作为舆论引导者的重要一环，对事件进行了全面而深入的报道。他们通过采访、调查等方式，详细披露了事件的经过和相关细节，为公众提供了丰富的信息。然而，由于传统媒体往往受到各种因素的影响和限制，其报道角度和立场可能存在一定的倾向性。与此同时，政府部门也积极介入事件，通过官方渠道发布信息，澄清事实真相，并依法对涉嫌违法的明星进行处理。政府部门在舆论引导中扮演着权威和公正的角色，其言论和行动往往对公众的认知产生重要影响。然而，除了传统媒体和政府部门外，众多自媒体和意见领袖也纷纷加入到事件的讨论中。他们通过微博、微信、短视频等新媒体平台，发表自己的观点和看法。这些自媒体和意见领袖往往拥有大量的粉丝和影响力，他们的言论能够迅速传播并引发公众的关注和讨论。

　　在这一事件中，自媒体和意见领袖的观点呈现出多元化的特点。一些人支持传统媒体和政府部门的立场，认为明星应该受到法律的制裁；而另一些人则对明星表示同情，认为其个人问题不应被过度放大。这些不同的声音和立场在舆论场上形成了激烈的交锋，使得舆论走向变得复杂而难以预测。

　　这种多元化的舆论引导者角色导致了舆论引导的复杂性。一方面，舆论引导者需要综合考虑各种声音和立场，寻求平衡和公正，以避免舆论的极端化和失控；另一方面，他们还需要根据事件的发展和公众的反应，灵活调整引导策略，以有效引导舆论走向。然而，在实际操作中，这种平衡和灵活调整并不容易实现。不同的舆论引导者可能出于不同的目的和立场，对事件进行不同的解读和引导。这种差异和分歧可能导致公众的认知产生混乱和误解，甚至引发社会矛盾和不稳定因素。因此，在面对舆论引导者角色的多元化时，我们需要加强舆论引导的管理和协调。一方面，要建立完善的舆论引导机制，明确各方职责和角色定位，避免出现混乱和冲突；另一方面，要加强舆论引导者的专业素养和责任意识，提高他们的引导能力和水平，以确保舆论的健康发展。

（二）引导者之间往往存在着复杂的利益关系和竞争关系

　　引导者之间往往存在着复杂的利益关系和竞争关系，不同的引导者可能为了各自的利益而争夺话语权，甚至不惜制造或传播虚假信息以博取眼球和关注。这种竞争关系不仅加剧了舆论场的混乱，也使得舆论引导的难度大大增加。

　　以某知名品牌手机的质量问题事件为例，这一事件不仅涉及产品质量问题，更因引导者之间的利益竞争而使得舆论引导变得异常复杂。

　　事件起始于多名消费者在网络上曝光该品牌手机出现屏幕碎裂、电池膨胀等问题。随后，传统主流媒体迅速跟进，进行了深入的报道和分析，指出该品牌手机在质量控制方面存在严重问题，呼吁企业尽快解决并保障消费者权益。这些报道基于事实，公正客观，旨在维护公众利益和市场秩序。然而，就在此时，一些自媒体和意见领袖开始发声。他们中有些人是该品牌的忠实粉丝或合作伙伴，因此在发声时明显偏向品牌方，对质量问题进行淡化或解释，甚至攻击那些曝光问题的消费者和媒体。他们的言论往往情绪化、极端化，缺乏客观事实的支持，但却因为拥有大量粉丝和影响力，能够在短时间内迅速传播并引发关注。

这种利益驱动下的发声，使得原本基于事实和公正的舆论场变得复杂起来。一方面，传统主流媒体和公正的自媒体、意见领袖坚持揭露问题，维护消费者权益；另一方面，品牌方的忠实粉丝和合作伙伴则努力为品牌辩护，甚至不惜制造谣言和攻击对手。这种对立和冲突使得舆论引导变得异常困难。更为复杂的是，一些自媒体和意见领袖为了追求点击率和关注度，故意制造话题和争议，甚至不惜编造虚假信息来博取眼球。他们的行为不仅加剧了舆论场的混乱，也使得公众对于事件的真相和事实产生了怀疑和困惑。

在这种情况下，舆论引导者需要更加谨慎和明智地处理。他们不仅要坚持事实和公正，还要善于辨别和应对各种利益驱动下的不实言论和攻击。同时，政府和相关机构也需要加强监管和引导，防止利益竞争下的恶意引导和造谣传谣行为。

（三）新媒体平台上的信息真假难辨

新媒体平台上的信息真假难辨，这也是舆论引导复杂性的一个重要体现。由于新媒体的开放性和匿名性，使得信息的发布和传播变得极为便捷，但同时也为虚假信息和谣言的滋生提供了温床。这些虚假信息和谣言往往能够迅速传播，引发公众的恐慌和不安，给舆论引导带来了极大的困扰。政府部门和媒体机构需要投入大量的人力、物力来甄别和辟谣，以维护信息的真实性和公信力。

以某次突发自然灾害为例，在灾害发生后，新媒体平台上迅速涌现出大量关于灾情的信息和报道。然而，由于信息传播的迅速性和匿名性，一些虚假信息和谣言也夹杂其中。这些虚假信息可能包括夸大灾情、捏造救援进展等，给公众带来恐慌和误导。政府部门和媒体机构需要及时辟谣、澄清事实，以维护信息的真实性和公信力。同时，公众也需要提高媒介素养，学会辨别和筛选信息，避免被虚假信息所误导。

（四）新媒体环境下舆论生成的复杂性导致了舆论引导的复杂性

新媒体的互动性使得人们可以实时参与到舆论的生成过程中，通过评论、转发等方式表达自己的观点。这种实时互动的特点使得舆论生成变得更加动态和不可预测。舆论的走向往往受到多种因素的影响，包括个体的情绪、利益诉求、群体心理等。因此，舆论引导者需要更加敏锐地把握舆论的动态变化，灵活调整引导策略。此外，新媒体环境下信息传播的快速性和广泛性也增加了舆论引导的复杂性。一条信息可以在短时间内迅速传播到广泛的人群中，引发大量的讨论和关注。这使得舆论的演变速度加快，舆论引导者需要更加迅速地做出反应，及时发布权威信息，澄清事实真相，以避免不实信息的传播和误导[①]。

更为关键的是，由于新媒体平台的匿名性和隐蔽性，一些别有用心的人或组织可能会故意制造谣言、散布虚假信息，以干扰正常的舆论秩序。这些虚假信息和谣言往往具有极大的迷惑性和煽动性，容易引发公众的恐慌和不安，给舆论引导带来极大的困扰。

（五）新媒体环境下舆论传播的复杂性导致了舆论引导的复杂性

新媒体平台的多样性和交互性使得舆论传播渠道变得极为丰富。人们可以通过微博、微信、短视频、直播等多种方式进行信息传播和交流，这些平台各具特色，用户群体广泛，使得舆论信息能够在短时间内迅速扩

---

① 赵子贤，吕赫. 新媒体时代网络舆论引导策略探究［J］. 采写编，2024（1）：25-27.

散。然而，这种多渠道的传播方式也增加了舆论信息的复杂性和多样性，不同平台上的信息可能相互矛盾，甚至存在虚假信息，给舆论引导带来了极大的挑战。

新媒体环境下舆论传播的速度极快，往往呈现出"病毒式"扩散的特点。一条热门信息或话题可以在短时间内被大量转发和评论，迅速成为公众关注的焦点。然而，这种快速传播也容易导致信息失真和误解，一些未经核实的信息或谣言可能在短时间内广泛传播，对舆论引导造成干扰。

新媒体环境下舆论传播还呈现出情绪化和极端化的趋势。由于新媒体平台的匿名性和隐蔽性，一些人在发表言论时往往缺乏理性思考，容易受到情绪的影响，甚至故意制造对立和冲突。这种情绪化和极端化的言论容易引发社会矛盾和不稳定因素，使得舆论引导变得更加复杂和困难。

针对新媒体环境下舆论传播的复杂性，舆论引导者需要采取一系列措施来加强引导和管理。首先，要加强信息审核和监管，确保传播的信息真实、准确、权威，避免虚假信息和谣言的传播。其次，要加强舆论分析和预测，及时了解和掌握舆论动态，制定针对性的引导策略。同时，还要加强与公众的互动和沟通，积极回应社会关切，增强公众对舆论引导的认同和支持。

第二节　新媒体环境下网络舆情的发生机制与传播渠道

新媒体技术的迅猛发展，深刻改变了信息传播的方式和速度，也为网络舆情的发生和传播提供了更为广阔的空间。在新媒体环境下，网络舆情以其独特的形成机制和传播渠道，对社会生活产生了日益显著的影响。本节旨在探讨新媒体环境下网络舆情的发生机制与传播渠道，以期为我们更好地理解和应对网络舆情提供参考。

一、新媒体环境下网络舆情的特点

新媒体时代舆论的新特点主要体现在以下几个方面。

（一）信息主体多元化

在新媒体时代，信息主体的多元化成为舆论场的一个显著特点。传统媒体时代，信息的发布和传播主要依赖于专业的媒体机构，而新媒体的崛起彻底改变了这一格局。如今，每个人都能通过社交媒体、博客、微信公众号等渠道成为信息的发布者和传播者，这种人人都是自媒体的现象极大地丰富了信息来源。

信息主体的多元化带来了诸多影响。首先，它使得舆论场更加活跃和多元，不同观点和声音能够更加自由地表达和传播。这有助于促进社会的多样性和包容性，推动不同群体之间的对话和交流。其次，信息主体的多元化也增加了信息的多样性和丰富性。人们可以从多个角度和层面了解事件和现象，形成更加全面和客观的认识。同时，海量信息的迅速传递也使得舆论声势更加强大，能够在短时间内形成广泛的关注和讨论。然而，信息主体的多元化也带来了一些负面影响。由于信息源的无限扩张，信息的真实性和准确性难以保证。不实信息、谣言和虚假新闻在网络上泛滥，给舆论的正确导向带来了困难。此外，不同信息主体之间的观点差异和利益冲突也可能导致舆论场的分裂和对抗，甚至引发社会不稳定因素。因此，在新媒体时代，我们需要更加重视信息主体的多元化带来的机遇和挑战。一方面，要充分利用新媒体平台，鼓励不同观点和声音的表达和传播，促进社会的多样性和包容性。另一方面，也要加强对信息源的审核和筛选，提高信息的真实性和准确性，避免不实信息和谣言的传播。同时，还需要加强舆论引导和管理，促进不同信息主体之间的对话和交流，共同营造一个健康、积极的舆论环境。

（二）舆论载体多样化

新媒体时代，舆论载体呈现出多样化的特点，这一变化极大地丰富了舆论传播的方式和渠道，也进一步提升了舆论的影响力。

除了传统的广播、电视、报纸等媒体，新媒体形态如网站、客户端、微信、微博、自媒体等纷纷涌现，这些新媒体平台为舆论的传播提供了更多的选择。它们各具特色，适应不同人群的需求，使得舆论能够更加精准地触达目标受众。这些新媒体形态的发展使得舆论传播的渠道更加多样化。人们可以通过各种渠道获取和发布信息，无论是文字、图片、音频还是视频，都能在新媒体平台上得到快速传播。这种多样化的传播方式使得舆论内容更加丰富，形式更加多样，能够更好地满足人们的信息需求。同时，新媒体形态的多样化也进一步增强了舆论的影响力。这些新媒体平台通常具有互动性强、传播速度快、覆盖面广等特点，能够迅速吸引大量用户关注和参与。一条信息在新媒体平台上发布后，往往能够在短时间内引发大量转发和讨论，形成强大的舆论声势。然而，由于新媒体平台众多，信息源分散，有时会导致信息的真实性和准确性难以保证。此外，不同新媒体平台之间的竞争也可能导致一些平台为了追求点击率和关注度而过度渲染或扭曲某些信息，从而影响舆论的正确导向。因此，在新媒体时代，我们需要更加理性地对待多样化的舆论载体。一方面，要充分利用各种新媒体平台，发挥其优势，推动舆论的健康发展；另一方面，也要加强对新媒体平台的监管和管理，确保信息的真实性和准确性，防止不良信息的传播。同时，作为信息接收者，我们也需要提高媒介素养，学会辨别信息真伪，理性表达自己的观点和看法。

（三）舆论表达情绪化倾向明显

新媒体时代，舆论表达的情绪化倾向愈发明显，这主要是由于网络空间的匿名性和虚拟性所导致的。在网络环境中，人们往往更容易受到情绪的驱使，一些带有强烈情绪色彩的观点和言论得以迅速传播，从而加剧了舆论场的情绪波动。

首先，网络空间的匿名性使得人们在表达意见时缺少了现实生活中的身份束缚，更容易放飞自我，表达内心的真实感受。这种无拘无束的表达方式在一定程度上释放了人们的情绪，但也容易导致一些偏激和极端的言论出现。其次，网络空间的虚拟性使得人们更容易受到信息的影响和操控。一些不实信息或带有偏见的观点经过网络的传播和放大，很容易引发公众的恐慌和愤怒，进而产生强烈的情绪反应。这些情绪化的言论在网络的推动下，不断扩散和发酵，最终可能演变为群体性的情绪波动和激化。最后，新媒体时代的舆论传播速度极快，一条情绪化的言论很可能在短时间内被大量转发和评论，形成舆论的热点和焦点。这种快速传播的特点使得情绪化的言论更容易占据舆论的主导地位，影响公众的判断和态度。

新媒体环境下网络舆论之所以表现为舆论圈层发展和内容极化严重，这与网络平台中用户圈层化、群体化聚集的现象密不可分。在特定的群体内，由于群体规范和群体压力的影响，以及群体内部的从众心理，导致群体内意见相似、方向统一。这种群体内的舆论引导，与外界相对隔阂，使得网络舆论各自分布，内容情绪化、极化严重。

粉丝群体在网络平台上就是一个典型的例子。他们在面临事关道德、法律等原则问题时，往往选择与群体保持一致，忽视社会伦理。这种群体行为往往导致对事实的片面理解和极端言论的出现。

以"陕西榆林产妇坠楼"事件为例，这一事件引发了广泛的网络舆论关注。医院宣传部门在第一时间发表的声明，由于符合大众普遍认识中的婆媳矛盾，激发了网友的强烈情绪。大量网友在未经事实核查的情况下，即一边倒地批判家属，并通过极端的言论进行网络暴力。这种行为不仅对死者家属造成了不可逆转的伤害，也显示了网络舆论在缺乏事实依据的情况下，极容易受到情绪化和极化的影响。因此，在新媒体环境下，我们需要更加理性地看待网络舆论，避免被情绪化和极化的言论所左右。同时，相关部门和媒体也应该加强对网络舆论的引导和监管,确保信息的准确性和公正性,防止网络暴力的发生。然而,我们也应该认识到,情绪化的舆论表达并非都是负面的。在某些情况下,情绪化的言论能够激发公众的正义感和同情心,推动社会问题的关注和解决。但无论如何,我们都需要保持理性思考和客观判断,避免被情绪所左右,从而做出正确的舆论选择和行动。因此,在新媒体时代,我们应该加强网络素养教育,提高公众对情绪化舆论的辨别能力和抵御能力。同时,媒体和相关部门也应该加强监管和引导,防止不实信息和极端言论的传播,维护一个健康、理性的舆论环境①。

(四)舆论表达方式碎片化

新媒体时代,信息的传递往往呈现出碎片化的特点,这一特点主要体现在以下几个方面。首先,新媒体的兴起使得每个人都能通过微博、朋友圈、短视频等平台发布自己的见闻和感受。当重大事件或突发事件发生时,人们会迅速从各自的角度和感受出发,发布第一手信息。这些信息往往简短、直接,缺乏深入的分析和全面的背景,因此呈现出碎片化的特点。其次,新媒体平台上的信息传播具有高度的即时性和互动性。人们可以随时随地发布信息,并与其他用户进行互动。这种即时互动的特点使得舆论表达方式更加多样化,但同时也使得信息的连贯性和深度受到限制,导致舆论表达的碎片化。最后,新媒体环境下信息的过载也加剧了舆论表达的碎片化。在新媒体平台上,信息量巨大且更新迅速,人们往往只能浏览到信息的片段,难以获取完整的信息。这导致人们在表达舆论时,往往只能就某一局部或侧面进行阐述,而无法给出全面深入的观点。

舆论表达方式碎片化的影响是双面的。一方面,它使得舆论更加多元和丰富,反映了不同人群的观点和感受;另一方面,它也增加了理解和判断舆论的难度,容易导致误解和偏见。因此,在新媒体时代,我们需要更

① 赵子贤,吕赫. 新媒体时代网络舆论引导策略探究 [J]. 采写编,2024(1):25-27.

加理性地对待碎片化的舆论表达方式，通过深入分析和全面理解来把握舆论的真实面貌。同时，政府和媒体机构也应该加强引导和管理，促进舆论的健康发展。

（五）传播速度快

新媒体时代舆论的传播速度显著加快，这主要得益于新媒体的即时性和互动性特点。在新媒体平台上，信息的发布和传播几乎可以实现实时更新，一旦有新闻或事件发生，相关的报道和评论就能迅速在网络上出现。与此同时，用户之间的转发、评论等互动行为进一步加速了信息的扩散，使得信息能够在短时间内触及更广泛的受众群体。

这种快速的传播速度不仅提高了舆论的时效性，也增加了舆论的复杂性。一条信息可能在短时间内引发大量的讨论和关注，形成强大的舆论场。然而，这也可能导致一些不实信息或谣言的迅速传播，给舆论的正确导向带来挑战。因此，在新媒体时代，我们需要更加重视舆论的引导和管理。一方面，要加强信息源的审核和筛选，确保信息的真实性和准确性；另一方面，要积极引导网民理性表达观点，避免情绪化和极端化的言论，共同营造一个健康、积极的舆论环境。同时，政府和媒体机构也需要加强与新媒体的合作与沟通，共同推动舆论的健康发展。

（六）影响范围广

新媒体时代，舆论的影响范围确实呈现出前所未有的广泛性。这主要得益于新媒体的受众群体庞大且多元化，以及信息传播的高效性和全球性。

新媒体平台的用户基数巨大，涵盖了不同年龄、性别、职业和地域的群体。这使得网络舆情能够迅速触及广泛的受众，引发社会各界的关注和讨论。无论是国内还是国际事件，只要在网络上引起关注，其影响力都可能迅速扩大。

新媒体的信息传播具有高效性和全球性。通过新媒体平台，信息可以迅速传播到全球各地，突破地域和国界的限制。这使得网络舆情的影响力能够跨越国境，对国际舆论场产生重要影响。例如，一些国际事件或跨国问题在网络上引发关注后，往往会迅速引发全球范围内的讨论和关注。此外，新媒体的互动性也增强了舆论的影响范围。用户可以通过评论、转发、分享等方式参与舆论的讨论和传播，使得网络舆情的影响力得以进一步扩大。这种互动性不仅增强了用户的参与感和归属感，也使得舆论的传播更加深入和广泛。

新媒体时代舆论的影响范围广泛，这既为信息的快速传播和公众参与提供了便利，但同时也对舆情管理和国际沟通提出了新的挑战。一方面，我们需要更加谨慎地处理网络舆情，避免不实信息和谣言的传播。另一方面，也需要加强国际的沟通与合作，共同应对跨国舆情问题，维护国际社会的和谐与稳定。

（七）互动性强

新媒体环境下的网络舆情确实展现出了高度的互动性，这一特点在很大程度上改变了传统舆情的发展模式。

在新媒体平台上，网民可以通过点赞、评论、分享等多种方式积极参与舆情的讨论和传播。这种参与不再是被动地接受信息，而是主动地参与和反馈。每一个网民都可以成为信息的发布者和传播者，他们的意见和观点可以通过网络迅速扩散，形成多元化的舆论场。这种互动性不仅增强了舆情的传播效果，使得信息能够更快速、更广泛地传播，也使得舆情的发展更加复杂多变。一方面，互动性的增强使得网民能够更直接地表达自己的观点和情感，舆情表达更加真实和多元。另一方面，由于不同网民的观点和立场可能各不相同，互动过程中也容易出现意见分歧和冲突，导致舆情的发展更加复杂和难以预测。此外，新媒体环境下的互动性还促进了不同舆论场之间的交流和融合。传统媒体与新媒体之间的互动、国内媒体与国际媒体之间的互动等都变得更加频繁和紧密。这种跨媒体、跨地域的互动使得舆情的发展更加多样化和全球化。

然而，互动性的增强也带来了一些挑战。例如，虚假信息和谣言在网络上的传播速度更快，对舆情的正确导向带来了更大的困难。同时，网络暴力和恶意攻击等问题也时有发生，对网络舆情的健康发展构成了威胁。因此，在新媒体环境下，我们需要更加重视网络舆情的互动性特点，加强舆情监测和分析，及时发现和解决舆情问题。同时，也需要加强网民的媒介素养教育，引导他们理性、客观地参与网络讨论，共同营造一个健康、积极的网络舆论环境。

（八）网络监督与维权功能凸显

在新媒体时代，网络无疑已成为信息传播的中枢，同时它也日益凸显出其作为民众监督和维权平台的重要功能。网络监督和网络维权的力量正逐渐增强，与"网络审判"和"网络暴力"等现象相互交织，共同塑造了一种独特且复杂的舆论生态。

网络监督以其高效、透明和广泛参与的特性，成为了民众监督政府、企业和社会行为的有力工具。通过新媒体平台，民众可以迅速获取和分享各种信息，对各类事件进行实时关注和讨论。这种监督形式不仅拓宽了监督的渠道，也提高了监督的效率和影响力。然而，与此同时，"网络审判"现象也时有出现。部分网民在缺乏充分证据和公正程序的情况下，对当事人进行道德审判和舆论谴责，这既侵犯了当事人的合法权益，也破坏了网络空间的秩序和公正。

另外，网络维权也在新媒体时代得到了前所未有的发展。民众通过网络平台表达诉求、寻求支持，甚至发起集体行动，以维护自己的合法权益。这种维权方式具有低成本、高效率的特点，能够迅速聚集起大量支持者和关注者。然而，网络维权有时也可能演变成"网络暴力"，部分极端的网民通过谩骂、攻击甚至人肉搜索等方式，对维权对象进行打压和报复。

这种复杂的舆论生态既体现了新媒体时代网络监督与维权的强大力量，也暴露了一些问题和挑战。为了构建一个健康、理性的网络空间，我们需要加强对网络行为的规范和引导，防止"网络审判"和"网络暴力"的发生。同时，也要加强网络素养教育，提高民众的媒介素养和批判性思维能力，使他们能够理性、客观地参与网络讨论和监督。此外，政府和相关机构也应积极回应民众的网络监督和维权诉求，建立有效的沟通机制和反馈渠道，及时处理和解决民众反映的问题。通过加强信息公开和透明度建设，增强民众对政府和企业的信任和支持，共同构建一个和谐、稳定的社会环境。

二、新媒体环境下网络舆情的发生机制

随着信息技术的飞速发展，新媒体以其独特的传播特性和广泛的覆盖面，逐渐成为人们获取信息、表达意见、交流情感的重要平台。在这一背景下，网络舆情作为新媒体环境下的一种重要社会现象，其发生机制也愈发复杂多样。接下来便深入探讨新媒体环境下网络舆情的发生机制，以期为舆情管理和应对提供理论支持和实践指导。

（一）信息源触发机制

在新媒体环境下，网络舆情的发生往往起始于某个特定的信息源。这个信息源可能是新闻报道、社交媒体帖子、短视频、图片或其他形式的数字内容。当这些信息源包含敏感、热点或引发公众关注的话题时，它们就会成为触发网络舆情发生的导火索。

1. 信息源触发机制涉及的方面

（1）内容的敏感性与热点性

信息源所包含的内容如果涉及社会热点、政治敏感、公共安全、道德

伦理等议题,往往更容易引发公众的关注和讨论。这些话题通常与人们的切身利益、价值观或情感紧密相连,因此更容易激起公众的情绪和反应。

(2)新媒体平台的传播特性

新媒体平台,如微博、微信、抖音等,具有信息传播速度快、覆盖面广、互动性强等特点。一旦某个信息源在这些平台上被发布,它会迅速被用户转发、评论和分享,从而迅速扩散到更广泛的受众群体。

(3)算法推荐与热门排行

许多新媒体平台采用算法推荐系统,根据用户的兴趣和行为习惯推送相关内容。当某个信息源被大量用户关注或讨论时,它可能会被算法识别为热门内容,进而被推送给更多用户。此外,一些平台还设有热门话题排行榜,进一步提高了信息源的曝光率和影响力。

(4)意见领袖的参与

在信息源触发机制中,意见领袖的作用不可忽视。当某个信息源引起意见领袖的关注时,他们可能会发表自己的观点和看法,从而进一步推动该信息源的传播和讨论。意见领袖的参与往往能够扩大信息源的影响力,并引导公众舆论的方向。

以具体案例为例,假设某地区发生了一起严重的交通事故,导致多人伤亡。这一事件被某家媒体首先报道并发布在新媒体平台上。由于该事件涉及公共安全和社会责任等敏感议题,迅速引发了公众的关注和讨论。随着信息的传播和扩散,越来越多的用户开始参与讨论,表达自己的观点和情绪。同时,一些意见领袖也开始发声,对事件进行解读和评论。在这种情况下,信息源触发机制发挥了重要作用,推动了网络舆情的发生和发展。

2. 信息源触发机制对网络舆情传播的影响

信息源触发机制对网络舆情的传播具有深远的影响。在新媒体环境下,信息源作为网络舆情发生的起点,其特性、内容以及传播方式直接决定了舆情的发展方向和影响力。首先,信息源的敏感性和热点性直接决定了网络舆情的关注度和讨论热度。当信息源涉及公众关心的热点话题，如社会事件、政治风波、公共安全等，它往往能够迅速吸引大量用户的关注和讨论。这种关注和讨论不仅加速了信息的传播速度，还扩大了舆情的影响范围，使得更多的人参与到舆情的讨论和形成中。其次，新媒体平台的传播特性对信息源触发机制的作用起到了放大效应。新媒体平台具有信息传播速度快、覆盖面广、互动性强等特点，使得信息源一旦在这些平台上发布，就能迅速被大量用户接收和传播。同时，新媒体平台的算法推荐和热门排行功能，进一步提高了信息源的曝光率和影响力，使得更多用户能够接触到并参与到舆情的讨论中。此外，信息源触发机制还受到意见领袖的影响。意见领袖在网络舆情传播中具有重要的引导作用，他们的观点和看法往往能够影响公众对事件的认知和态度。当信息源引发意见领袖的关注和讨论时，他们的观点会通过其粉丝和关注者迅速传播，进一步推动网络舆情的形成和发展。然而，信息源触发机制也可能带来一些负面影响。例如，当信息源存在不真实、不完整或具有误导性的内容时，它可能引发误解和偏见，导致网络舆情走向极端或偏离事实真相。此外，一些恶意的信息源还可能故意制造谣言或煽动情绪，以达到特定的目的，这将对网络舆情的健康发展造成威胁。

因此，在应对网络舆情时，我们需要密切关注信息源的变化和发展趋势，加强对信息源的审核和管理，确保信息的真实性和准确性。同时，我们还需要加强对新媒体平台的监管和规范，防止恶意信息的传播和扩散。此外，通过加强舆情监测和分析，及时发现并应对可能引发网络舆情的信息源，也是维护网络舆情健康发展的重要手段。

（二）新媒体环境下网络舆情的发生过程

1. 信息源的多元化

新媒体环境下，信息源呈现出多元化的特点。传统媒体、社交媒体、自媒体等各类媒体平台构成了庞大的信息网络，使得信息的产生和发布变得更为便捷。个人、组织、机构等都可以成为信息的发布者，从而形成了网络舆情的原始素材。

2. 网民的参与与互动

网民的积极参与和互动是网络舆情形成的关键环节。在新媒体平台上，网民可以通过评论、转发、点赞等方式表达自己的观点和态度，进而形成对某一事件或话题的集体意见。这种互动不仅加剧了网络舆情的传播速度，也使得网络舆情的内容更加丰富和复杂。

3. 话题的聚焦与放大

新媒体环境下，网络舆情往往聚焦于某一热点话题或事件，通过媒体的报道和网民的参与，使得这些话题迅速放大并引起广泛关注。同时，一些具有争议性或敏感性的话题更容易引发网络舆情的爆发，进一步加剧了网络舆情的复杂性和不确定性。

4. 情绪的传染与扩散

情绪是网络舆情的重要组成部分，也是推动网络舆情发展的重要因素。在新媒体环境下，情绪的传染和扩散更为迅速和广泛。网民的情绪往往受到媒体报道、意见领袖和其他网民的影响，进而形成群体性的情绪表达。这种情绪的传染和扩散不仅加剧了网络舆情的激烈程度，也可能引发一些不理智的行为。

三、新媒体环境下网络舆情的传播渠道

新媒体环境下，网络舆情的传播渠道变得愈发多元化和复杂化。以下是一些主要的传播渠道。

（一）社交媒体平台：网络舆情传播的核心渠道

社交媒体平台无疑是当前网络舆情传播最为关键和活跃的渠道之一。以其庞大的用户基数、高度的互动性以及迅速的信息传播速度，社交媒体平台在网络舆情形成、扩散和影响中发挥着举足轻重的作用。

微博、微信、知乎等社交媒体平台，凭借其广泛的用户覆盖和强大的信息传播能力，成为网络舆情传播的主要阵地。在这些平台上，用户可以轻松发布原创内容、转发他人的信息，并留下自己的观点和评论。这种自由、开放的信息交流方式，使得网络舆情得以迅速扩散，并在用户之间形成广泛的讨论和互动。此外，社交媒体平台上的意见领袖和网红等人物对网络舆情的传播也起到了至关重要的作用。这些人物往往拥有大量的粉丝和高度的影响力，他们的言论和观点能够迅速引起广泛的关注和讨论。他们的转发、评论和态度往往能够左右网络舆情的走向，对网络舆情的发展产生深远的影响。

值得注意的是，社交媒体平台上的网络舆情传播往往呈现出即时性、碎片化和情绪化的特点。由于信息传播的迅速性和用户的广泛参与，网络舆情往往能够在短时间内迅速爆发并扩散。同时，由于用户的信息接收和处理能力有限，网络舆情往往以碎片化的形式呈现，缺乏深入的分析和思考。此外，社交媒体平台上的用户往往容易受到情绪的影响，一些负面或极端的言论往往能够引发用户的激烈反应，进一步加剧网络舆情的复杂性和不确定性。因此，对于社交媒体平台上的网络舆情传播，我们需要保持高度的警惕和关注。政府、企业和个人都需要加强对社交媒体平台的监管和管理，确保网络舆情的健康发展。同时，我们也需要提高自身的信息素养和辨别能力，理性看待网络舆情，避免被不实信息或极端言论所误导。

（二）短视频平台：网络舆情传播的新兴力量

随着移动互联网的快速发展和智能手机的普及，短视频平台如抖音、快手等迅速崛起，成为网络舆情传播的新兴渠道。这些平台通过短视频的形式，将信息以直观、生动的方式呈现给用户，为网络舆情的快速扩散和深入讨论提供了便利条件。

短视频平台上的内容往往具有高度的趣味性和话题性，能够迅速吸引用户的关注和讨论。无论是搞笑、娱乐、生活还是社会热点，短视频平台都能将各类内容以生动形象的方式展现出来，引发用户的共鸣和讨论。这种形式的传播不仅使得网络舆情的内容更加丰富和多样，也极大地提升了网络舆情的传播速度和影响力。

短视频平台还具有极强的互动性，用户可以通过点赞、评论、分享等方式参与网络舆情的讨论和传播。这种互动不仅使得网络舆情更加活跃和生动，也促进了用户之间的交流和意见碰撞。同时，短视频平台上的算法推荐机制也能够根据用户的兴趣和喜好，将相关内容的短视频推送给用户，进一步扩大了网络舆情的传播范围。此外，短视频平台上的网红、意见领袖等人物也对网络舆情的传播起到了重要作用。这些人物通过发布短视频、参与话题讨论等方式，引导着网络舆情的走向和讨论焦点。他们的言论和观点往往能够迅速引发用户的关注和讨论，对网络舆情的发展产生深远影响。然而，短视频平台上的网络舆情传播也存在一些挑战和问题。由于短视频的时长限制，一些内容可能无法完整、深入地呈现事件或话题的全貌，导致用户产生误解或偏见。此外，一些短视频可能存在夸大、歪曲事实的情况，对网络舆情的真实性产生负面影响。因此，对于短视频平台上的网络舆情传播，我们需要保持理性和客观的态度。在享受短视频带来的便利和乐趣的同时，也要提高信息辨别能力，避免被不实信息或极端言论所误导。同时，政府和平台方也应加强对短视频内容的监管和管理，确保网络舆情的健康发展。

总之，短视频平台作为网络舆情传播的新兴力量，正在发挥着越来越重要的作用。我们需要正视其带来的机遇和挑战，以更加开放、包容、理性的态度应对网络舆情的发展变化。

（三）新闻网站与客户端：网络舆情传播的权威渠道

新闻网站与客户端，作为专业的新闻信息发布平台，一直在网络舆情传播中占据重要地位。这些平台凭借其权威性、时效性和深度分析，为公众提供了大量有价值的舆情信息，对引导网络舆情的健康发展起到了关键作用。

新闻网站与客户端通过及时报道各类新闻事件，为网络舆情提供了丰富而权威的信息来源。这些平台往往拥有专业的新闻采编团队，能够迅速获取第一手资料，并进行深入分析和解读。这种及时、准确的新闻报道，使得网络舆情能够基于真实、客观的事实进行传播和讨论，有效避免了虚假信息的扩散。

新闻网站与客户端通过专题报道、评论文章等方式，对网络舆情进行深度分析和引导。这些平台不仅关注新闻事件的表面现象，还深入挖掘其背后的原因、影响和意义，为公众提供全面的舆情解读。同时，一些权威媒体还会通过发表评论文章，对网络舆情中的热点问题进行剖析和解读，引导公众理性看待和讨论相关问题。此外，新闻网站与客户端还通过推送、个性化推荐等方式，主动引导网络舆情的讨论和传播方向。这些平台利用先进的算法技术，根据用户的兴趣、偏好和行为习惯，为其推送相关的新闻和舆情信息。这种个性化的信息服务，使得用户能够更加方便地获取自己感兴趣的内容，也更容易参与到网络舆情的讨论和传播中。

需要注意的是，尽管新闻网站与客户端在网络舆情传播中发挥着重要作用，但也存在一些挑战和问题。例如，一些平台可能存在报道偏颇、信息筛选不当等问题，导致网络舆情出现偏差或误导。因此，对于新闻网站与客户端来说，保持客观、公正、全面的新闻报道和分析，是其长期发展的关键所在。

（四）论坛与社区：网络舆情发源与扩散的活跃场所

论坛与社区作为网络舆情的重要发源地之一，一直以其开放、自由的交流氛围吸引着大量具有共同兴趣和话题的用户。这些平台不仅为用户提供了一个发表观点、交流意见的场所,更是网络舆情讨论和传播的活跃舞台。

在论坛与社区中,用户可以自由发表自己的观点和看法,参与到各种话题的讨论中。无论是时事政治、社会热点还是生活琐事,只要是用户感兴趣的话题,都能在论坛与社区中找到讨论的空间。这种自由、开放的交流方式,使得论坛与社区成为网络舆情形成和扩散的重要场所。

论坛与社区中的热门话题和讨论往往能够迅速引发网络舆情的爆发和扩散。一旦某个话题在论坛与社区中受到广泛关注,就会吸引更多的用户加入讨论,形成舆论的热点。这些讨论不仅会在论坛与社区内部进行,还会通过用户的分享和转发,扩散到其他网络平台,进一步推动网络舆情的传播。此外,论坛与社区中的意见领袖和活跃用户也对网络舆情的传播起到了重要作用。这些人物往往具有丰富的知识和经验,他们的观点和看法能够影响其他用户的态度和立场。他们的言论和讨论往往能够引导网络舆情的走向,对网络舆情的发展产生重要影响。

需要注意的是,论坛与社区中的网络舆情传播也存在一定的风险和挑战。由于用户群体复杂多样,观点各异,很容易出现意见分歧和争执。一些不理智或极端的言论也可能在论坛与社区中传播,对网络舆情的健康发展造成负面影响。因此,对于论坛与社区中的网络舆情传播,我们需要保持理性和客观的态度。在享受自由、开放的交流氛围的同时,也要尊重他人的观点和立场,避免过度偏激或攻击性的言论。同时,政府和平台方也应加强对论坛与社区的管理和监管,确保网络舆情的健康发展。

(五)自媒体平台:网络舆情传播的重要载体与推动者

自媒体平台,如微信公众号、头条号等,近年来迅速崛起,成为网络舆情传播的重要载体和推动者。这些平台以其个性化、专业化的内容特点,吸引了大量用户,为网络舆情的形成和扩散提供了有力支持。

　　自媒体平台允许个人或组织自主发布内容,使得信息传播的门槛大大降低。无论是个人见解、行业动态还是社会热点,都可以在自媒体平台上得到广泛传播。这种自由的传播方式,使得自媒体平台成为网络舆情的重要发源地。同时,自媒体平台通过算法推荐等方式,将内容精准地传播给目标受众。这种个性化的传播方式,使得自媒体平台上的内容更易于引起用户的关注和讨论。用户可以根据自己的兴趣和需求,选择关注特定的自媒体账号,获取自己感兴趣的信息,并参与相关话题的讨论。此外,自媒体平台上的内容往往具有个性化和专业化的特点。自媒体人可以根据自己的专长和兴趣,创作出独具特色的内容,吸引特定群体的关注和讨论。这种个性化的内容创作,使得自媒体平台上的网络舆情更加多元和丰富。然而,自媒体平台上的网络舆情传播也面临着一些挑战和问题。由于自媒体平台的开放性,一些不实信息或误导性内容也可能在平台上传播,对网络舆情的真实性产生负面影响。此外,一些自媒体人可能为了追求点击率和关注度,而发布一些偏激或极端的言论,引发不必要的争议和冲突。因此,对于自媒体平台上的网络舆情传播,我们需要保持理性和客观的态度。在享受自媒体平台带来的信息便利的同时,也要提高信息辨别能力,避免被不实信息或极端言论所误导。同时,自媒体人也应该自觉遵守法律法规和道德规范,发布真实、客观、有价值的内容,为网络舆情的健康发展贡献自己的力量。

　　自媒体平台作为网络舆情传播的重要载体和推动者,其在网络舆情形成和扩散中的作用不容忽视。我们应该充分利用自媒体平台的优势,加强对其的监管和管理,确保其成为网络舆情传播的健康、积极力量。

(六)跨平台传播:新媒体环境下网络舆情扩散的新常态

　　在新媒体时代的浪潮下,网络舆情的传播已经超越了单一平台的限制,呈现出跨平台传播的鲜明特点。这种跨平台传播模式使得舆情信息能够在多个渠道间无缝衔接,实现快速、广泛的扩散。

一个典型的网络舆情事件，往往首先在社交媒体平台上引起关注。微博、微信等平台因其用户基数庞大、互动性强，成为舆情信息最初的发酵地。在这里，用户通过发布原创内容、转发、评论等方式，迅速将事件推向公众视野。

随着舆情的升温，短视频平台如抖音、快手等迅速加入传播行列。短视频以直观、生动的形式展现事件现场，迅速吸引大量用户观看和分享。这种形式的传播不仅增强了舆情的视觉冲击力，也进一步扩大了其影响范围。同时，新闻网站和客户端等权威媒体也积极介入，通过及时报道和深度分析，为舆情事件提供权威、全面的信息。这些平台以其专业性和公信力，为舆情传播提供了重要的信息支撑。此外，论坛、社区等平台也为舆情传播提供了重要场所。这些平台上的用户往往对特定话题有浓厚的兴趣和热情，他们的讨论和观点能够推动舆情事件向更深层次发展。

跨平台传播不仅加快了网络舆情的传播速度，也扩大了其影响范围。不同平台间的互动和融合，使得舆情信息能够在多个渠道间自由流动，形成强大的传播合力。这种传播模式使得网络舆情更加复杂多变，但也为我们提供了更多了解和应对舆情的机会。然而，跨平台传播也带来了一定的挑战。不同平台间的信息差异和解读偏差可能导致舆情走向的偏移。因此，我们需要更加全面地了解和分析不同平台上的舆情信息，以便更准确地把握舆情动态。

跨平台传播已经成为新媒体环境下网络舆情扩散的新常态，我们需要适应这种变化，充分利用各种平台的优势，加强舆情监测和分析工作，以更好地应对和引导网络舆情的发展。

需要注意的是，不同传播渠道具有不同的特点和受众群体，因此在网络舆情传播中需要针对不同渠道制定不同的策略。同时，随着新媒体技术的不断发展和创新，未来还可能出现更多新的网络舆情传播渠道。因此，我们需要保持敏锐的洞察力和适应性，及时关注和研究新的传播渠道，以更好地应对网络舆情的挑战。

四、新媒体环境下网络舆情传播的影响

（一）对社会舆论的塑造与引导

新媒体环境下，网络舆情的传播对社会舆论产生了深刻的影响。一方面，网络舆情通过新媒体平台的广泛传播，使得社会舆论更加多元化和复杂化；另一方面，网络舆情的传播也往往受到媒体议程设置和意见领袖的影响，从而对社会舆论产生一定的引导和塑造作用。

（二）对公共政策的制定与实施的影响

网络舆情的传播往往涉及一些公共政策问题，从而对政策的制定和实施产生影响。政府机构和决策者需要密切关注网络舆情的发展动态，及时了解和掌握民意诉求，以便更好地制定和调整政策。同时，网络舆情的传播也为公众参与政策讨论和决策提供了更多的机会和渠道。

（三）对社会稳定与安全的挑战

虽然网络舆情的传播在一定程度上促进了社会舆论的多元化和民主化，但也给社会稳定和安全带来了挑战。一些不理智或恶意的网络舆情可能导致社会矛盾的激化和社会秩序的混乱，甚至可能引发一些群体性事件或社会危机。因此，我们需要加强对网络舆情的监管和引导，确保其在合理范围内发展。

新媒体环境下网络舆情的发生机制与传播渠道呈现出多元化的特点，使得网络舆情在社会生活中发挥着越来越重要的作用。我们需要深入了解和研究网络舆情的发生机制和传播渠道，以便更好地把握其特点和规律，为应对网络舆情提供有力的支持。同时，我们也需要加强对网络舆情的监管和引导，确保其健康发展，为社会进步和和谐发展贡献力量。

第三节　加强新媒体舆论引导的措施

新媒体时代，信息传播的速度和范围得到了极大的提升，社交媒体、短视频平台等新媒体形式在新闻传播中扮演着越来越重要的角色。新媒体环境下的新闻传播具有互动性、即时性、个性化等特点，这些特点使得舆论引导面临着前所未有的机遇和挑战。

一、新媒体时代舆论引导面临的问题

（一）舆论热点频出，引导应接不暇

随着新媒体的快速发展，信息传播的速度和范围都得到了极大的提升，使得舆论热点的形成和扩散变得更为迅速和广泛。一方面，互联网的开放性和低准入门槛使得自媒体、个人账号等新媒体如雨后春笋般涌现，这些新媒体在发布内容时往往缺乏传统媒体所具备的"三审三校"核查环节，同时也没有接受过系统的媒介素养教育培训。因此，他们在创作媒介内容时更容易秉持流量至上的观点，采用标签式、结论式、冲突式的写作方式，以吸引公众的眼球和关注度。这种趋势导致网络舆论热点频发，很多议题脱离现实，缺乏深度和实质性内容。公众往往被情绪化的言论和观点所引导，缺乏对事实真相的深入了解和理性思考。这种情况增加了舆论引导的难度，使得相关部门和主流媒体在引导公众舆论时面临诸多挑战。另一方面，舆论热点的频繁出现反映了社会问题的多样性和公众关注点的多元化。从社会事件、政策调整、自然灾害到娱乐八卦等，各种话题都可能成为舆论热点。这些热点事件往往具有突发性、复杂性和不确定性，给舆论引导工作带来了很大的难度。此外，新

媒体的交互性和即时性使得公众能够迅速参与到舆论讨论中,形成强大的舆论场。在这种情况下,舆论引导工作不仅需要迅速反应,还需要准确判断、科学决策,以有效地引导舆论走向。然而,由于信息量大、传播速度快、观点多元等因素的影响,舆论引导工作往往难以做到面面俱到,应接不暇①。

(二)态度凌驾事实,缺乏理性思考

新媒体环境下,舆论场经历了显著的变化,逐渐进入了所谓的"后真相时代"或"舆情 2.0 时代"。在这一时代,意见和态度往往更容易被放大和传播,有时甚至会凌驾于事实之上。这种趋势的形成,与新媒体的特性和发展密切相关。

新媒体的去中心化特性使得每个人都有可能成为信息的发布者和传播者,这极大地拓宽了话语空间。然而,这种去中心化并没有形成各社会阶层理性的公共讨论。相反,由于信息发布的门槛降低,导致大量未经核实的信息和观点在网络上迅速传播。在这种情况下,公众往往更容易被情绪化的言论所影响,而不是基于事实进行理性思考。

以"广州小学生被体罚致吐血"事件为例,这一事件在微博上引发了广泛的关注和讨论。多名微博大 V 和网友在未经核实的情况下,纷纷转发和评论这一信息,表达了对体罚行为的愤怒和谴责。然而,随着事件的深入调查,发现这一信息存在诸多疑点,包括图片的真实性、吐血的原因等。这种基于不实信息的舆论狂欢,不仅误导了公众,也对当事人的声誉和权益造成了损害。

(三)社群过度分化、信息茧房深重

在新媒体的去中心化、个人化特点的影响下,以及大数据技术的

---

① 徐鹏璐. 新媒体时代舆论引导的挑战与对策 [J]. 中国报业,2023(2):52-53.

普及，公众往往更容易被自己感兴趣或愉悦的信息所包围，从而形成信息茧房。这种现象导致了网络巴尔干化，即网络空间被分割成一个个相互独立、难以融合的社群，以及群体极化，即群体内部观点的极端化。

不同群体之间因为缺乏有效的沟通和理解，差异性逐渐加大。这种差异不仅体现在信息获取上，更体现在价值观、世界观等方面。这种分化使得社会舆论变得过度分散，难以形成统一的意见和声音，进而增加了舆论引导的难度。

以小红书等社交平台为例，这些平台基于用户兴趣和社群进行内容推荐，确实为用户提供了个性化的信息获取体验。然而，这也可能导致用户长期陷入信息孤岛，只接触到与自己观点相符的信息，缺乏对不同观点和信息的了解和认识。这种信息孤岛效应不仅限制了用户的视野，也加剧了社会舆论的分化。总之，社群过度分化、信息茧房深重是新媒体时代舆论生态面临的重要挑战。我们需要通过多方面的努力和措施，共同应对这一问题，促进社会的和谐稳定和发展。

（四）缺乏有效规范，意见领袖偏颇

互联网时代下"意见领袖"在舆论引导方面存在的问题，是当前新媒体环境中亟待解决的重要议题。在互联网时代，意见领袖凭借其强大的信息资源和受众基础，对舆论场的影响力日益显著。然而，由于缺乏有效的事实核查机制，部分不具备媒介素养的意见领袖在发布信息时可能带有偏见或误导性，这在一定程度上加剧了舆论环境的复杂性。

以 2019 年 7 月爆发的章子欣失踪案为例，这一事件在社交媒体上引发了广泛的关注和讨论。在缺乏官方消息和事实核查的情况下，部分意见领袖基于个人立场和猜测，发布了不负责任的言论，这些言论在一定程度上误导了公众，加剧了舆论的混乱。

二、新媒体时代舆论引导的策略

（一）建立县级融媒体，服务引导并存

在新媒体时代,舆论环境的复杂性和多变性对舆论引导工作提出了更高要求。县级融媒体作为连接基层群众和主流舆论的重要桥梁,其在舆论引导方面的作用日益凸显。以下是对建立县级融媒体以服务引导并存的策略进行的详细探讨。

1. 县级融媒体建立的必要性

在新媒体平台蓬勃发展的背景下,舆论场呈现多元化、碎片化的特点。县级融媒体作为地方媒体的重要组成部分,具有贴近基层、了解民情的天然优势。通过建立县级融媒体,可以更好地服务基层群众,传递党的声音,引导地方舆论,促进社会稳定和谐。

2. 县级融媒体的功能

（1）县级融媒体的服务功能

① 提供信息服务。县级融媒体应充分利用新媒体平台,及时发布地方新闻、政策解读、民生信息等内容,满足基层群众的信息需求。

② 开展互动服务。通过线上线下的联动,开展问政、咨询、投诉等互动服务,增强群众参与感和获得感。

③ 提供文化服务。结合地方特色,推广传统文化,丰富群众精神文化生活。

（2）县级融媒体的引导功能

① 强化主流声音。县级融媒体应坚守政治立场,积极宣传党的路线方针政策,强化主流声音在地方舆论场的影响力。

② 澄清网络谣言。针对网络上的不实信息和谣言,县级融媒体要及

时发声，澄清事实，维护社会稳定。

③ 引导社会热点。对地方社会热点问题进行深入报道和分析，引导群众理性看待问题，形成正确的舆论导向。

3. 加强县级融媒体建设的措施

加强县级融媒体建设的措施，对于提升地方媒体传播力、引导力、影响力和公信力具有至关重要的作用。以下是针对提升内容质量、拓展传播渠道和加强队伍建设三个方面的具体措施。

（1）提升内容质量

① 加强内容策划。县级融媒体应定期召开内容策划会议，结合地方特色和时事热点，制订有针对性的报道计划。同时，注重内容的多样性和创新性，以满足不同受众群体的需求。

② 提高信息发布时效性。建立健全信息采集、编辑、审核、发布流程，确保新闻信息能够在第一时间发布。加强与地方政府、企事业单位的沟通协作，获取第一手资料，提升信息发布的时效性。

③ 确保信息准确性。加强信息核实和把关，确保所发布的信息真实可靠。对于涉及重大事件或敏感问题的报道，要进行深入调查和分析，避免不实信息的传播。

④ 增强内容吸引力。注重故事化、情感化的表达方式，使内容更具吸引力和感染力。同时，结合地方文化特色，推出具有地域特色的文化节目和专栏，提升县级融媒体的文化内涵。

（2）拓展传播渠道

① 充分利用新媒体平台。积极入驻微博、微信、抖音等新媒体平台，建立官方账号，拓宽传播渠道。同时，加强与主流媒体的合作，实现资源共享和互推互粉。

② 创新传播方式。运用直播、短视频、H5 等新媒体技术，丰富传播形式，提升传播效果。结合地方特点和受众需求，开展线上线下互动活动，

增强受众参与感。

③ 提高覆盖面和影响力。通过精准推送、定向传播等方式，提高县级融媒体在目标受众群体中的覆盖面和影响力。加强与地方企业的合作，通过广告植入、品牌推广等方式，实现商业价值的转化。

（3）加强队伍建设

① 提升政治素质。加强对新闻工作者的政治理论培训，提高其政治敏锐性和鉴别力。确保新闻工作者能够坚守政治立场，正确把握舆论导向。

② 培养业务能力。定期开展业务培训和技能竞赛，提高新闻工作者的采编、摄影、剪辑等专业技能。鼓励新闻工作者参加行业交流活动，学习先进经验和技术。

③ 加强作风建设。建立健全新闻工作者职业道德规范，加强作风建设。倡导新闻工作者树立良好的职业形象，坚守真实、客观、公正的新闻报道原则。

4. 案例分析

江苏邳州在新媒体时代的舆论引导策略中，通过积极响应国家号召，联动地方政府制作网络直播问政节目《政风热线》，展现了一种富有创新性和实效性的服务模式。这一举措不仅有效提升了政府与受众之间的互动，也进一步强化了县级融媒体在服务引导并存方面的功能。

首先，通过网络直播问政节目《政风热线》，邳州政府成功搭建了一个直接与民众沟通的桥梁。节目中，政府请专人解读国家政策，确保了信息的准确性和权威性，让民众能够及时了解并理解相关政策。同时，实时联动用户进行相关问题的问询，使得政府能够直接听到民众的声音，了解他们的需求和关切。这种互动式的沟通方式，不仅提高了政府的透明度和公信力，也增强了民众对政府的信任和支持。通过直接回应民众的问题和关切，政府能够更好地解决实际问题，满足民众的需求，进一步提升民众的满意度和幸福感。此外，这种县级融媒体的服务模式还具有很强的可复制性和推广性。其他地区的县级融媒体可以借鉴邳州的经验，结合本地实际情况，开展类似的服务活动，进一步提升县级融媒体在舆论引导方面的作用。总之，江苏邳州通过网络直播问政节目《政风热线》的实践，成功展示了县级融媒体在服务引导并存方面的潜力和优势。这一模式不仅有助于提升政府与民众之间的互动和沟通，也为其他地区的县级融媒体提供了有益的借鉴和参考。

（二）合作舆论领袖，推动正向发展

这一策略的实施，对于在复杂的舆论环境中维护社会稳定、促进正向价值观的传播具有重要意义。

在"后真相"时代，信息传播的碎片化、情绪化特征日益显著，嘈杂的声音中往往充斥着各种偏见和误解。在这样的背景下，意见领袖的引领作用显得尤为重要。他们凭借专业知识、深厚阅历和广泛影响力，能够在关键时刻发出权威声音，为公众提供理性、客观的解读和判断。

以新冠疫情防控为例，钟南山、张文宏等医生作为医学领域的权威人士，他们的观点和建议对于稳定社会情绪、引导公众科学防疫起到了关键作用。同样，在对违法事件的探讨中，罗翔教授等法律界人士也凭借专业知识和深刻见解，赢得了大众的信任和尊重。

因此，培养官方的意见领袖并建立固定的社群圈层，是新媒体时代舆论引导的重要策略之一。这些意见领袖可以在事件爆发初期，通过主流媒体采取人际结合大众的传播策略，第一时间发声，为公众提供理性、批判性的思考。同时，主流媒体还可以利用新媒体平台，将意见领袖的观点以图片、音频、H5、短视频、AR、VR 等多种形式进行演绎和传播，通过裂变式传播的粉丝效应，将正向声音传递至互联网的各个角落。

这种合作舆论领袖的策略，不仅可以遏制情绪化的冲突对立，完善"公共领域"中的民众讨论，还可以将舆论引导至主流媒体希望的方向。通过意见领袖的权威解读和理性分析，可以帮助公众更好地理解和应对复

杂的社会问题，促进社会稳定和和谐发展。

在实施这一策略时，需要注意以下几点：一是要选择合适的意见领袖，确保其具备专业知识和广泛影响力；二是要与意见领袖建立良好的合作关系，确保信息的及时传递和有效沟通；三是要注重内容的创新和形式的多样性，以吸引更多公众的关注和参与；四是要加强对舆论的监测和分析，及时发现和处理不良信息，维护舆论环境的健康和稳定。总之，合作舆论领袖、推动正向发展是新媒体时代舆论引导的重要策略之一。通过充分发挥意见领袖的引领作用，可以有效地引导公众理性思考、科学判断，为社会的稳定和发展提供有力支持①。

（三）遵循新闻规律，把握时、度、效

遵循新闻规律，把握时度效是在当今复杂多变的舆论环境中确保新闻工作健康有序进行的关键所在。新闻规律是新闻传播的内在法则，它要求新闻工作必须遵循真实性、客观性、公正性和时效性的原则。而"时度效"则是新闻宣传工作中必须把握的三个核心要素，它们相互关联、相互影响，共同构成了新闻舆论引导工作的基本要求。

"时"即时机，强调的是新闻传播的及时性。在新媒体时代，信息的传播速度极快，舆论的形成和演变也呈现出快速化、复杂化的特点。因此，新闻工作者要敏锐捕捉新闻事件的发展动态，及时发声，确保在第一时间向公众传递准确、全面的信息，满足公众的知情权。

"度"即尺度，涉及新闻报道的深度和广度。新闻工作者在报道新闻时，要把握好分寸，既要深入挖掘新闻事件的本质和内涵，又要避免过度渲染或夸大其词。同时，还要考虑到不同受众群体的需求和接受程度，确保报道内容既符合新闻规律，又能得到公众的认可和接受。

"效"即效果，是新闻宣传工作的最终目标。新闻工作者要注重提升新闻报道的质量和影响力，通过精心策划、深入采访、精准编辑等方式，

---

① 徐鹏璐. 新媒体时代舆论引导的挑战与对策［J］. 中国报业，2023（2）：52-53.

打造出具有思想深度、情感温度、传播广度的优秀作品。同时，还要善于运用新媒体平台和技术手段，扩大新闻报道的传播范围和影响力，实现舆论引导的最佳效果。

在传统主流媒体舆论引导渠道受阻的关键期，我们更应该从新闻规律出发，严格把握时度效传播规律。具体来说，可以通过以下措施来加强舆论引导工作：一是加强新闻工作者的职业素养培训，提高其遵循新闻规律和把握时度效的能力；二是加强与新媒体平台的合作与融合，利用新媒体的传播优势来扩大主流声音的影响力；三是建立健全新闻舆论引导机制，形成多方参与、协同发力的良好局面。总之，遵循新闻规律、把握时度效是新媒体时代舆论引导工作的基本要求。只有把握好这三个关键点，才能确保新闻工作的健康有序进行，为社会的稳定和发展提供有力的舆论支持。

（四）建立媒体矩阵，贴近社群发布

在新媒体时代，建立媒体矩阵、贴近社群发布是提升舆论引导力的重要策略。通过建立健全网上新媒体矩阵建设，我们可以实现信息的高效聚合和广泛传播，满足不同受众群体的需求。

首先，抛弃以往"独立舰队"式的发展经营模式，发展多元化的传播主体构成是关键。这意味着我们需要整合各类媒体资源，形成合力，共同发声。通过旗下媒介的终端力量整合，我们可以建立起一个强大的信息云聚合平台，实现信息的快速聚合和分发。其次，加强传统媒体母体 App 与官方微博账号、微信公众号、短视频平台官方账号等新媒体平台的融合联动是必要举措。这种融合联动可以打破媒体之间的壁垒，实现资源共享和优势互补。通过构建起多元、立体、融合的全媒体传播格局，我们可以更好地满足受众的多元化需求，提升传播效果。同时，"一次采集、多种生成、多元传播"的全媒体传播体系是提升舆论引导力的有效手段。这种传播体系可以实现信息的快速采集和多样化生成，通过不同的传播渠道和形式，将信息传递给更广泛的受众群体。这不仅可以提高信息的传播效率，还可以增强信息的吸引力和影响力[①]。

在实施这一策略时，我们还需要注意以下几点：一是要深入了解受众需求，精准定位传播目标；二是要加强内容创新，提高信息的质量和价值；三是要注重与受众的互动和反馈，及时调整传播策略；四是要加强技术支撑和人才培养，为媒体矩阵的建设和运营提供有力保障。总之，建立媒体矩阵、贴近社群发布是新媒体时代提升舆论引导力的重要策略。通过整合媒体资源、加强融合联动、构建全媒体传播格局和传播体系，我们可以更好地满足受众需求，提升传播效果，为社会的稳定和发展提供有力的舆论支持。

（五）健全新媒体舆论管理法制

健全新媒体舆论管理法制是确保新媒体环境下舆论健康发展、维护社会稳定的重要举措。当前，我国新媒体法律制度尚不够完善，存在一些漏洞和不足之处，因此需要相关部门加强研究，结合实际情况，进一步完善新媒体舆论管理法制，以更好地适应新媒体时代的发展需求。

在健全新媒体舆论管理法制的过程中，应该着重考虑以下几个方面的问题。

首先，应确保公民言论自由的权利得到充分保障。言论自由是公民的基本权利之一，也是新媒体环境下舆论多元化的基础。因此，在制定新媒体舆论管理法律时，应充分尊重公民的言论自由，避免过度干预和限制。其次，加强对新媒体用户行为的监督是健全新媒体舆论管理法制的关键。新媒体平台的开放性和匿名性使得用户行为难以得到有效监管，一些不法分子可能利用新媒体平台传播虚假信息、侵犯他人权益等。因此，应建立健全用户行为监督机制，对违法行为进行及时查处和处罚，维护新媒体平台的健康秩序。此外，加强对恶意信息的管制也是新媒体舆论管理法制的

重要内容。恶意信息包括谣言、虚假广告、色情内容等，它们不仅扰乱新媒体秩序，还可能对公民的身心健康造成危害。因此，应制定严格的法律措施，对恶意信息的发布和传播进行打击和处罚，为公众营造一个清朗的网络空间。最后，在健全新媒体舆论管理法制的过程中，还应注重平衡各方利益。新媒体涉及众多利益相关方，包括政府、媒体、企业、公民等。在制定相关法律时，应充分考虑各方利益诉求，确保法律制度的公正性和合理性。

（六）建立健全的信息发布和审核机制

建立健全的信息发布和审核机制在新媒体环境下至关重要，这不仅可以确保信息的真实性和准确性，还能有效防止不实信息的传播，维护社会稳定和公众利益。针对新媒体发布的内容，应建立严格的审核制度，并特别关注涉及敏感话题或重大事件的内容，进行更加严格的审查和核实。

具体而言，建立健全的信息发布和审核机制需要从以下几个方面着手。首先，制定明确的审核标准和流程。应明确信息发布的基本要求，包括信息的真实性、准确性、合法性等。同时，建立规范的审核流程，确保每一篇发布的内容都经过严格把关。其次，设立专门的审核机构或团队。这些机构或团队应具备专业的知识和技能，能够对新媒体发布的内容进行全面、客观的审核。他们应对敏感话题和重大事件的内容进行重点关注，确保相关信息得到及时、准确的审核和处理。此外，加强技术手段的应用。利用大数据、人工智能等先进技术，对新媒体发布的内容进行实时监测和分析。这可以帮助审核机构或团队及时发现并处理不实信息，提高审核效率和准确性。同时，建立责任追究机制。对于因审核不严导致不实信息传播的情况，应依法追究相关人员的责任。这可以强化审核机构或团队的责任心，提高他们的工作质量和效率。最后，加强公众教育和引导。通过宣传和教育活动，提高公众对信息真实性和准确性的重视程度，引导他们在获取和使用信息时保持理性和客观。同时，鼓励公众积极参与监督，对发现的不实信息或内容进行举报和投诉。

（七）建立完善的舆论引导机制

建立完善的舆论引导机制对于在新媒体环境下有效管理和引导舆论至关重要。这一机制涉及政府、媒体、企业以及社会各界的共同参与和协作，确保在面对突发公共事件、热点敏感问题时，能够迅速、准确地做出反应，引导公众形成正确的舆论导向。

政府作为舆论引导的主要力量，应发挥其主导作用。政府需要制定相关政策法规，规范舆论引导行为，明确各方责任分工，确保舆论引导工作有序进行。同时，政府应建立高效的舆情预警系统，通过实时监测和分析网络舆情，及时发现潜在的风险点，为危机应对提供有力支持。

媒体作为舆论传播的重要渠道，应承担起信息筛选、报道和传播的责任。媒体应加强自律，坚守真实、客观、公正的原则，避免虚假信息和误导性报道的传播。同时，媒体应积极参与舆论引导工作，通过深入报道、权威解读等方式，帮助公众理性看待问题，形成正确的舆论导向。

企业在舆论引导中也扮演着重要角色。企业应树立诚信经营的理念，积极履行社会责任，加强与媒体和公众的沟通互动。在面对舆论危机时，企业应主动回应关切，坦诚面对问题，通过积极有效的沟通化解矛盾，维护企业形象和声誉。此外，社会各界也应积极参与舆论引导工作。专家学者、意见领袖等应发挥自身专业优势，为公众提供权威、准确的信息和分析，引导公众理性思考。同时，公众也应提高媒介素养，增强信息鉴别能力，避免被不实信息和谣言所误导。

在完善舆论引导机制的过程中，还需注重加强协调配合。政府、媒体、企业和社会各界应建立有效的沟通机制，加强信息共享和协作配合，形成合力共同应对舆论挑战。通过多方共同努力，可以构建一个健康、有序、和谐的舆论环境，为社会发展提供有力支持。

第七章　新媒体环境下新闻传播的创新发展

新媒体技术的崛起和广泛应用，深刻影响着新闻传播行业。新媒体环境下，新闻传播的方式、内容、受众等方面都发生了显著变化。新闻传播行业必须紧跟时代步伐，不断创新发展，以适应新媒体环境的需求。本章旨在探讨新媒体环境下网络新闻的价值取向、新媒体环境下新闻事业的发展新趋向以及新媒体环境下新闻深度的创新发展。

第一节　新媒体环境下网络新闻的价值取向

新媒体技术的广泛应用使得网络新闻成为信息传播的重要渠道。网络新闻以其及时性、互动性、个性化等特点，吸引了大量受众的关注。然而，新媒体环境下网络新闻也面临着信息真实性难以保证、价值取向多元化等挑战。因此，明确网络新闻的价值取向，对于引导网络新闻健康发展具有重要意义。

一、新媒体环境下网络新闻的特点

新媒体环境下，网络新闻展现出了诸多显著的特点，这些特点不仅反映了新媒体技术的快速发展，也体现了网络新闻在传播方式、内容形式、互动性等方面的独特优势。

（一）即时性

网络新闻具有极强的即时性，这种即时性意味着新闻事件一旦发生，相关信息便能迅速通过网络平台传播开来，使受众能够实时获取最新消息。这种近乎与事件同步进行的传播方式，大大提升了新闻的传播速度和影响力。

在网络传媒工具的推动下，如社交媒体、新闻聚合平台、短视频应用等，信息传播的即时性得到了进一步增强。这些平台通过实时更新、推送机制以及用户主动分享，使得新闻事件能够在几分钟甚至几秒钟内迅速传遍全球，实现了"零时差"传播。

网络新闻的即时性对于现代社会的各个方面都有着深远影响。它不仅使得受众能够更快速地了解全球范围内的事件，作出相应的决策，也为新闻机构提供了更高效的传播方式，增强了其影响力和竞争力。然而，即时性也带来了一定的挑战。例如，新闻机构需要在追求即时性的同时，确保新闻内容的真实性和准确性，避免出现虚假、误导性的信息。同时，受众也需要在海量信息中筛选出有价值的新闻，进行深入的阅读和思考。

（二）海量性

在新媒体环境下，网络新闻的海量性特征愈发显著。这种海量性主要体现在新闻的数量和种类的爆炸式增长上。随着网络技术的不断发展和普及，各类新闻网站、社交媒体、自媒体等平台如雨后春笋般涌现，它们为受众提供了源源不断的新闻资讯。这些平台不仅涵盖了国内外的政治、经济、文化、社会等各个领域的新闻，还涉及科技、娱乐、体育、生活等各个方面。无论是国内重大事件还是国际热点话题，无论是深度报道还是短平快的消息，受众都能在这些平台上找到相关的新闻内容。此外，网络新闻的海量性还体现在其形式的多样性上。除了传统的文字报道外，图片、音频、视频等多媒体形式也被广泛应用于网络新闻中。这些多媒体形式不仅丰富了新闻的表现手法，也使得新闻内容更加生动、形象、直观。

海量性的网络新闻为受众提供了丰富的信息选择，满足了不同受众的信息需求。受众可以根据自己的兴趣、需求和喜好，在这些平台上浏览、搜索、筛选自己感兴趣的新闻内容。同时，这种海量性也促进了新闻行业的竞争和创新，推动了新闻内容质量和传播效果的提升。然而，如何在海量的新闻信息中筛选出有价值、真实可靠的内容，成为了受众和新闻机构需要面对的问题。此外，海量信息也可能导致受众的信息过载，影响其信息获取和处理的效率。因此，在享受海量网络新闻带来的便利和丰富性的同时，受众和新闻机构也需要关注信息的真实性和价值性，提高信息筛选和处理的能力，以更好地应对新媒体环境下的海量新闻挑战。

（三）全球性

在新媒体环境下，网络新闻的传播范围得到了极大的拓展，超越了地域的限制，呈现出鲜明的全球性特点。这种全球性主要得益于互联网的普及和技术的快速发展，使得信息可以在全球范围内迅速传播，不受地域限制。

具体来说，人们通过电脑、手机等终端设备，可以随时随地访问各种新闻网站、社交媒体平台或新闻应用，轻松获取来自世界各地的新闻信息。这些新闻内容涵盖了政治、经济、文化、社会、科技等多个领域，让受众能够全面了解全球各地发生的重要事件和动态。

网络新闻的全球性特点带来了诸多好处。首先，它极大地拓宽了受众的视野，使人们能够更深入地了解不同国家和地区的文化、风俗和社会状况，增进了人们对全球事务的了解和认识。其次，网络新闻的全球性也促进了信息的交流和共享，不同国家和地区的人们可以通过互联网分享彼此的观点和看法，从而增进相互理解和友谊。最后，网络新闻的全球性还为商业和文化交流提供了便利，有助于推动全球化进程的发展。

当然，由于不同国家和地区的文化背景、价值观念和政治制度存在差异，可能导致新闻解读和报道的角度和立场出现差异。此外，网络上也存在一些不实信息和虚假新闻，这些信息的传播可能会误导受众，损害网络新闻的公信力和影响力。因此，在享受网络新闻全球性带来的便利和好处的同时，我们也需要保持警惕和理性思考。要注重筛选和鉴别新闻信息的真实性和可靠性，避免被不实信息误导。同时，也要尊重不同国家和地区的文化差异和多样性，以开放、包容的心态面对全球范围内的新闻信息。

（四）互动性

新媒体环境下的网络新闻具有高度的互动性，这一特点使得新闻传播不再是单向的，而是形成了一种双向、多向的交流与互动模式。首先，受众可以通过评论功能直接对新闻内容发表自己的观点和看法。这不仅为受众提供了一个表达意见的平台，还使得新闻发布者能够及时了解受众的反馈，从而调整和优化新闻内容。同时，评论区的互动也促进了不同观点之间的碰撞和交流，有助于形成更为全面和深入的讨论。其次，点赞和分享功能进一步增强了网络新闻的互动性。受众可以通过点赞表达自己对新闻内容的认可和支持，也可以通过分享将新闻传播给更多的人。这种互动方式不仅扩大了新闻的传播范围，还使得新闻内容在社交网络中形成了一种口碑效应，增强了新闻的影响力。此外，新媒体环境下的网络新闻还通过直播、问答、调查等多元化的互动形式，进一步丰富了受众的参与体验。例如，新闻发布者可以通过直播形式与受众实时互动，解答受众的疑问；或者通过问卷调查了解受众对某一新闻事件的看法和态度，从而更加精准地把握受众需求。

这种高度的互动性不仅提升了受众的参与感和归属感，也使得新闻传播更加生动、有趣和有效。同时，它也促进了新闻行业的创新和发展，使得新闻机构能够更好地满足受众的需求，提升品牌影响力和市场竞争力。

然而，互动性的提升也带来了一些挑战，如信息真实性的验证、舆论引导的难度增加等。因此，在享受互动性带来的便利和优势的同时，新闻机构和受众也需要共同努力，维护网络新闻的健康发展和传播秩序。

（五）多媒体性

网络新闻的多媒体性使得新闻内容得以通过文字、图片、音频、视频等多种形式综合展现，极大地丰富了新闻的表现手法，使得新闻内容更加生动、形象、直观，显著提升了受众的阅读体验。首先，文字作为新闻传递信息的基础形式，提供了详细、准确的新闻内容。无论是新闻报道、评论分析还是专访解读，文字都能够精准地传递新闻的核心信息，为受众提供全面的背景知识和深入的分析。其次，图片在新闻中的作用不可忽视。高质量的图片能够直观地展示新闻现场，帮助受众更好地理解新闻事件。无论是新闻照片、图表还是插图，都能够有效地补充文字信息，使新闻内容更加生动、形象。最后，音频和视频的加入使得网络新闻更加生动和立体。音频可以传递现场的声音，让受众仿佛置身其中；视频则能够展示新闻事件的动态过程，提供更为直观和真实的视觉体验。通过音频和视频，受众可以更加深入地了解新闻事件的全貌，增强对新闻的理解和认知。

这种多媒体性的呈现方式不仅使得新闻内容更加丰富和多样，也极大地提升了受众的阅读体验。受众可以根据自己的喜好和需求，选择适合自己的阅读方式，更加深入地了解新闻事件。同时，多媒体的呈现方式也使得新闻更加易于理解和接受，提高了新闻传播的效果和影响力。此外，多媒体性还促进了新闻的创新和发展。新闻机构可以利用多媒体技术，创造出更加新颖、有趣的新闻形式，吸引更多受众的关注和参与。同时，多媒体性也为新闻从业者提供了更多的创作空间和可能性，推动了新闻行业的进步和发展。

然而，多媒体性也带来了一些挑战。例如，需要投入更多的资源和精力来制作和维护多媒体内容；同时，也需要考虑到不同受众群体的阅读习惯和设备兼容性等问题。因此，网络新闻的多媒体性一方面为新闻传播带来了诸多优势和可能性，但同时也需要新闻机构和从业者付出更多的努力来应对相关挑战。

（六）定制化与个性化推送

在新媒体技术的推动下，网络新闻正日益展现出个性化推送与定制化服务的特点。这一特性不仅极大地提升了新闻传播的效果，还显著提高了受众的满意度。

个性化推荐的核心在于利用算法和数据分析技术，根据受众的兴趣、浏览历史、互动行为等信息，为其推送定制化的新闻内容。新闻平台通过收集和分析这些数据，能够深入了解受众的喜好和需求，从而精准地推送符合其口味的新闻。这种个性化的服务方式使得每个受众都能获得独一无二的新闻体验，有效满足了他们的个性化需求。

定制化服务则更进一步，允许受众根据自己的需求和偏好，自主选择新闻来源、类型、更新频率等。新闻平台提供多样化的选项和设置，使受众能够根据自己的喜好进行定制，从而获得更加符合个人需求的新闻内容。这种定制化服务不仅提高了受众的满意度，还增强了他们对新闻平台的忠诚度和黏性。

个性化与定制化的网络新闻服务带来了诸多优势。首先，它提高了新闻的传播效果。由于新闻内容是根据受众的兴趣和需求进行推送的，因此更容易引起受众的关注和兴趣，从而提高了新闻的点击率、分享率和传播速度。其次，它提升了受众的满意度。受众能够根据自己的喜好和需求获取新闻，获得了更加个性化的服务体验，对新闻平台的满意度也会相应提升。然而，个性化与定制化的网络新闻服务也面临一些挑战。例如，如何确保推荐算法的准确性和公正性，避免因为算法偏见而导致信息茧房现象的出现；如何保护受众的隐私和数据安全，避免个人信息被滥用或泄露等问题。因此，在享受个性化与定制化的网络新闻服务带来的便利和优势的同时,我们也需要关注并解决这些挑战。新闻平台应不断优化算法和技术,提高推荐的准确性和公正性;同时加强数据保护和安全措施,确保受众的个人信息和隐私得到妥善保护。

二、新媒体时代网络新闻正能量传播效果的提升

在新媒体时代,网络新闻的正能量传播效果的提升是一个多维度、复杂而重要的任务。具体来说,它可以从以下几方面来探索。

(一)坚守社会主义核心价值观

坚守社会主义核心价值观,是网络新闻正能量传播的核心原则。在新媒体时代,网络新闻以其迅速、广泛、互动的传播特性,成为塑造社会舆论、引导公众价值观的重要力量。因此,将社会主义核心价值观贯穿于网络新闻传播的始终,显得尤为重要。

第一,社会主义核心价值观代表着中国优秀传统文化的精髓和时代精神的精华,它涵盖了国家、社会、公民三个层面的价值追求。网络新闻作为社会舆论的放大器,必须坚定社会主义核心价值观的领导地位,将其作为引领社会意识前进的旗帜。这不仅是网络新闻的职责所在,也是其在新媒体时代发挥正能量传播作用的关键。

第二,在网络新闻的传播过程中,应注重培育和实施社会主义核心价值观。这意味着网络新闻不仅要报道新闻事实,更要通过深入解读、分析评论等方式,引导公众正确理解社会主义核心价值观的深刻内涵和实践要求。同时,网络新闻还应积极挖掘和宣传体现社会主义核心价值观的先进典型和感人事迹,用生动鲜活的故事感染人、激励人、引导人。

第三,强化社会主义核心价值观对公众行为的引导作用也是网络新闻的重要任务。网络新闻可以通过设置议题、引导讨论等方式,激发公众对社会主义核心价值观的认同感和归属感,进而转化为自觉行动。同时,网

络新闻还应加强对网络空间的监管，及时清理和整治违反社会主义核心价值观的不良信息，营造风清气正的网络环境①。

总之，坚守社会主义核心价值观是网络新闻正能量传播的核心原则。只有将社会主义核心价值观贯穿于网络新闻传播的始终，才能有效引导社会舆论、塑造良好社会风尚、推动社会进步。同时，这也需要网络新闻工作者不断提升自身的政治素养和业务能力，以更加专业、负责的态度投入到新闻工作中去。

（二）以构建社会主义和谐社会为目标

网络新闻在传播过程中，应以构建社会主义和谐社会为目标，致力于让人民更加深入地了解党和国家的政策方针，从而增强他们对国家和政府的信心。这不仅有助于促进社会的和谐稳定，也能为构建良好的社会环境贡献积极力量。

网络新闻作为信息传播的重要渠道，具有覆盖面广、传播速度快的特点。因此，网络新闻应该积极报道国家重大政策、重要事件和社会热点问题，让人民及时了解国家的发展方向和党的决策部署。通过深入解读政策方针，网络新闻可以帮助人民理解国家发展的战略意图，从而增强他们的归属感和认同感。同时，网络新闻还应关注社会的安定有序和公正和谐。在报道社会现象时，网络新闻应坚持客观公正的原则，准确反映事实真相，避免过度渲染或夸大其词。对于涉及社会稳定和公正的敏感问题，网络新闻更应审慎处理，防止引发不必要的恐慌和误解。

为了构建良好的社会环境，网络新闻还应积极宣传社会主义核心价值观，倡导社会正能量。通过报道社会中的先进典型和感人事迹，网络新闻可以激发人民的向上向善精神，推动形成崇德向善、见贤思齐的良好社会风尚。

---

① 李政宇. 探析新环境下新闻的意义和价值：探寻新媒体环境下新闻事业的发展 [J]. 传媒论坛，2021（9）：37-38.

此外，网络新闻还应加强与社会各界的互动与合作。通过与政府部门、社会组织、企事业单位等建立合作机制，网络新闻可以更加深入地了解社会需求和民意动态，从而更有针对性地开展新闻报道和舆论引导工作。

（三）严格新闻把关，提高新闻审核标准

网站在传播网络新闻时，需要严格把好新闻关，确保每一条发布的新闻都符合真实、客观、公正的标准。提高新闻审核标准，不仅是对读者负责，更是对新闻行业自身的尊重和维护。

在实际操作中，网站应建立科学、规范的新闻审核流程，确保每一条新闻都经过严格的筛选和核实。对于来源不明、内容不实或存在明显错误的新闻，应坚决予以剔除，避免误导读者或造成不良影响。同时，网站还应加强对新闻工作者的培训和管理，提高他们的职业素养和正能量传播的自觉性。通过定期举办业务培训、分享会等活动，帮助新闻工作者提升新闻采编能力，增强对新闻价值的判断力。对于违反规定、发布不良信息的记者和编辑，应建立严格的惩处机制，以儆效尤。此外，网站还应积极与读者互动，接受读者的监督和反馈。通过设置读者投诉渠道、开展读者满意度调查等方式，及时了解读者对新闻质量和传播效果的看法，从而不断改进和提升新闻报道水平。这样才能确保网络新闻的正能量传播效果得到有效提升。通过这些措施的实施，我们不仅能够为读者提供真实、客观、有价值的新闻信息，还能够为构建和谐社会、传播正能量贡献一份力量。

（四）精选报道题材

在报道题材的选择上，网络媒体应该深入挖掘并广泛传播各地的先进典型和正面事迹。这些积极、向上的内容不仅能够展示社会的良好风貌，还能够激励广大民众，推动社会形成积极向上的氛围。具体来说，网络媒体可以定期推出"先进人物""道德模范"等专栏，通过深入报道这些人物的事迹和精神风貌，展现他们的优秀品质和崇高精神。这些人物可以是

来自各行各业的普通人，也可以是具有突出贡献的杰出代表。他们的故事不仅真实可信，而且能够引起广大读者的共鸣和敬佩。

同时，网络媒体还应注重热点事件的跟进报道。对于社会关注度高的热点事件，网络媒体应及时发布权威信息，澄清事实真相，避免不实信息的传播。在报道过程中，网络媒体还应关注事件的进展和后续处理情况，为读者提供全面、客观的报道。此外，挖掘本地资源、突出地方特色也是网络媒体提升报道质量的重要途径。通过报道本地的新闻人物、事件和文化现象，网络媒体可以拉近与读者的距离，增强新闻的贴近性和亲和力。这些具有地方特色的报道内容不仅能够满足读者的信息需求，还能够传承和弘扬地方文化，促进地方社会经济的发展。

（五）强化媒体工作者专业精神

为了强化媒体工作者的专业精神，确保新闻的真实性和客观性，从而传递正能量，媒体工作者需要坚守媒体行业责任，并不断提升自身的专业素养和道德水平，以客观、公正的态度报道新闻，传递正能量。

① 媒体工作者应充分认识到新闻报道对社会的影响力和责任感。作为信息传播的重要角色，他们必须时刻保持高度的警觉性和自律性，确保所发布的新闻内容真实、准确、客观。在采集、编辑和发布新闻的过程中，应严格遵守新闻职业道德规范，避免夸大、歪曲或虚构事实，确保新闻的真实性和公正性。真实性和客观性是新闻报道的生命线，一旦失去，即便初衷再好，也可能导致网民对正能量事件的看法走向反面，甚至引发信任危机。因此，网络新闻正能量传播应把握好传播火候。这并不意味着要回避或淡化事件中的积极元素，而是要在充分尊重事实的基础上，进行恰当的提炼和呈现。在报道中，应确保所描述的事件、人物和细节都经过严格的核实，避免主观臆断和夸大其词。

② 媒体工作者需要不断提升自己的专业素养。这包括加强新闻理论学习，掌握新闻采编的基本技能，熟悉新闻传播的规律和特点。

③ 媒体工作者还应关注社会热点和民生问题,积极深入一线采访报道,获取第一手资料,提高新闻报道的时效性和深度。

④ 媒体工作者还应注重提升自己的道德水平。在新闻报道中,应秉持公正、客观、真实的态度,避免受到个人情感、利益诱惑或其他外部因素的干扰。在面临各种复杂情况和挑战时,应坚守媒体人的职业操守和底线,维护新闻媒体的公信力和形象。

⑤ 媒体工作者需要保持清醒的头脑和审慎的态度,避免陷入"报喜不报忧"的误区。正能量传播并不意味着只报道好消息、回避问题,而是要在全面、客观地呈现事实的基础上,突出其中的积极因素,引导读者看到社会进步和光明的一面。

⑥ 媒体机构也应加强对媒体工作者的培训和管理。通过定期组织业务培训和交流活动,提高媒体工作者的业务水平和综合素质;建立完善的奖惩机制,对表现优秀的媒体工作者给予表彰和奖励,对违反职业道德的行为进行严肃处理。

⑦ 网络新闻还应注重平衡报道,既要关注正面事件和人物,也要适当报道社会中的负面现象和问题。这样不仅能够让网民更加全面地了解社会现实,还能够通过对比和反思,进一步凸显正能量的价值和意义。

网络新闻正能量传播需要在真实性和客观性的基础上进行,既要充分展现社会中的积极因素,又要避免过度美化或夸大事实。只有这样,才能真正赢得网民的信任和支持,为构建和谐社会贡献积极力量。而强化媒体工作者的专业精神是确保新闻真实性和客观性的关键所在。通过提升媒体工作者的专业素养和道德水平,我们可以更好地传递正能量,为社会的发展和进步贡献力量[1]。

---

① 李政宇. 探析新环境下新闻的意义和价值:探寻新媒体环境下新闻事业的发展[J]. 传媒论坛,2021(9):37-38.

（六）受众导向

在新媒体环境下，受众导向的重要性愈发凸显。网络新闻作为信息传播的重要载体，必须更加注重受众的需求和反馈，以提供更加精准、有吸引力的内容。首先，媒体应通过数据分析等手段深入了解受众的兴趣和喜好。这包括分析受众的浏览记录、点击率、评论内容等，从而把握受众的阅读偏好和信息需求。通过数据分析，媒体可以更加精准地定位受众群体，为不同受众提供个性化的新闻内容。其次，根据受众需求调整报道内容和方式也是至关重要的。媒体应关注社会热点和民生问题，及时报道受众关心的新闻事件。同时，还应注重报道的多样性和平衡性，避免过度集中于某一领域或话题。在报道方式上，媒体可以采用更加生动、有趣的形式，如短视频、直播等，以吸引受众的注意力。此外，积极回应受众的反馈和建议也是提升网络新闻质量的关键。媒体应建立有效的反馈机制，及时收集和处理受众的意见和建议。对于受众提出的问题和批评，媒体应认真对待并及时回应，通过改进报道内容和方式，不断提升新闻报道的质量和效果。

通过注重受众导向，媒体可以更好地满足受众的需求和期望，提升网络新闻的传播效果和影响力。同时，这也有助于增强媒体与受众之间的互动和联系，促进媒体行业的持续健康发展。

（七）政府、媒体、网民等各方应共同努力，形成合力

政府、媒体和网民作为网络新闻传播的三大主体，在提升网络新闻正能量传播效果方面，各自扮演着不可或缺的角色。为了营造一个风清气正、暖人心的良好网络环境，这三方需要共同努力，形成合力。

政府应健全创新管理方法制度，持续治理网络空间。政府作为网络空间的监管者，应不断完善法律法规，制定适应时代发展的网络信息管理政策。同时，通过技术手段加强网络监控，打击网络谣言、虚假信息和恶意

炒作等行为。此外，政府还应鼓励和支持网络新闻媒体的健康发展，为其提供良好的政策环境和资源支持。

媒体作为信息传播的主要渠道，应承担社会责任，加强自律和监管。媒体应坚守真实、客观、公正的原则，严格把关新闻内容，避免传播不实信息和负面能量。同时，媒体还应积极挖掘和报道社会中的正能量事件和人物，传播积极向上的价值观和理念。此外，媒体还应加强与网民的互动，听取网民的意见和建议，不断提升自身的传播效果和服务质量。

网民作为网络空间的主体，应提升媒介素养，做理性网民。网民应具备辨别信息真伪的能力，不轻信、不传播未经证实的信息。同时，网民还应积极参与网络讨论，发表理性、客观的观点，避免情绪化和极端化的言论。此外，网民还应尊重他人的隐私和权益，不进行网络暴力和人身攻击等行为。

通过政府、媒体和网民的共同努力，我们可以营造一个风清气正、暖人心的良好网络环境。在这个环境中，网络新闻正能量传播将得到更好的发挥，为社会的发展和进步提供有力支持。

新媒体环境下网络新闻的价值取向对于引导网络新闻健康发展具有重要意义，而新媒体时代网络新闻正能量传播效果的提升是一项长期而复杂的任务，需要各方共同努力。通过坚守社会主义核心价值观、严格新闻把关、精选报道题材、强化媒体工作者专业精神以及加强各方合作等措施，我们可以不断提升网络新闻的正能量传播效果，为构建和谐社会贡献力量。

第二节　新媒体环境下新闻事业的发展新趋向

随着新媒体技术的快速发展，新闻事业正面临着前所未有的变革。传统媒体如报纸、电视、广播等逐渐受到挑战，而互联网、移动媒体、社交媒体等新媒体形式则迅速崛起。这些变化不仅改变了新闻的传播方式，也深刻影响了新闻事业的发展方向。

新媒体环境下，新闻事业的发展呈现出多元化、个性化、智能化和创新化的新趋向。这些变化不仅为新闻事业带来了前所未有的发展机遇，也提出了新的挑战。新闻事业在新媒体环境下，不仅要适应新的传播方式，还要不断创新内容生产，以满足受众日益多样化的信息需求。同时，新闻行业还需要加快数字化转型，提升新闻传播的效率和质量。此外，新媒体环境下新闻职业道德的重塑也显得尤为重要。因此，新闻媒体需要积极适应新媒体环境，不断创新发展，以更好地满足受众的需求，推动新闻事业的持续发展。

一、新闻内容创新发展

（一）深入挖掘与专题化报道

新媒体环境以其独特的优势，为新闻工作者提供了更为广阔的报道空间，使得新闻内容的深入挖掘和专题化报道成为可能。相较于传统媒体，新媒体平台不再受版面和时长的限制，新闻工作者可以更加深入地探索新闻事件的内在逻辑和深层含义。

在深入挖掘方面，新媒体平台允许新闻工作者通过整合多方资源，对新闻事件进行全方位的剖析。这包括利用大数据、人工智能等技术手段，对新闻事件进行数据挖掘和分析，从而揭示事件背后的深层次原因和潜在影响。此外，新闻工作者还可以通过与行业专家、学者、目击者等人士进行深入交流，获取第一手资料和独家观点，为受众提供更为全面、深入的报道。

专题化报道则是新媒体环境下新闻内容创新的又一重要体现。通过对某一新闻事件或社会现象进行持续的跟踪报道和深入分析，新闻工作者可以形成系列化、专题化的新闻报道，满足受众对新闻信息的深度和广度需求。这种专题化报道不仅可以增强新闻报道的连贯性和系统性，还有助于提升新闻媒体的品牌影响力和社会认可度。

深入挖掘与专题化报道的实践，不仅提升了新闻内容的深度和广度，也增强了新闻媒体的权威性和影响力。通过提供高质量、有深度的新闻报道，新闻媒体可以更好地履行其社会责任和使命，为受众提供有价值的信息服务。

值得注意的是，深入挖掘与专题化报道也对新闻工作者提出了更高的要求。新闻工作者需要具备更为扎实的专业素养和敏锐的洞察力，能够准确把握新闻事件的内在逻辑和发展趋势，为受众提供准确、全面、深入的报道。同时，新闻工作者还需要注重与受众的互动和反馈，及时调整报道策略和方向，以满足受众的需求和期待。

（二）注重数据运用

在新媒体环境下，数据已经成为新闻内容生产不可或缺的重要资源。新闻机构应充分利用大数据技术，深入挖掘数据背后的故事和趋势，为受众提供更加丰富、深入、科学的新闻报道。首先，数据分析能够帮助新闻机构更加全面地了解新闻事件的背景和细节。通过对大量数据的收集、整理和分析，新闻机构可以揭示新闻事件的内在联系和发展趋势，从而提供更加深入的报道和分析。这种基于数据的新闻报道不仅具有更强的说服力，也能够满足受众对于信息深度和广度的需求。其次，数据可视化是提升新闻报道质量和可读性的重要手段。通过将复杂的数据转化为直观、易懂的图表和图像，新闻机构可以使受众更加清晰地了解新闻事件的情况和趋势。这种视觉化的呈现方式不仅有助于受众更好地理解新闻内容，也能够增强新闻报道的吸引力和传播效果。此外，注重数据运用还能够提高新闻报道的科学性和可信度。数据分析能够减少新闻报道中的主观臆断和偏见，使报道更加客观、公正。同时，通过对比和分析不同来源的数据，新闻机构可以验证新闻信息的真实性和准确性，从而提升新闻报道的权威性和公信力。

为了充分利用数据资源，新闻机构需要加强对大数据技术的研发和应用。这包括建立数据收集和分析系统，培养专业的数据分析人才，以及加强与相关领域的合作与交流。同时，新闻机构还需要遵守相关的法律法规和伦理规范，确保数据的合法获取和使用，避免侵犯个人隐私和商业机密。

总之，注重数据运用是新媒体环境下新闻内容生产的重要趋势。通过充分利用大数据技术，新闻机构可以挖掘出更多有价值的信息，提供更加科学、客观、深入的新闻报道，满足受众的需求并提升媒体的影响力。

（三）跨领域融合与创新

在新媒体环境下，新闻内容创新的一个显著特点是跨领域融合与创新。这种融合不仅突破了传统新闻行业的界限，还使得新闻报道能够触及更广泛的社会领域，从而增强新闻的传播效果和社会影响力。

新闻工作者通过与科技、文化、艺术等领域的专家、学者进行跨界合作，将新闻事件与这些领域进行有机结合。这种合作方式不仅丰富了新闻内容的表现形式，也提升了新闻报道的创意和深度。例如，在报道科技类新闻时，新闻工作者可以与科技专家合作，通过深入解读科技原理和应用场景，为受众呈现更加生动、直观的科技报道。在报道文化类新闻时，可以与文化学者合作，深入挖掘文化现象背后的历史渊源和社会价值，为受众提供更具深度的文化解读。

跨领域融合还体现在新闻报道的形式上。新闻工作者可以借鉴电影、文学、艺术等领域的创作手法和表现技巧，为新闻报道注入新的元素和风格。例如，通过运用电影剪辑手法和配乐，新闻报道可以呈现出更多动感和节奏感；通过借鉴文学叙事手法，新闻报道可以讲述更加生动和引人入胜的故事。

跨领域融合与创新不仅为新闻内容注入了新的活力和创意，也提升了新闻媒体的传播效果和社会影响力。通过与其他领域的融合，新闻报道能够触及更广泛的受众群体，增强新闻的传播范围和影响力。同时，跨领域合作也有助于提升新闻工作者的专业素养和综合能力，推动新闻行业的持续发展。

然而，跨领域融合与创新也面临一些挑战。不同领域之间的合作需要克服语言、文化、思维方式等方面的差异，建立有效的沟通机制和合作模式。此外，跨领域合作也需要新闻工作者具备更加广泛的知识储备和跨界思维能力，以应对不同领域的复杂性和多样性。

二、报道形式多元化

在新媒体环境下，传统的新闻报道形式已经难以满足现代受众对于信息获取和互动体验的需求。因此，新闻机构必须积极探索和采用新型的报道形式，以更生动、形象的方式呈现新闻内容，从而吸引受众的关注和参与。

首先，短视频已经成为新媒体时代的重要传播方式。新闻机构可以制作短视频新闻，将新闻事件以简短、精练的方式呈现给受众。短视频具有直观性、趣味性强的特点，能够在短时间内吸引受众的注意力，并传递核心信息。同时，短视频也便于在社交媒体等平台上进行分享和传播，扩大新闻的影响力。其次，直播报道也是新媒体环境下的一种重要报道形式。通过直播技术，新闻机构可以实时呈现新闻事件的现场情况，让受众感受到身临其境的新闻报道。直播报道具有时效性强、互动性高的特点，能够吸引受众的持续关注，并增强新闻报道的现场感和真实感。此外，互动问答也是一种创新的报道形式。新闻机构可以通过线上平台，邀请受众参与新闻话题的讨论和提问，与新闻从业人员进行互动交流。这种形式的报道能够激发受众的参与热情，增强新闻报道的互动性和社交性，使新闻报道更加贴近受众的需求和兴趣。

在创新报道形式的过程中，新闻机构还需要注意以下几点：一是要保证新闻内容的真实性和客观性，不能因为追求形式创新而忽视新闻的本质；二是要充分考虑受众的接受能力和阅读习惯，选择适合受众的报道形式；三是要注重技术的更新和应用，利用先进的技术手段提升报道形式的创新性和实用性。

总之，创新报道形式是新媒体环境下新闻内容生产的重要一环。新闻机构应积极探索和采用新型的报道形式，以满足受众的需求和提升新闻报道的吸引力和影响力。同时，也要注意保证新闻内容的质量和真实性，确保新闻报道的权威性和公信力。

三、关注用户需求

在新媒体环境下，受众的需求正经历着深刻的变化，这种变化对于新闻机构来说既是挑战也是机遇。为了适应这种变化，新闻机构必须密切关注受众的兴趣点、阅读习惯和信息获取方式，以便更加精准地把握受众需求，从而更有针对性地生产新闻内容。首先，受众需求在新媒体时代呈现出多元化的特点。由于信息传播渠道的多样化和信息内容的丰富化，受众对于新闻的需求不再局限于传统的政治、经济、社会等领域，而是更加关注文化、娱乐、科技等多个方面。因此，新闻机构需要不断拓展新闻报道的领域，以满足受众多样化的需求。其次，受众需求在新媒体时代也表现出个性化的特点。随着社交媒体、智能推荐等技术的发展，受众可以更加便捷地获取自己感兴趣的信息，同时对于新闻内容的选择也更加自主和个性化。因此，新闻机构需要加强对受众个性化需求的研究，通过数据分析等手段，精准推送符合受众兴趣的新闻内容。为了更好地了解受众的真实需求，新闻机构可以通过市场调研、用户反馈等多种方式进行深入研究。市场调研可以帮助新闻机构了解受众对于新闻内容的偏好、阅读习惯以及信息获取渠道等方面的信息；而用户反馈则可以直接反映受众对于新闻内容的满意度和建议，为新闻机构提供宝贵的改进方向。

在了解了受众需求之后，新闻机构需要有针对性地进行新闻内容生产。这包括选题策划、采访报道、编辑制作等多个环节。在选题策划阶段，新闻机构需要紧密结合受众的兴趣点和关注点，选择具有吸引力的话题；在采访报道阶段，需要深入挖掘新闻事件的背景和意义，提供丰富、深入的报道；在编辑制作阶段，需要注重新闻的呈现方式和传播效果，提高新闻的可读性和传播力。

总之，关注受众需求变化是新媒体环境下新闻机构的重要任务之一。通过深入了解受众需求并有针对性地生产新闻内容，新闻机构可以更好地满足受众的多元化、个性化需求，提升新闻报道的质量和影响力。

四、新闻生产的智能化

随着科技的飞速发展，人工智能技术正在逐步改变我们的生活方式，包括新闻生产这一传统领域。新闻生产的智能化不仅提升了新闻的制作效率，还使得新闻内容的质量得到了极大的提升。机器写作、自动化编辑、智能推荐等技术的应用，正在引领新闻生产走向一个全新的阶段。首先，机器写作技术的出现，极大地提高了新闻稿件的生成速度。传统的新闻写作需要记者投入大量的时间和精力进行采访、撰写和编辑，而机器写作则能够通过算法和数据分析，快速生成符合要求的新闻稿件。这不仅大大减轻了记者的工作压力，也使得新闻报道的时效性得到了极大的提升。同时，机器写作还可以根据读者的阅读习惯和兴趣，生成个性化的新闻内容，满足不同读者的需求。其次，自动化编辑技术的运用，使得新闻编辑工作变得更加高效和精准。传统的新闻编辑需要人工进行排版、校对和修改，而自动化编辑则可以通过技术手段，自动完成这些繁琐的工作。例如，自动排版技术能够根据新闻内容自动调整版面布局，使得新闻呈现更加美观和易读；自动校对技术则能够检测并纠正文本中的错别字、语法错误等问题，提高新闻的准确性。此外，智能推荐技术也为新闻生产带来了革命性的变化。通过分析用户的浏览记录、阅读习惯和兴趣偏好等信息，智能推荐系统能够为用户推荐符合其个人喜好的新闻内容。这不仅提高了新闻的阅读率，也使得新闻媒体能够更好地满足用户的需求，增强用户黏性。

除了以上几种技术外，人工智能还在新闻生产的其他方面发挥着重要作用。例如，通过数据分析技术，新闻媒体可以更加准确地把握市场趋势和受众需求，为新闻内容的策划和制作提供有力支持；通过语音识别和图像识别技术，新闻媒体可以实现对音频和视频新闻的快速处理和识别，提高新闻生产的效率和质量。

然而，新闻生产的智能化也带来了一些挑战和问题。例如，机器生成的新闻内容可能会缺乏深度和独特性，无法替代人类记者的创造性和主观性；同时，智能化技术也可能导致新闻生产的同质化，使得新闻报道失去个性化和差异化。因此，在推进新闻生产智能化的过程中，我们需要注重平衡机器和人类的角色，充分发挥各自的优势，共同推动新闻事业的发展。

总的来说，新闻生产的智能化是科技发展的必然趋势，也是新闻媒体适应时代变化的重要举措。通过不断的技术创新和应用，我们有望实现新闻生产的更高效、更精准和更个性化，为新闻事业的发展注入新的活力和动力。

五、新闻业态的创新化

新媒体环境下，新闻业态也在不断创新，一方面体现在跨界合作和多元化经营模式的探索上，另一方面体现在新型新闻业态的兴起和发展中。

在新媒体环境下，跨媒体合作已经成为新闻机构提升传播效果、扩大影响力的关键策略。通过与其他媒体平台的合作，新闻机构可以实现资源共享和优势互补，从而拓宽新闻报道的传播渠道，提高新闻报道的覆盖率和影响力。首先，跨媒体合作有助于新闻机构实现资源共享。不同的媒体平台拥有各自独特的资源和优势，如电视媒体的视频资源、广播媒体的音频资源、网络媒体的互动功能等。通过合作，新闻机构可以相互借用这些资源，丰富新闻报道的内容和形式，提升受众的阅读体验。其次，跨媒体合作可以实现优势互补。不同的媒体平台在传播渠道、受众群体、覆盖范围等方面存在差异。通过合作，新闻机构可以充分利用各自的优势，将新闻报道传播到更广泛的受众群体中。例如，网络媒体可以通过社交媒体等平台迅速传播新闻信息，而电视媒体则可以通过其强大的视觉冲击力吸引更多受众关注。此外，跨媒体合作还可以提高新闻报道的覆盖率和影响力。通过合作，新闻机构可以将新闻报道覆盖到更多的媒体平台，从而扩大新闻报道的传播范围。同时，合作也可以带来品牌效应和口碑传播，提升新闻机构的知名度和影响力。

在实施跨媒体合作时，新闻机构需要注意以下几点：一是选择合适的合作伙伴，确保双方在资源和优势上能够形成互补；二是明确合作的目标和方式，确保合作能够取得实效；三是建立良好的沟通机制，确保双方在合作过程中能够保持顺畅的沟通和协调。总之，强化跨媒体合作是新媒体环境下新闻机构提升传播效果、扩大影响力的重要途径。通过与其他媒体平台的合作，新闻机构可以实现资源共享和优势互补，拓宽新闻报道的传播渠道，提高新闻报道的覆盖率和影响力。

新型新闻业态的兴起也为新闻业态的创新化提供了动力。自媒体、直播新闻等新型业态的快速发展，使得新闻传播的形态更加多样化和个性化。这些新型业态不仅为普通民众提供了更多参与新闻传播的机会，也丰富了新闻传播的方式和手段。同时，这些新型业态也为新闻媒体提供了更多的创新空间和发展机遇。

值得注意的是，新闻业态的创新化需要注重用户体验和内容质量。无论是跨界合作还是新型业态的发展，都需要以用户需求为导向，提供高质量、有价值的新闻内容。此外，还需要注重技术创新和人才培养，不断提升新闻传播的效率和质量。

总之，新闻业态的创新化是新媒体环境下新闻事业发展的必然趋势。通过跨界合作、多元化经营和新型业态的发展，新闻媒体可以不断拓宽传播渠道、提升传播效果，为新闻事业的发展注入新的活力和动力。

六、新闻行业的数字化转型

新闻行业的数字化转型已经成为行业发展的必然趋势。在数字技术的推动下，新闻机构需要加快数字化转型步伐，以提升新闻传播的效率和质量，进而更好地适应新媒体环境并提升竞争力。首先，建设数字化新闻生产平台是数字化转型的关键一环。新闻机构需要借助先进的技术手段，构建集新闻采集、编辑、发布、分析于一体的数字化平台。通过自动化和智能化的工具，新闻机构可以实现新闻内容的快速生成和精准推送，提高新闻时效性。同时，数字化平台还可以帮助新闻机构更好地管理新闻资源，提升新闻生产的效率。

其次，推广数字化新闻产品是数字化转型的重要方向。新闻机构需要积极开发适应新媒体环境的新闻产品，如移动客户端、社交媒体账号等，以满足用户多样化的信息需求。这些数字化新闻产品不仅可以提供更为便捷的新闻获取方式，还可以通过数据分析等技术手段，精准推送个性化的新闻内容，提升用户体验。此外，培养数字化新闻人才也是数字化转型不可或缺的一环。新闻机构需要注重数字化人才的培养和引进，打造一支具备数字化技能和新闻素养的专业团队。这些人才不仅需要掌握先进的数字化技术，还需要具备敏锐的新闻洞察力和创新思维，以推动新闻机构在数字化转型中不断创新发展。

通过数字化转型，新闻机构可以更好地适应新媒体环境，提升竞争力。数字化技术使得新闻传播更加高效、精准，有助于新闻机构扩大影响力、提升品牌价值。同时，数字化转型还可以促进新闻机构与其他行业的跨界合作，探索新的商业模式和盈利方式，为新闻行业的可持续发展注入新的动力。

然而，数字化转型也面临着一些挑战。新闻机构需要在数字化转型过程中保持新闻的真实性和公正性，避免过度追求点击率和流量而忽视新闻质量。同时，新闻机构还需要加强技术防范，确保数字化平台的安全稳定运行，防止信息泄露和网络攻击等风险。

七、培养创新型人才

在新媒体环境下，新闻行业正经历着前所未有的变革。面对受众需求的多样化、传播渠道的多元化以及技术发展的快速化，新闻机构对于创新型人才的需求显得尤为迫切。这些人才不仅具备扎实的新闻专业素养，还需拥有敏锐的洞察力、丰富的想象力和卓越的创新能力，以推动新闻内容生产的持续创新。

首先，新闻机构应建立完善的培训体系，针对新闻从业人员的不同需求和发展阶段，提供定制化的培训课程。这些课程可以包括新闻理念更新、新媒体技术应用、数据分析技能提升等多个方面，以帮助新闻从业人员不断更新知识体系，提升专业技能。

其次，新闻机构应搭建起广泛的交流平台，鼓励新闻从业人员之间的经验分享和思维碰撞。通过举办内部研讨会、外部讲座、行业交流等活动，让新闻从业人员能够接触到最新的行业动态、最前沿的技术应用和最优秀的创新实践，从而激发他们的创新灵感和动力。此外，新闻机构还应为新闻从业人员提供丰富的实践机会，让他们在实践中锻炼和提升创新能力。例如，可以设立创新项目基金，支持新闻从业人员开展创新性的新闻报道或技术应用研究；也可以与高校、研究机构等合作，共同开展新闻创新项目，推动产学研深度融合。

同时，新闻机构在引进人才方面也应注重创新能力的考察。在招聘过程中，除了关注应聘者的学历背景和工作经验外，还应注重考察其创新思维、学习能力和团队协作能力等方面。通过引进具有创新精神和创造力的优秀人才，为新闻机构注入新的活力和动力。

最后，新闻机构还应建立有效的激励机制，对在创新方面取得突出成绩的新闻从业人员给予表彰和奖励。这不仅可以激发新闻从业人员的创新热情，还可以吸引更多的人才加入到新闻创新的行列中来。

总之，培养创新型人才是新媒体环境下新闻机构的重要任务之一。通过提供培训、交流和实践机会，以及建立有效的激励机制，新闻机构可以激发新闻从业人员的创新精神和创造力，为新闻内容生产注入新的活力和动力。这将有助于新闻机构在激烈的竞争中脱颖而出，实现可持续发展。

八、新闻职业道德的重塑

新闻职业道德的重塑在新媒体环境下具有极其重要的意义。随着信息技术的迅猛发展，新闻传播方式发生了深刻变革，新闻工作者面临着前所未有的挑战和机遇。在这样的背景下，坚守真实、客观、公正的原则，提高专业素养和道德水平，成为新闻职业道德重塑的迫切要求。

第一，新闻工作者应始终坚守真实、客观、公正的原则。真实是新闻的生命，客观是新闻的基础，公正是新闻的价值取向。新媒体环境下，信息传播速度快、范围广，但信息真实性难以保证。新闻工作者要增强政治意识、大局意识、核心意识、看齐意识，从源头上确保新闻信息的真实可靠。同时，要客观公正地报道新闻事实，避免主观臆断和偏见，尊重各方利益，维护社会公平正义。

第二，新闻工作者要不断提高自身的专业素养和道德水平。在新媒体环境下，新闻工作者需要具备更高的专业素养，包括新闻采编能力、媒体技术应用能力、信息鉴别能力等。此外，还要加强道德修养，树立良好的职业风尚，增强自律意识，做到自重、自省、自警、自励。新闻工作者要时刻牢记自己的使命和职责，用高尚的职业道德和敬业精神，为社会提供优质的新闻服务。

第三，新闻机构也需要建立完善的内部管理机制，加强对新闻工作者的监督和管理。新闻机构要制定严格的新闻采编流程，确保新闻报道的准确性和公信力。要建立有效的奖惩机制，对表现优秀的新闻工作者给予表彰和奖励，对违反职业道德的行为进行严肃处理。此外，新闻机构还要加强与行业组织、社会监督机构的合作，共同推动新闻职业道德的建设和发展。

第四，政府和社会各界也应积极参与新闻职业道德的重塑。政府要制定和完善相关法律法规，为新闻职业道德建设提供有力保障。社会各界要加强对新闻行业的监督，促进新闻工作者自觉遵守职业道德规范。同时，要加强新闻职业道德教育，提高新闻工作者的道德意识和责任意识，推动新闻行业健康发展[①]。

新媒体环境下新闻事业的发展新趋向是一个复杂而多变的过程。面对新的挑战和机遇，新闻机构需要不断创新新闻传播方式、内容生产以及行业管理模式，以适应新媒体时代的发展需求。同时，新闻工作者也需要不断提升自身的专业素养和道德水平，以更好地履行社会责任和使命。通过共同努力，新闻事业将在新媒体环境下迎来更加广阔的发展前景。

第三节　新媒体环境下新闻
深度的创新发展

新媒体环境下，新闻深度的创新发展是媒体行业面临的重要课题。随着信息技术的快速发展，新媒体以其独特的传播方式和广泛的受众群体，为新闻深度的创新发展提供了广阔的空间。

---

① 李政字. 探析新环境下新闻的意义和价值：探寻新媒体环境下新闻事业的发展[J]. 传媒论坛，2021（9）：37-38.

一、关注多元资源融合，避免机械拼接

关注多元资源融合，避免机械拼接，是新媒体环境下新闻深度创新的关键。在新媒体时代，新闻报道的形态和方式发生了深刻的变化，传统的电视新闻节目体系面临着巨大的挑战。传统的电视新闻节目体系已经相对成熟，观众对于传统的新闻报道方式已经产生了一定的审美疲劳。观众对新闻的需求日益多样化，他们不再满足于单一、刻板的报道方式，而是渴望看到更加丰富、多元的新闻内容。

多元资源的融合意味着新闻工作者需要积极拓宽新闻素材的来源，整合各种信息渠道，包括文字、图片、视频、音频等多种形式。通过将这些资源进行有效组合和拼接，可以创造出更具新意和吸引力的新闻混搭形式。这种形态融合不仅提升了新闻的传播效率和播出质量，更使得新闻节目形式变得更加丰富多样，满足了观众多样化的需求。然而，在资源融合的过程中，我们也必须避免简单的机械拼接。机械拼接往往只是将不同资源简单地堆砌在一起，缺乏内在的逻辑性和连贯性，导致新闻报道显得杂乱无章，难以吸引观众的注意力。因此，新闻工作者在融合资源时，需要注重资源的筛选和整合，确保各个元素之间的有机联系和内在逻辑，从而构建出具有深度和广度的新闻报道。同时，新闻工作者还需要不断探索新的报道方式和手段，以适应新媒体环境下的传播特点。例如，可以利用新媒体平台的互动性特点，加强与观众的互动和交流，吸引观众积极参与新闻报道；可以利用大数据、人工智能等先进技术，对新闻数据进行深度挖掘和分析，揭示新闻背后的深层次信息[1]。

---

① 归欣. 新媒体环境下新闻传播创新发展研究［J］. 新闻文化建设，2022（24）：63-64.

二、全局着眼，强化传播互动

全局着眼，强化传播互动，是新媒体环境下新闻深度创新的重要方向。在新媒体时代，新闻报道的边界逐渐模糊，传统意义上的信息发布者和接收者之间的界限不再那么明显。这一变化为新闻传播带来了全新的挑战和机遇。新闻报道不再是记者的专利，普通人也可以通过社交媒体等渠道发布和传播新闻。因此，电视新闻节目需要进一步增强互动性，吸引观众主动参与新闻互动，充分尊重观众的自主意愿，给观众更大的表现空间。通过互动式的新闻报道方式，不仅可以增强观众的参与感和认同感，还可以深入挖掘新闻背后的故事，提升新闻的深度和广度。

全局着眼意味着新闻工作者需要从更高的视角来审视和报道新闻。他们不仅要关注新闻事件的本身，还要深入挖掘事件背后的社会、经济、文化等多方面的因素，从而揭示出事件的深层次意义。通过全局性的报道，新闻工作者能够引导观众从更广阔的角度去理解和思考新闻事件，提升新闻报道的深度和广度。

而强化传播互动则是新媒体环境下新闻报道的必然要求。随着社交媒体、短视频等新媒体平台的兴起，观众可以更加便捷地参与到新闻报道中来。新闻工作者需要充分利用这些平台，与观众进行实时互动，及时获取观众的反馈和意见，从而不断调整和优化报道内容和形式。通过互动式的新闻报道方式，新闻工作者可以更好地了解观众的需求和喜好，提升新闻报道的针对性和吸引力。

同时，强化传播互动也有助于深入挖掘新闻背后的故事。通过与观众的互动，新闻工作者可以发现更多与新闻事件相关的线索和信息，进一步拓展报道的广度和深度。这种深度报道不仅可以满足观众的好奇心，还能够提升新闻报道的权威性和可信度。

总之，全局着眼并强化传播互动是新媒体环境下新闻深度创新的重要方向。新闻工作者需要不断提升自己的专业素养和创新能力，以更加开放、包容的心态去拥抱新媒体时代的变化和挑战，为观众带来更加优质、深入的新闻报道。

三、深度挖掘新闻价值，引领新闻传播价值

深度挖掘新闻价值，引领新闻传播价值，是新媒体环境下新闻深度创新的核心。在如今海量信息的新媒体时代，新闻传播的门槛逐渐降低，导致大量无深度、无价值的"口水新闻"充斥在各类媒体平台中，这不仅削弱了新闻传播的整体质量，也损害了媒体自身的公信力。面对这一挑战，新闻媒体必须积极应对，从源头上提升新闻内容的深度与广度。这要求新闻工作者具备敏锐的洞察力和深厚的专业素养，能够从众多信息中筛选出真正有价值、有深度的新闻线索，通过深入的采访、调查和研究，揭示出新闻事件的本质和内在逻辑。同时，新闻媒体还应关注社会热点和民生问题，通过新闻报道反映人民群众的真实声音和关切，引导社会舆论朝着积极、健康的方向发展。这不仅有助于提升新闻传播的社会价值，也能够增强媒体与受众之间的互动和联系，提升媒体的传播力和影响力。

在技术创新方面，新闻媒体应充分利用信息技术进步的成果，实现"互联网加"到"互联网融"的转变。通过整合各种新媒体平台和技术手段，实现新闻内容的快速传播和广泛覆盖，提升新闻传播的效率和效果。此外，还可以通过数据分析、用户画像等手段，精准把握受众需求和兴趣点，为新闻报道的个性化、定制化提供有力支持[1]。

总之，深度挖掘新闻价值，引领新闻传播价值，是新媒体环境下新闻深度创新的核心任务。只有不断提升新闻内容的深度与广度，加强技术创新和融合，才能在激烈的市场竞争中脱颖而出，为受众提供更高质量、更有价值的新闻报道。

---

① 朱永恒. 新媒体环境下新闻传播的创新探究 [J]. 传媒论坛, 2019（20）：100-101.

四、传统媒体和网络媒体的融合

传统媒体和网络媒体的融合也是新媒体环境下新闻深度创新的重要途径。随着科技的迅猛发展和数字化进程的加快，网络媒体以其独特的优势在新闻传播领域崭露头角，而传统媒体则凭借长期积累的新闻资源和专业团队保持着稳定的影响力。将二者有效融合，不仅可以实现资源共享和优势互补，还能推动新闻传播的深度创新，提升整体传播效果。

传统媒体在网络媒体技术的支持下，可以进一步拓宽传播渠道，提高传播效率。通过利用互联网媒体的便捷性和海量信息，传统媒体可以迅速获取新闻线索，实时更新报道内容，使新闻传播更加及时、全面。同时，借助网络媒体的互动功能，传统媒体可以加强与受众的互动，了解受众需求和反馈，进一步优化报道策略，提升传播效果。而网络媒体则可以借助传统媒体的专业新闻资源和团队力量，提升新闻报道的质量和深度。传统媒体在新闻采集、编辑、发布等方面积累了丰富的经验，拥有专业的新闻人才和团队。网络媒体通过与传统媒体的合作，可以获取更多优质新闻资源，提升新闻报道的权威性和可信度。此外，网络媒体还可以借鉴传统媒体的新闻理念和报道方式，不断提升自身的新闻报道水平。

在融合过程中，传统媒体和网络媒体应积极探索新的报道方式和手段。例如，可以通过跨媒体整合报道的方式，将同一新闻事件从不同角度、不同层面进行报道，形成立体化的传播效果。同时，还可以利用新媒体平台的互动性特点，开展线上线下的互动活动，吸引更多受众参与新闻报道，提升新闻传播的社会影响力。

参考文献

[1] 陈霖. 新闻传播学概论 [M]. 4 版. 苏州：苏州大学出版社，2013.

[2] 刘燕南，史利. 国际传播受众研究 [M]. 北京：中国传媒大学出版社，2011.

[3] 陈霖. 当代新闻传播原理 [M]. 上海：上海三联书店，2006.

[4] 董天策，杜骏飞. 网络新闻传播学 [M]. 福州：福建人民出版社，2009.

[5] 贺勇. 融媒时代的新闻传播发展与变革 [M]. 北京：中国商业出版社，2017.

[6] 刘艳蓉，新闻传播理论及其互联网时代新发展 [M]. 长春：吉林人民出版社，2020.

[7] 王晓明，苏锋，赵婷. 网络信息编辑 [M]. 成都：西南财经大学出版社，2016.

[8] 张涛. 融媒时代新闻传播及其变革探析 [M]. 北京：中国商务出版社，2019.

[9] 陈霖. 新闻学概论 [M]. 苏州：苏州大学出版社，2007.

[10] 李法宝. 新闻传播方法论 [M]. 广州：中山大学出版社，2007.

[11] 王永乐，李秀敏. 面向高等职业院校基于工作过程项目式系列教材新媒体文案创作与传播 [M]. 天津：天津大学出版社，2021.

[12] 曲升刚. 新媒体背景下政府舆论传播研究 [M]. 长春：东北师范大学出版社，2018.

[13] 于志强，郑旭江. 浙江理工大学法学文库 网络空间综合治理中的在

线纠纷解决体系研究［M］. 北京：法律出版社，2022.

［14］邱沛篁. 新闻传播手册［M］. 成都：四川大学出版社，2004.

［15］高婷. 突发公共事件报道的变迁研究［M］. 芜湖：安徽师范大学出版社，2017.

［16］黄凤鸣. 中国广播电视文化创意产业论文集 第 1 辑［M］. 北京：中国广播电视出版社，2009.

［17］曾淑文. 新媒体运营［M］. 重庆：重庆大学出版社，2020.

［18］何先义. 现代应用编辑学［M］. 天津：天津出版传媒集团，2013.

［19］贾银忠. 中国少数民族文化产业发展概论［M］. 北京：民族出版社，2012.

［20］李军. 爆文 新媒体文案创作与传播［M］. 北京：清华大学出版社，2021.

［21］江作苏，李理. 媒介伦理教程［M］. 武汉：华中师范大学出版社，2017.

［22］邹慧. 新媒体时代思想政治教育创新研究［M］. 北京：中国社会科学出版社，2022.

［23］李法宝. 新闻评论：发现与表现［M］. 广州：中山大学出版社；中国传媒大学出版社，2005.

［24］赵志立. 从大众传播到网络传播：21 世纪的网络传媒［M］. 成都：四川大学出版社，2001.

［25］路春艳，张洪忠. 大众传播学教程［M］. 北京：北京师范大学出版社，2007.

［26］高欣峰，郑青华，李昌文，等. 马克思主义新闻观教育统编教材 网络与新媒体［M］. 济南：山东大学出版社，2022.

［27］万寅佳. 信息科技与媒体产品的融合［M］. 北京：中国水利水电出版社，2019.

［28］尹章池. 网络传播导论［M］. 武汉：武汉大学出版社，2013.

[29] 吴凡. 传播学概论 [M]. 杭州：浙江工商大学出版社，2012.

[30] 王长潇. 电视影像传播概论 [M]. 广州：中山大学出版社，2006.

[31] 陈勇，何彦秋. 新媒体语境下的青少年阅读生活研究 [M]. 北京：
人民出版社，2018.

[32] 叶冲. 被发现的受众：电视民生新闻新论 [M]. 广州：中山大学出
版社，2020.

[33] 李法宝. 新闻评论：发现与表现 [M]. 2版. 广州：中山大学出版社，
2013.

[34] 郭好，王命洪，李晶. 媒体监测 [M]. 北京：高等教育出版社，2018.

[35] 中国大百科全书总编辑委员会. 中国大百科全书 新闻出版 [M].
北京：中国大百科全书出版社，2004.

[36] 吴玉兰. 媒介素养十四讲 [M]. 北京：北京大学出版社，2014.

[37] 哈罗德·拉斯韦尔. 社会传播的结构与功能 [M]. 曹静生，译. 北
京：人民日报出版社，1983.

[38] 徐坚译. 马克思政治经济学批判 [M]. 北京：人民出版社，1957.

[39] 李良荣. 新闻学概论 [M]. 7版. 上海：复旦大学出版社，2021.

[40] 张文红. 新媒体时代下的新闻出版教育研究 [M]. 北京：中国传媒
大学出版社，2017.

[41] 陈丽芳. 新媒体时代新闻传播研究 [M]. 沈阳：辽宁人民出版社，
2020.

[42] 张萍. 新媒体与新闻传播发展研究 [M]. 北京：北京工业大学出版
社，2021.

[43] 赵子忠，赵敬. 新媒体与新闻 [M]. 北京：中国传媒大学出版社，
2017.

[44] 沈文莉，方卿. 政治学原理 [M]. 3版. 北京：中国人民大学出版社，
2017.

[45] 韩晓燕. 新媒体环境下优秀传统文化传播机制研究 [M]. 北京：经

济日报出版社，2019.

[46] 张维娜，李美丽. 全媒体时代学术期刊青年编辑职业能力的培养[J]. 沈阳大学学报（社会科学版），2023（6）：91-98.

[47] 孙海悦. 新媒体产业数字化趋势明显[N]. 中国新闻出版广电报，2023-07-24（3）.

[48] 彭博，王术峰. 网络游戏玩家满意度对虚拟道具购买意愿的影响[J]. 中国流通经济，2020（12）：51-59.

[49] 胡钰，王嘉婧. 当代新媒体产业：趁势而上与守正创新[J]. 青年记者，2021（4）：61-63.

[50] 陈滢. 基于个性化推荐技术的"新闻客户端"的使用与满足研究[D]. 广州：暨南大学，2015.

[51] 彭广林. 媒介融合背景下的新闻传播人才培养定位探析：基于对媒介融合内涵的理解[J]. 科教文汇（下旬刊），2015（9）：38-39.

[52] 安文宇. 传播模式下新媒体的分类和定义研究[J]. 新闻传播，2021（14）：36-37.

[53] 田钰佳. 新媒体语境下青少年的信息接收特点[J]. 青年记者，2020（17）：31-32.

[54] 刘文辉. 从"被时代"到"我时代"新媒体语境下受众身份的重构与异化[J]. 上海交通大学学报：哲学社会科学版，2013（5）：70-75.

[55] 赵子贤，吕赫. 新媒体时代网络舆论引导策略探究[J]. 采写编，2024（1）：25-27.

[56] 徐鹏璐. 新媒体时代舆论引导的挑战与对策[J]. 中国报业，2023（2）：52-53.

[57] 李政宇. 探析新环境下新闻的意义和价值：探寻新媒体环境下新闻事业的发展[J]. 传媒论坛，2021（9）：37-38.

[58] 归欣. 新媒体环境下新闻传播创新发展研究[J]. 新闻文化建设，2022（24）：63-64.

［59］朱永恒. 新媒体环境下新闻传播的创新探究［J］. 传媒论坛，2019（20）：100-101.

［60］郑小燕. 新闻编辑记者提高新闻敏感性思考［J］. 科技传播，2019（11）：9-10.

［61］袁萍萍. 互联网思维下传统媒体融合发展探讨［J］. 中国地市报人，2023（11）：31-32.

［62］董湛. 新媒体语境下传统文化的视觉传播研究［J］. 天工，2023（32）：36-38.